軍道
군무원 합격의 길

합 격 의 공 식 시 대 에 듀

2022
합격률MAX

MIN   MAX

군무원
경영학

제2권

혼자 공부하기 힘드시다면 방법이 있습니다.
시대에듀의 동영상강의를 이용하시면 됩니다.
www.sdedu.co.kr ➔ 회원가입(로그인) ➔ 강의 살펴보기

이 책의 **차례**

계량의사결정론

CHAPTER 01 확실한 상황하의 의사결정

01 계량의사결정론의 개요

1 계량의사결정의 의미

(1) **의사결정(Decision Making):** 기업의 소유자 또는 경영자가 기업 및 경영상태 전반에 대한 방향을 결정하는 일로서 주어진 문제에 직면해 선택할 수 있는 여러 대안 중 목적에 가장 적합한 대안을 선택하는 과정이다.

(2) **계량의사결정:** 어떠한 문제에 직면했을 때 두 개 이상의 선택 가능한 해 중 요구되는 목적에 가장 적합한 해를 수리적인 방법으로 도출하는 의사결정기법을 말한다.

2 계량의사결정의 과정

(1) 문제의 인식 및 정의(문제의 목적과 제약조건들을 검토)

(2) 모형의 설정(Formulation)

(3) 모형의 해 도출(Excel, 심플렉스법 등을 이용해 해 도출)

(4) 목적에의 타당성 검토(목적에 맞는 최적해인가?)

(5) 모형의 수정 및 보완

(6) 최적해의 실행

3 계량의사결정의 종류

(1) **의사결정의 성격에 따른 분류(사이먼, Simon):** 의사결정의 성격에 따라 정형적 의사결정과 비정형적 의사결정으로 구분한다.

① 정형적 의사결정: 반복적으로 발생하는 일상의 의사결정이다. 대표적으로 선형계획법이 있으며, 프로그램화가 가능하다.

② 비정형적 의사결정: 경영자의 창의력이나 직관에 의존하며, 비반복적이어서 프로그램화가 불가능하다.

(2) **의사결정의 수준에 따른 분류:** 기업 등의 특정조직에서의 의사결정수준은 계층에 따라 달라지는데, 최고경영층은 전략적 의사결정을, 중간관리자는 관리적 의사결정을, 하위관리층은 업무적 의사결정을 수립한다.

① **전략적 의사결정**: 기업의 기본적인 성격에 영향을 주는 의사결정으로 기업의 내부와 외부환경에 관한 의사결정이다. 장기적이고 거시적 성격을 갖는다.

② **관리적 의사결정**: 전략적 의사결정을 구체화하기 위해 중간관리층에 의해 이루어지는 의사결정이다. 인적 · 물적 자원을 조달하여 주어진 목적에 가장 적합한 대안을 선택하고, 그에 맞는 자원 배분을 하기 위한 의사결정이다.

③ **업무적 의사결정**: 일상적으로 행하는 업무에 관한 의사결정으로, 기업자원의 전환과정에서 능률과 수익성을 최대로 하는 데 그 목적이 있다.

(3) 의사결정의 환경에 따른 분류

① **확실한 상황하의 의사결정(DMUC; Decision Making Under Certainty)**: 미래의 상황전개를 확정적으로 알고 있다는 가정하의 의사결정을 뜻한다.

② **위험한 상황하의 의사결정(DMUR; Decision Making Under Risk)**: 미래의 각 상황의 발생가능성을 확률적으로 추정이 가능한 상황하의 의사결정을 뜻한다. 대부분의 의사결정자들이 현실적으로 직면한다.

③ **불확실한 상황하의 의사결정(DMUU; Decision Making Under Uncertainty)**: 미래 상황발생에 대해 전혀 정보가 없는 상황에서의 의사결정을 뜻한다. 각각의 의사결정 대안에 따른 출현 가능 결과는 알고 있으나, 각각의 결과가 나타날 확률을 추정할 수는 없다.

④ **상충하의 의사결정(Decision Making Under Conflict)**: 자신의 의사결정뿐 아니라 상대방의 의사결정을 함께 고려해야 하는 상황이다. 대표적으로 게임이론(Game Theory)이 있다.

[상황에 따른 의사결정 기법]

상황구분	의사결정기법	
DMUC	• 고전적 최적화기법 • 수송 및 할당법 • 정수계획법	• 선형비선형 계획법 • 목표계획법 • 동적계획법
DMUR	• 사전사후확률 이용 • 대기행렬이론 • 시뮬레이션	• 의사결정수 • 마르코프 연쇄 모형 • PERT/CRM
DMUU	• Laplace 기준 • Maximax 기준 • 유감 기준	• Maximin 기준 • 후르비츠 기준
상충상황	게임이론	

---

02   **선형계획법(LP; Linear Programming)**

---

1 선형계획법의 의미

선형계획법은 주어진 자원(제약조건)하에서 목적(목적함수)에 적합한 최적해를 도출하여 최적의 자원배분을 달성하는 계량적 기법이다. 1차 부등식 또는 1차 방적식의 형태로 표현되는 제약조건하에서 1차식으로 표현되는 목적함수의 최대화 또는 최소화를 달성할 수 있는 최적의 자원배분 기법에 해당한다.

2 선형계획법의 가정

(1) **1차성 또는 선형성(Linearity)**

　① 비례성: 소요되는 자원과 산출량 사이에 정비례 관계가 존재한다.

　② 가산성(= 가법성): 모든 활동으로부터의 총이익 또는 총비용은 개별 활동에서의 이익 또는 비용합계
　　와 일치한다.

(2) **확실성(= 확정성, Certainty)**: 목적함수의 계수, 기술계수, 자원가용량을 포함한 모든 계수는 확정적인
　값으로 알려진다.

(3) **분할성(= 가분성, Divisibility)**: 의사결정변수는 연속적이다. 즉, 소수 또는 분수값을 가질 수 있다.

(4) **유한성(Finiteness)**: 의사결정변수와 그 대안은 유한하며, 변수 간에는 상호관련성이 존재한다.

3 선형계획법의 구성요소

(1) **목적함수(Objective Function)**: 의사결정의 목적을 나타낸 것으로, 1차식으로 표현되는 이익극대화 혹
　은 비용최소화를 표현한 함수를 말한다.

(2) **제약조건(Constraints)**: 제한된 물적 자원, 노동시간 등의 의사결정변수 상호 간의 제약을 나타낸 것으
　로, 1차 방정식 혹은 1차 부등식으로 표현된다.

(3) **비음조건(Non-negativity)**: 모든 의사결정변수와 여유변수, 잉여변수, 인공변수는 0보다 크거나 같아
　야 한다는 제약조건이다.

4 LP모형의 작성

(1) **최대화 문제**: n개의 의사결정변수와 m개의 제약조건으로 구성된 최대화 문제를 아래와 같은 수학적
　모형으로 표현 가능하다.

> - 목적함수: Maximizing $Z = C_1 \cdot X_1 + C_2 \cdot X_2 \cdots + C_n \cdot X_n$
> - 제약조건: Subject To (s.t.)
> $$\sum_{j=1}^{n} a_{ij} \cdot X_j \leq b_i \ (i = 1, 2, 3, \cdots, m)$$
> - 비음조건: $X_j \geq 0$
>
> 단, C_j: 기여도/단위(시장가격), a_{ij}: 기술계수
> 　　X_j: 의사결정변수, b_i: 이용가능한 자원의 양

(2) 최소화 문제: n개의 의사결정변수와 m개의 제약조건으로 구성된 최소화 문제를 아래와 같은 수학적 모형으로 표현 가능하다.

> - 목적함수: Minimizing $Z = C_1 \cdot X_1 + C_2 \cdot X_2 \cdots C_n \cdot X_n$
> - 제약조건: Subject To (s.t.)
> $$\sum_{j=1}^{n} a_{ij} \cdot X_j \geq b_j \ (i = 1, 2, 3, \cdots, m)$$
> - 비음조건: $X_j \geq 0$
>
> 단, C_j: 기여도/단위(비용), a_{ij}: 기술계수
>   　X_j: 의사결정변수, b_j: 이용가능한 자원의 양

5 선형계획법의 해법

(1) 그래프 해법

① 의미: 그래프 해법은 의사결정변수가 2개인 문제에 적용 가능하다.

② 그래프 해법의 과정

　㉠ 제약조건을 그래프상에 표시하여 실행가능영역(Feasible Region)을 도출한다.

　㉡ 목적함수 표현: 목적함수를 그래프상에서 동일한 기울기로 평행이동시키면서 최적해를 찾는다. 최대화 문제의 경우 목표함수가 원점에서 가장 먼 y축 절편(등이익선)과 접하는 꼭짓점이 최적해가 되고, 최소화 문제의 경우 원점에서 가장 가까운 y축 절편에 접하는 꼭짓점이 최적해가 된다.

　㉢ 복수해: 목적함수의 기울기가 실행가능영역의 가장자리(Boundary)를 형성하고 있는 제약식의 기울기와 같을 때 복수해가 된다.

개념더하기　실행가능해 및 실행가능영역과 블록집합

- 실행가능해(Feasible Solution): 제약조건과 비음조건을 만족시키는 모든 해로, 실행가능영역의 내부와 경계 안에 있는 모든 점을 포함한다.
- 실행가능영역(Feasible Region)과 블록집합(Convex Set): 실행가능 영역은 블록집합이며, 블록집합은 두 점을 연결하는 직선이 이 집합 내에 존재하는 경우를 말한다.

[블록집합(Convex Set)]

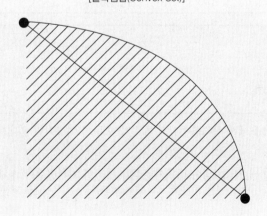

(2) 심플렉스법

① **의미**: 1947년 단치히(G. B. Dantzig)에 의해 개발된 방법으로, 선형계획문제의 최적해가 실행가능영역의 꼭짓점에서 실현된다는 사실을 이용하여 원점에서 출발해 실행가능영역의 꼭짓점을 옮겨가며 목적함수의 값을 개선해 나가는 대수적 절차를 의미한다.

② **조건**

    ㉠ 모든 제약조건의 우변 상수들이 0보다 크거나 같다.

    ㉡ 모든 제약조건식이 등식이다.

    ㉢ 제약조건식의 좌변 계수행렬 속에 그 식에서는 계수가 1이고, 다른 제약조건식에서는 계수가 모두 0인 변수가 있다.

    ㉣ 모든 변수들에 대해 비음제약조건을 포함한다.

③ **과정**

    ㉠ 부등식으로 표현된 제약조건을 여유변수(Slack Variable) 혹은 잉여변수(Surplus Variable)를 이용해 등식으로 바꾼다.

$$
\begin{array}{ll}
\text{Max. } Z = 3X_1 + 2X_2 & \text{Max. } Z - 3X_1 - 2X_2 = 0 \\
\text{s.t. } 2X_1 + X_2 \leq 7 \quad \Rightarrow & \text{s.t. } 2X_1 + X_2 + S_1 = 7 \\
\quad X_1 + 4X_2 \leq 14 & \quad X_1 + 4X_2 + S_2 = 14 \\
\quad X_1 \geq 0,\ X_2 \geq 0 & \quad X_1,\ X_2,\ S_1,\ S_2 \geq 0
\end{array}
$$

※ 원래 식의 제약식이 2개이고 미지수는 4개로 이의 해는 부정이므로 유일해를 구하기 위해 미지수의 개수와 제약식의 개수를 동일하게 만든다. 따라서 제약식의 개수에 해당하는 변수(X_1, X_2) 이외에 0의 값을 부여하여 나온 해를 기저해(Basic Solution)라 하고, 여기서 0의 값을 부여받은 변수를 비기저변수, 나머지 변수는 기저변수라고 한다.

※ 위의 식에서 가능한 기저해의 개수는 $_4C_2 = 6$가지이고, 기저해들 중 비음제약까지 만족시키는 것은 실행가능기저해(Basic Feasible Solution)이다.

    ㉡ 심플렉스표(Simplex Tableau) 작성

목적함수	변수					목적함수값
	목적함수계수					
기저변수	좌변행렬 계수					우변상수
Z	X_1	X_2	S_1	S_2		RHS
1	−3	−2	0	0		0
S_1	2	1	1	0		7
S_2	1	4	0	1		14

- 표준 심플렉스표에서 목적함수식의 계수가 모두 0 이상이면 최대화 문제의 최적해를 구한 것이다.
- 심플렉스 해법에서는 기존의 비기저변수와 기존의 기저변수의 대체가 한 번에 한 개씩 이루어진다.

© 진입기저변수와 탈락기저변수의 결정

Z	X₁	X₂	S₁	S₂	RHS
1	−3	−2	0	0	0
S₁	2	1	1	0	7
S₂	1	4	0	1	14

- 진입기저변수: X_1을 1단위 증가시킬 경우 Z가 3만큼 증가한다.

  X_2를 1단위 증가시킬 경우 Z가 2만큼 증가한다.

  → X_1을 진입기저변수로 삼는다.
- 탈락기저변수: 최소비율기준(첫 번째 제약식을 X_1의 제약식으로 삼을 경우 RHS(제약조건우변상수)가 7/2만큼 증가, 두 번째 제약식을 X_1의 제약식으로 삼을 경우 RHS가 14만큼 증가)에 따라 RHS 증가 값이 작은 것을 선택한다. → S_1을 탈락기저변수로 삼는다.

② 추축연산 및 새 심플렉스표 작성

Z	X₁	X₂	S₁	S₂	RHS
1	0	−1/2	3/2	0	21/2
X₁	1	1/2	1/2	0	7/2
S₂	0	7/2	−1/2	1	21/2

X_1이 진입기저변수가 되면 원래 계수 2가 축이 되어 이것이 1이 되고 나머지 식에서 X_1의 계수가 0이 되도록 선형연산된다.

- 첫 번째 제약식에서 X_1의 계수인 2를 1로 만들기 위해 첫 번째 제약식에 1/2을 곱한다. 변수 X_1의 계수가 첫 번째 제약식을 제외한 식에 대해서는 0이어야 하므로 첫 번째 제약식에 −1/2을 곱해 두 번째 제약식에 더해주고 또한 첫 번째 제약식에 3/2을 곱해 목적함수식에 더한다.
- 추축연산결과 목적함수식의 X_2의 계수가 음수이므로 목적함수식이 개선될 여지가 있다. 새로운 진입기저변수와 탈락기저변수를 선정하고 추축연산을 통해 새 심플렉스표를 작성한다.
- 진입기저변수는 X_2, 최소비율기준에 의해 탈락기저변수는 S_2가 된다.

◎ 최적해 도출

Z	X₁	X₂	S₁	S₂	RHS
1	0	0	10/7	1/7	12
X₁	1	0	4/7	−1/7	2
X₂	0	1	−1/7	2/7	3

앞에서의 연산과 마찬가지로 X_2가 진입기저변수가 되면 원래 계수 7/2이 축이 되어 이것이 1이 되고 나머지 식에서 X_2의 계수가 0이 되도록 선형연산을 한다.

- → 목적함수의 계수가 모두 양수이므로 목적함수식이 개선될 여지가 없다(최적해: $X_1=2$, $X_2=3$, S_1, $S_2=0$, 목적함수값 $Z=12$).

- 여유변수(Slack Variable): '≤' 형태의 제약조건식을 등식으로 만들어 주기 위해 좌변에 더해주는 변수
- 잉여변수(Surplus Variable): '≥' 형태의 제약조건식을 등식으로 만들어 주기 위해 좌변에 빼주는 변수

(3) 특수한 상황

① 복수해(Alternate Optimal Solutions): 제약식의 기울기와 목적함수의 기울기가 같아 실행가능영역 (Feasible Region)의 경계선에서 복수의 가능해가 도출되는 상황을 뜻한다.

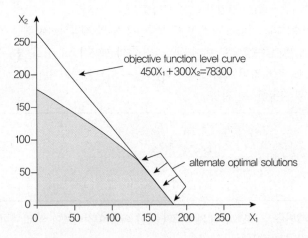

② 여분의 제약조건(Redundant Constraint): 이미 주어진 제약식으로 형성된 실행가능영역이 어떠한 제약 식의 내부에 있어서, 그 제약식이 실행가능영역을 설정하는 데 아무런 의미가 없을 경우를 의미한다.

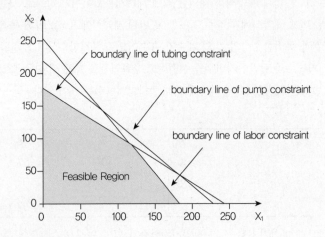

③ 무한 최적해(Unbounded Solution): 제약식을 통해 형성된 실행가능영역의 경계가 형성되지 않고 무한할 경우 최적해의 범위가 한정되지 않을 경우에 해당한다.

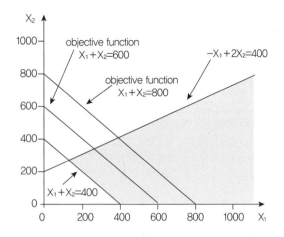

④ 실행 불가능(Infeasibility): 실행가능영역이 형성되지 않아 최적해를 도출할 수 없는 경우를 말한다.

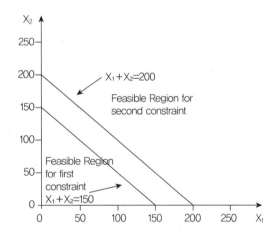

6 선형계획의 쌍대문제

(1) 쌍대문제

① 모든 선형계획모형은 그에 대응하는 쌍대문제가 존재한다.

② 원본문제와는 다른 의미로 분석될 수 있다.

(2) 원본문제와 쌍대문제의 예시

① 원본문제: 박씨의 식단문제

㉠ 비타민 A와 C에 대해서 필요한 1일 최소 요구량을 섭취하여야 한다.

㉡ 식품 종류별 비타민 포함량과 가격은 다음과 같다(아래표 참조).

㉢ 어떻게 식단을 구성하면 1일 최소 요구량의 비타민을 섭취할 수 있는가?

비타민	식품 1kg에 포함된 비타민 단위 수 및 가격						1일 최소 요구량 (단위수)
	식품1	식품2	식품3	식품4	식품5	식품6	
비타민 A	1	0	2	2	1	2	9
비타민 C	0	1	3	1	3	2	19
식품가격	35	30	60	50	27	22	–

㉣ 모형화

Min. $35X_1 + 30X_2 + 60X_3 + 50X_4 + 27X_5 + 22X_6$ (구입비용최소)
s.t. $X_1 + 2X_3 + 2X_4 + X_5 + 2X_6 \geq 9$ (비타민 A 기준치 제한)
$X_2 + 3X_3 + X_4 + 3X_5 + 2X_6 \geq 19$ (비타민 C 기준치 제한)
$X_1, X_2 \geq 0$ (비음 조건)

(단, X_n은 식품n의 단위 수)

② 쌍대문제: 제약 회사의 비타민 알약 가격 결정

㉠ 비타민 알약을 섭취하여 필요한 1일 최소 요구량 섭취가 가능하다.

㉡ 제약 회사에서는 아래 표에 나와 있는 6종류의 식품에서만 비타민 A, C를 추출한다고 가정한다.

㉢ 비타민 알약 가격이 식단 구성비보다 비싸면 사지 않을 것이다.

㉣ 판매 수입을 최대로 하는 비타민 알약 가격은 어떻게 결정하는가?(단, 비타민 A, C 알약 1개에는 각각 비타민 A, C를 1단위씩 포함)

㉤ 모형화: 각 식품 1kg에 포함된 비타민을 알약으로 대신하는 비용 ≤ 식품가격이 되어야 소비자들은 비타민 알약을 사게 된다.

Max. $9Y_{11} + 19Y_2$ (알약 판매 수입)
s.t. $Y_1 \leq 35$ (식품1 제한)
$Y_2 \leq 30$ (식품2 제한)
$2Y_1 + 3Y_2 \leq 60$ (식품3 제한)
$2Y_1 + Y_2 \leq 50$ (식품4 제한)
$2Y_1 + 2Y_2 \leq 27$ (식품5 제한)
$2Y_1 + 2Y_2 \leq 22$ (식품6 제한)
$Y_1, Y_2 \geq 0$ (비음조건)

③ 원본문제와 쌍대문제: 쌍대 관계

구분	식단문제 (원본문제)	비타민 알약 가격 결정 문제 (쌍대문제)
최적해에서	• 목적함수(최소화): 179(백 원) • 의사결정변수(식단구성 식품량): (0, 0, 0, 0, 5, 2) • 제한조건 잠재가격(비타민): (3, 8)	• 목적함수(최대화): 179(백 원) • 의사결정변수(알약가격): (3, 8) • 제한조건 잠재가격(식품): (0, 0, 0, 0, 5, 2)
수학적 모형에서	• 목적함수: Minimize • 계수: 35, 30, 60, 50, 27, 22 • 제약식 방향: ≥ • 제약식 우변: 9, 19	• 목적함수: Maximize • 계수: 9, 19 • 제약식 방향: ≤ • 제약식 우변: 35, 30, 60, 50, 27, 22

㉠ 모든 선형계획 문제에는 쌍대문제가 존재하나 그것이 모두 의미를 가지는 것은 아니다(위 문제에서 제약회사가 없다면 쌍대문제의 이해 불가).

　　㉡ 대부분의 선형계획의 쌍대문제는 현실적 의미를 알 수 없다.

개념더하기 　잠재가격(Shadow Price)

- 특정제약조건의 우변 상수가 1단위 증가하는 경우 증가하는 공헌이익을 말한다.
- 자원 1단위를 추가 구입하는 데 지불할 수 있는 최대 금액이다.

03　수송법

1 의의

공급지로부터 수요지까지 최소의 비용으로 수송하는 데 대한 의사결정 기법으로, 제약식은 모두 등식이다(제약식이 모두 등식인 것: 수송법, 할당법, 목표계획법).

2 사례

(1) 산업용 가스 회사에서의 네트워크 모형 응용(Air Product and Chemical, Inc. 사의 성공사례)

① 산소, 질소, 아르곤, 일산화탄소 등 산업용 가스 생산－공급 회사

② 340대의 트럭으로 미국 전역 3,500개의 고객회사에 공급

③ 컨설팅 팀에 생산－분배 체제 개선의뢰

　㉠ 미국 전체 고속도로망을 네트워크로 표현(4만 노드, 6만 5천 아크)

　㉡ 두 지점 간 거리, 소요시간, 통행료를 수송비용에 반영

　㉢ 최단경로 문제로 모형화

　㉣ 최단경로를 차량배치시스템(ROVER)에 연결하여 효율적인 차량배차계획 수집(10~30대 차량으로 150~400개 고객회사를 방문)

④ 연간 44만 5천 달러의 물류비용을 절감

⑤ 인터페이스(Interfaces, 1983)에 발표

(2) Frontier Airlines 사의 성공 사례

① 미국은 70년대 말 항공회사의 마케팅 영업활동에 대한 규제를 완화하였다.

② 항공회사들은 여행요금 차등화 및 조정, 승객의 항로 배정, 항공기 배정 등으로 경쟁하였다.

③ 덴버에 기지를 두고 있는 Frontier Airlines은 경쟁상황을 최소비용 네트워크 흐름문제로 표현하였다.

　㉠ 600개의 항공노선과 요금 차등화를 반영한 3만 개의 여행경로를 표현하였다.

　㉡ 1,800~2,400개의 특별제약조건을 추가하였다.

④ 좌석수 요구에 맞게 항공기를 배정하고 승객들의 출발과 귀향을 차질없이 서비스할 수 있었다.

⑤ 항공기 스케줄 수립 뿐 아니라 여행요금 차등화의 조정으로 경쟁할 수 있게 되었다.

3 예제 – 생산 · 배분 문제(DEC)

(1) DEC 컴퓨터 회사는 미국과 영국, 독일에서 CPU칩을 생산한다.

(2) 캐나다, 타이완, 멕시코에서 마더보드를 조립한다.

(3) CPU칩은 마더보드 조립 공장으로 수송되어야 한다.

(4) 1주일 단위의 생산능력, 수요량 및 단위당 수송비용은 아래 표와 같다.

(5) 수송비용이 최소가 되는 수송방법은?

마더보드 조립공장 (수요지) / CPU 칩공장(공급지)	캐나다(I)	타이완(II)	멕시코(III)	생산능력(천개) = 공급량
미국(A)	8	5	6	120
영국(B)	15	10	12	80
독일(C)	3	9	10	80
수요량(천개)	150	70	60	280

(6) 풀이

① 모형: 이 모형을 통해 심플렉스법으로 풀이가 가능하나 매우 복잡해지므로 아래에 소개하는 수송법으로 간단한 풀이가 가능하다.

최소화 $Z = 8x_{11} + 5x_{12} + 6x_{13} + 15x_{21} + 10x_{22} + 12x_{23} + 3x_{31} + 9x_{32} + 10x_{33}$

$$x_{11} + x_{12} + x_{13} = 120$$
$$x_{21} + x_{22} + x_{23} = 80$$
$$x_{31} + x_{32} + x_{33} = 80$$
$$x_{11} + x_{21} + x_{31} = 150$$
$$x_{12} + x_{22} + x_{32} = 70$$
$$x_{13} + x_{23} + x_{33} = 60$$

② 북서코너법: 운송표의 좌측상단으로부터 우측하단에 이르기까지 가능한 한 최대의 양을 각 란에 할당해 나가는 방법이다. 위쪽, 왼쪽 셀부터 차례로 할당하고, 최초해를 쉽게 얻을 수 있으나 최적해와 거리가 멀다.

공급지 \ 수요지	I	II	III	공급량
A	8 1) 120	5	6	120
B	15 2) 30	10 3) 50	12	80
C	3	9 4) 20	10 5) 60	80
수요량	150	70	60	280

③ 최소비용법

　㉠ 최소의 단위당 운송비를 가진 칸에 가능한 한 최대의 양을 할당하는 방법으로 최소비용을 가진 칸이 복수일 경우 더 많은 양을 수송할 수 있는 칸을 선택한다.

　㉡ 북서코너법보다 효율적이다.

공급지 \ 수요지	I	II	III	공급량
A	8 2) 70	5 3) 50	6	120
B	15	10 4) 20	12 5) 60	80
C	3 1) 80	9	10	80
수요량	150	70	60	280

④ 보겔의 기회이용법: 각 행과 열에 있어서 최소의 단위당 운송비 대신 차선의 단위당 운송비로 수송할 경우에 생기는 기회비용을 계산하여 기회비용이 최소가 되도록 할당하는 방법이다. 비용이 최소인 칸에 할당하지 못할 때 추가로 발생하는 비용이 최대인 칸부터 우선적으로 할당하며, 산출법이 다소 까다로우나, 최적해에 가깝다.

공급지 \ 수요지	I	II	III	공급량
A	8 2) 70	5	6 3) 50	120
B	15	10 4) 70	12 5) 10	80
C	3 1) 80	9	10	80
수요량	150	70	60	280

04　할당법

① 의미 및 특징

할당법은 수송문제의 해의 성질을 이용한 것으로 기계에 대한 작업할당 문제 등에 이용될 수 있다. n개의 작업을 n개의 기계에 할당해야 하는 경우, 총비용이 최소가 되도록 각 작업을 각 기계에 할당하는 데 적합하도록 개발된 기법이다. 기회비용의 사고방식을 적용하면 쉽게 해결할 수 있다.

2 헝가리 방법을 통한 최적해 도출

(1) 기계의 준비시간 줄이기 문제

① 4개의 기계에 4개의 작업을 할당하려 한다.

② 각 기계는 한 개의 작업만 수행한다.

③ 기계는 작업을 시작할 때 준비작업(Set-up Operation)이 필요하다.

④ 어떻게 작업을 기계에 할당할 때 총 준비작업 시간을 최소화하는가?

[할당 비용표]

	작업1	작업2	작업3	작업4	공급량
기계1	9	7	5	10	1
기계2	10	6	10	3	1
기계3	9	5	7	4	1
기계4	7	2	8	6	1
수요량	1	1	1	1	

⑤ 헝가리 방법

㉠ 기회비용표 작성: 현재 할당비용표의 각 행에서 그 행의 최소비용을 뺀 뒤, 각 열에서 그 열의 최소비용을 빼어 기회비용표로 만든다.

㉡ 최적성 검사: 현재 기회비용표의 모든 0을, 행과 열을 따라 최소 개수의 직선으로 지운다. 이들 직선의 개수가 행(또는 열)의 수와 같으면 ㉣로 가고, 행의 수보다 적으면 ㉢로 간다.

㉢ 기회비용표 수정: 직선으로 지워지지 않은 기회비용 중에서 최소값을 찾아, 직선으로 지워지지 않은 값에서는 빼고, 직선으로 두 번 지워진 값에는 더한 뒤, 모든 직선을 없애고 단계 2로 간다.

㉣ 최적할당: 현재의 기회비용이 0인 것으로 일대일 대응하면 최적할당이다.

	작업1	작업2	작업3	작업4	공급량
기계1	9	7	5	10	1
기계2	10	6	10	3	1
기계3	9	5	7	4	1
기계4	7	2	8	6	1
수요량	1	1	1	1	

	작업1	작업2	작업3	작업4	공급량
기계1	4	2	0	5	1
기계2	7	3	7	0	1
기계3	5	1	3	0	1
기계4	5	0	6	4	1
수요량	1	1	1	1	

	작업1	작업2	작업3	작업4	공급량
기계1	0	2	0	5	1
기계2	3	3	7	0	1
기계3	1	1	3	0	1
기계4	1	0	6	4	1
수요량	1	1	1	1	

	작업1	작업2	작업3	작업4	공급량
기계1	0	3	0	6	1
기계2	2	3	6	0	1
기계3	0	1	2	0	1
기계4	0	0	5	4	1
수요량	1	1	1	1	

	작업1	작입2	작업3	작업4	공급량
기계1	0	3	0	6	1
기계2	2	3	6	0	1
기계3	0	1	2	0	1
기계4	0	0	5	4	1
수요량	1	1	1	1	

	작업1	작업2	작업3	작업4	공급량
기계1	0	3	0	6	1
기계2	2	3	6	0	1
기계3	0	1	2	0	1
기계4	0	0	5	4	1
수요량	1	1	1	1	

$\therefore$ 총 작업시간 $=9+2+5+3=19$

05 동적계획법

1 동적계획법의 개념과 모형화

(1) 동적계획법(DP; Dynamic Programming)

① 의사결정상황을 시간적 · 공간적으로 여러 단계로 나누어 취급한다. 따라서 결정변수의 값도 한꺼번에 결정하는 것이 아니라 각 단계마다 결정한다.

② 단계적 결정이라는 특성 때문에 다단계계획법(Multistage Programming)이라고도 한다.

(2) **최적성의 원리(Principle of Optimality):** 동적계획법은 선형계획법에 비해 현실을 더 잘 반영할 수 있는 반면에 뚜렷한 해법이 없다. 따라서 문제에 따라 해법이 서로 다른데, 모든 경우에 적용되는 개념이 최적성의 원리이다.

(3) **순환식(Recursive Equation):** 최적성의 원리가 반영되어 모형의 해를 단계적으로 구할 수 있게 하는 수식이다.

(4) **예제모형**

① **자원배분문제:** 예산 범위(Q) 내에서 총이익을 최대로 하기 위한 예산배정방법 결정이며, 일반적인 수리계획모형으로 수식화한다.

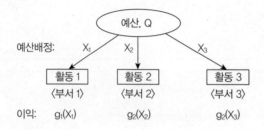

• 의사결정변수(각 활동에 배정되는 예산 금액): X_1, X_2, X_3
• 목적함수(총이익의 최대화)
  Max. $R = g_1(X_1) + g_2(X_2) + g_3(X_3)$
• 제약조건(예산범위)
  s.t. $X_1 + X_2 + X_3 \leq Q$
      X_1, X_2, $X_3 \geq 0$

만약 $g_i(X_i)$가 1차 함수라면 이는 전형적인 선형계획법 문제가 된다. 선형계획법에서의 접근방법은 제약조건을 만족시키면서 목적함수값을 더 이상 향상시킬 수 없을 때까지 벡터 (X_1, X_2, X_3)의 값을 결정해 나가는데, 동적계획법에서는 이 문제를 세 단계의 부분문제로 나누어 단계적으로 접근한다.

• 1단계: 활동 1만을 고려할 때의 최적해를 구한다.
• 2단계: 1단계의 결과를 바탕으로 하여, 활동 1과 활동 2를 고려할 때의 최적해를 구한다.
• 3단계: 2단계의 결과를 바탕으로 하여 활동 1, 2, 3을 모두 고려할 때의 최적해를 구한다.

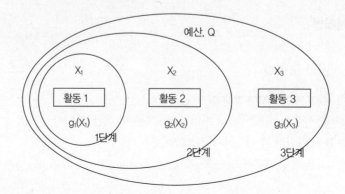

② **최단경로문제**: ①번 마디에서 ⑩번 마디까지의 최단경로를 찾는 문제를 4단계로 나누어 접근한다.

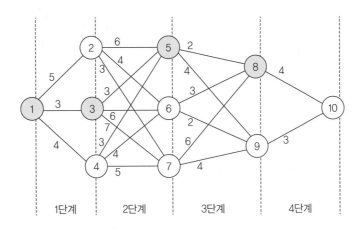

1단계   2단계   3단계   4단계

- 1단계: ①번 마디에서 ②, ③, ④번 마디까지의 최단경로를 구한다.
- 2단계: ②, ③, ④번 마디에 각각 위치하였다고 가정한 상태에서 ⑤, ⑥, ⑦번 마디까지의 최단경로를 찾는다.
- 3단계: ⑤, ⑥, ⑦번 마디에서 ⑧, ⑨번 마디까지의 최단경로를 찾는다.
- 4단계: ⑧, ⑨번 마디에서 ⑩번 마디까지의 최단경로를 찾는다.

06 목표계획법

1 목표계획법(GP; Goal Programming)

(1) 이익 최대화나 비용 최소화라는 단 하나의 목표 이외에 서로 상충되는 여러 개의 목표가 있는 경우의 수리계획법이다.

(2) 여러 개의 목표 중 우선순위가 높은 목표부터 만족시켜 나간다(상위의 목표가 충족되지 않은 상황에서는 하위의 목표도 충족될 수 없다고 가정).

(3) 목표에 미달하거나 초과하는 값을 표시하는 편차변수를 도입하여 편차합의 최소화를 목적함수로 하는 최소화 문제로서, 결정하고자 하는 직접적인 변수는 편차변수이다.

2 이익을 최대화하는 경우 선형계획법과 목표계획법의 개념

3 목표계획법의 모형화

(1) 목표계획모형의 구성요소
① 편차변수
② 시스템 제약조건
③ 목표 제약조건
④ 목적함수

(2) 편차변수
① 편차: 미리 정해진 목표와의 차이를 나타내는 값이다.
② 목표 값보다 큰 편차는 d^+, 목표 값보다 작은 편차는 d^-로 표시한다.
③ 두 편차변수 중 하나는 반드시 0이 된다. 예로서 어떤 제품의 생산량 목표가 100단위인데, 실제 생산이 90단위라면 $d^-=10$, $d^+=0$이다.

(3) 시스템 제약조건: 선형계획모형에서의 제약조건과 같은 의미의 환경적, 시간적, 물질적 제약 등 외부적으로 주어진 제약을 말하며, 이 제약조건은 반드시 만족되어야 하는 절대적인 제약을 의미한다.

(4) 목표 제약조건
① 목표들의 희망수준을 나타내기 위한 식으로 예로서, 어느 회사에서 제품 A의 생산량(X_1)을 최소 100단위 이상 생산하는 경우
② 선형계획법의 관점: $X_1 \geq 100$(절대적인 제약)
③ 목표계획법의 관점: $X_1+d_1^- - d_1^+=100$(목표 달성여부를 표시)

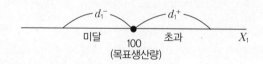

(5) 목적함수
① 목표들로부터의 편차를 최소화한다.
　㉠ 목표의 성격상 설정된 값보다 커야 좋은 경우: 미달을 나타내는 편차변수(d_i^-)를 최소화한다.
　㉡ 설정된 목표값보다 작아야 좋은 경우: 초과를 나타내는 편차변수(d_i^+)를 최소화한다.
② 목표들의 우선순위를 표시하는 편차변수의 계수를 결정한다.
　㉠ 목표들의 우선순위가 고정되어 높은 우선순위의 목표부터 차례로 만족이 되어야 하는 경우: 편차변수의 계수를 부호화하여 표시한다. 즉, 차례대로 p_1, p_2, p_3 … 와 같이 부여하며, 여기서 $p_1 > p_2 > p_3$ …(단순히 숫자적으로는 비교할 수 없을 정도의 차이를 표시)이다.
　㉡ 목표들의 우선순위가 순차적으로 정해져 있지 않은 경우: 각 목표에 대한 가중치를 부여하여 편차들의 가중합을 최소로 한다.
③ 선형계획법의 목적함수와 근본적으로 같기 때문에 일반 심플렉스법으로 최적해를 구한다.

07 정수계획법(IP; Integer Programming)

1 정수계획법의 의미

의사결정변수가 정수의 값만을 갖는 수리계획법을 의미한다. 정수선형계획법(ILP)은 IP 중에서도 목적함수와 제약조건이 모두 1차식인 경우를 말한다.

2 정수계획모형의 종류

(1) **순수정수계획모형(Pure Integer Programming Model)**: 모든 변수가 정수인 모형이다.

(2) **혼합정수계획모형(Mixed Integer Programming Model)**: 변수 중 일부가 정수인 모형이다.

(3) **0−1 정수계획모형(0−1 Integer Programming Model)**: 모든 변수가 0 또는 1인 모형이다.

3 중요성

(1) 실제 의사결정 상황이 정수인 해를 요구하는 경우가 많다.

(2) 의사결정문제 중 정수계획모형으로 모형화하면 보다 쉽게 해결되는 경우가 있다.

4 예제모형 − 유통회사인 Y사의 유통판매점 및 물류센터 신설계획

정수계획법의 모형화는 변수가 정수이어야 한다는 조건만 추가하면 선형계획법과 같다.

(1) 개요

① 38(억 원)의 예산으로 유통판매점과 물류센터를 신설 계획

② 신설비용: 판매점 5(억 원), 물류센터는 10(억 원)

③ 월간 예상수익: 판매점 4(천만 원), 물류센터 6(천만 원)

④ 물류센터는 한 개 이상을 반드시 신설해야 하며, 두 시설을 합하여 5개가 넘지 않아야 한다.

(2) 모형화 가이드

① 의사결정변수: 신설 유통판매점과 물류센터의 수이므로 정수계획모형이다.

X_1: 신설할 판매점의 수, X_2: 신설할 물류센터의 수, X_1과 X_2는 음이 아닌 정수

② 목적함수: 월간 예상총이익을 최대화한다.

$$\text{Max. } Z = 4X_1 + 6X_2 \text{ (월간 예상총이익)}$$

③ 제약조건

> s.t. $5X_1 + 10X_2 \leq 38$ (예산제약)
> $X_1 + X_2 \leq 5$ (총 시설 수 제약)
> $X_2 \geq 1$ (물류센터 수 제약)
> X_1, X_2 는 음이 아닌 정수

④ 완성 모형

> Max. $Z = 4X_1 + 6X_2$ (월간 예상총이익)
> s.t. $5X_1 + 10X_2 \leq 38$ (예산 제약)
> $X_1 + X_2 \leq 5$ (총 시설 수 제약)
> $X_2 \geq 1$ (물류센터 수 제약)
> X_1, X_2 는 음이 아닌 정수

(3) 해법의 종류

① 열거법: 최적해가 될 수 있는 실행가능해를 모두 열거하여 최적해를 찾는 방법이다.

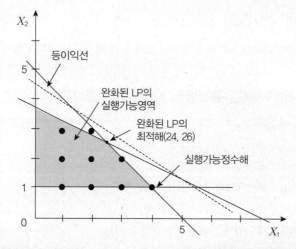

② 선형계획법의 해를 이용한 근사법: 변수의 정수제약조건을 완화한 선형계획모형(LP Relaxation)의 해를 구하여, 그 값을 반올림, 반내림하거나 절삭하여 정수해를 구하는 방법이다. 매우 쉬운 방법이기는 하지만 최적해를 얻지 못하거나 실행불가능한 해를 얻을 수도 있다.

③ 절단평면법(Cutting Plane Method): 새로운 제약식(절단평면)을 추가하여 기존의 실행가능영역 중 정수해를 포함하지 않는 부분을 제외시키는 과정을 반복함으로써 결국 최적정수해를 구하는 방법이다. 선형계획법의 민감도분석 기법을 적용하는 것으로 개념적으로는 우수하지만 계산상의 효율성이 적은 한계가 있다.

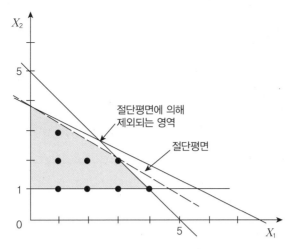

④ 분단탐색법(Branch and Bound Method): 해의 집합을 열거해 가면서 최적해의 가능성을 검토하고, 가능성이 없는 집합은 고려대상에서 제외시켜 검토 영역을 좁혀나감으로써 최적정수해를 찾는 방법이다. 해의 집합을 열거하기 때문에 부분적인 열거법이라고도 할 수 있으며, 다른 해법에 비해 개념상으로나 계산상으로 가장 우수하다.

08 비선형계획법

1 비선형계획법(NLP; Non-linear Programming)의 의미

목적함수나 제약조건이 1차식이 아닌 함수(비선형함수)로 표시되는 수리계획법이다. 현실의 비선형성을 선형계획법에서는 민감도분석에 의해 보완하지만, 근본적인 방법은 비선형계획모형으로 수식화하여 최적해를 구하는 것이다. 비선형계획법은 선형계획법의 심플렉스법과 같은 효율적인 해법이 존재하지 않는다.

[최대(소)치와 극대(소)치의 개념]

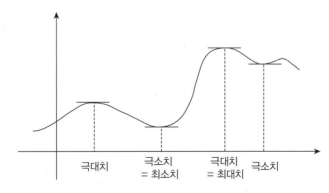

2 등식제약이 없는 경우(constrained)의 비선형계획모형

(1) 미분가능 비선형함수 $f(x)$에 대하여 해가 극대치가 되기 위한 조건을 가진다.

> 필요조건: 함수 $f(x)$가 $x=\overline{X}$에서 극대치를 가지면, $f'(\overline{X})=0$
> 충분조건: $f(x)$가 $x=\overline{X}$에서 2차 미분가능하고,
> $\qquad f'(\overline{X})=0$, $f''(\overline{X}) < 0$ 이면 $\overline{X}$는 $f(x)$의 극대치이다.
> ※ 극소치의 경우: 필요조건은 같고, 충분조건은 $f''(\overline{X}) > 0$ 이다.

(2) **예제 모형:** E사의 판매가격 결정문제

가정용 요리기구를 생산 · 판매하고 있는 E사의 판매가격 결정문제

신제품에 대한 가격 p(단위: 만 원), 월별 수요 d라 표시하면,

$$d=1,200-100p$$

제품의 단위당 원가가 5만 원일 때, 이익을 최대로 하는 판매가격을 결정하는 문제

> ※ 풀이
> 이익함수를 $f(p)$로 나타내면,
> $f(p)=p \cdot d-5 \cdot p$
> $\qquad =p(1,200-100p)-5(1,200-100p)$
> $\qquad =-100p^2+1,700p-6,000$
> 따라서 최적판매가격 $\overline{X}$는 다음의 두 조건을 만족해야 한다.
> (1) $f'(\overline{X})=0$
> (2) $f''(\overline{X}) < 0$
> (1)을 만족하는 $f'(p)=-200p+1,700$에서 $p=8.5$(만 원)
> 충분조건을 확인하기 위하여, $f(p)$를 2차 미분하면 $f''(p)=-200<0$
> 즉, $p=8.5$는 $f(p)$를 최대화하기 위한 필요조건과 충분조건을 모두 만족시키므로 신제품에 대한 E사의 최적결정가격은
> 8만 5천 원, 예상 총이익은 1,225만 원이다.
>
> ※ 변수가 여러 개인 경우
> 제약조건이 없는 경우 변수가 여러 개인 비선형함수의 극대(소)치에 대한 필요조건
> 함수 $f(x_1, x_2, \cdots, x_n)$가 $(x_1, x_2, \cdots, x_n)$에서 극대(소)치를 가지면,
> n개의 편미분 함수, $\dfrac{\partial f(x_1, x_2, \cdots x_n)}{\partial x_i}=0$이다.

3 등식제약하(Constrained)의 비선형계획모형

n개의 결정변수 $x_1, x_2, \cdots, x_n$과, m개의 등식제약을 갖는 비선형계획모형

> Max.(또는 Min.) $f(x_1, x_2, \cdots, x_n)$
> s.t. $\qquad g_1(x_1, x_2, \cdots, x_n)=0$
> $\qquad\qquad g_2(x_1, x_2, \cdots, x_n)=0$
> $\qquad\qquad\qquad \vdots$
> $\qquad\qquad g_m(x_1, x_2, \cdots, x_n)=0$

- 원래의 모형에 대해 라그랑지 승수를 도입하여 목적함수와 등식의 제약식을 연결하는 라그랑지 함수(Lagrange Function)를 만들어 제약이 없는 비선형계획모형으로 변환한 후 극치를 찾는 방법이다.

- i 번째 제약식에 대응하는 라그랑지 승수를 λ_i라 하면, 라그랑지 함수는

$$L(x_1, x_2, \cdots, x_n, \lambda_1, \lambda_2, \cdots, \lambda_m)$$
$$= f(x_1, x_2, \cdots, x_n) + \lambda_1[g_1(x_1, x_2, \cdots, x_n)]$$
$$+ \lambda_2[g_2(x_1, x_2, \cdots, x_n)]$$
$$\vdots$$
$$+ \lambda_m[g_m(x_1, x_2, \cdots, x_n)]$$

- 등식제약하에서 라그랑지 승수법의 필요조건: $(x_1, x_2, \cdots, x_S)$가 원래 모형의 최적해가 되려면 라그랑지 함수 L에 대하여 다음의 조건을 만족하여야 한다(필요조건).

$$\frac{\partial L}{\partial x_j} = 0 \ (j = 1, 2, 3, \cdots, n)$$

$$\frac{\partial L}{\partial \lambda_j} = 0 \ (j = 1, 2, 3, \cdots, m)$$

CHAPTER 02 위험한 상황하의 의사결정

01 의사결정수

1 의사결정수(Decision Tree)

여러 단계를 거치는 확률적인 대안들의 구조를 고려하여 여러 가지 갈래의 가지와 마디를 가지는 나무의 형태로 표현한 것이다. 상황과 대안, 각 대안별로 기대되는 성과들로 구성된다.

2 주식회사 MENDOZA의 기계선택 문제

(1) **문제 개요:** 주식회사 MENDOZA는 신제품 생산의 공정과정에서 필요한 기계장치를 어떤 종류로 선택할지에 대한 의사결정을 내려야 한다. 모형 X는 구식모형으로 이 모형에 대해서는 경험이 많기 때문에 이 모형을 설치하여 신제품을 생산할 경우 10억의 이익을 낼 수 있음을 알고 있다. 모형 Y는 최근에 개발된 것으로 모형 X보다 효율이 더 높을 것으로 예상은 되지만 확실하지는 않으며, 전문가의 의견에 따르면 성공적으로 운전될 가능성이 70%, 문제가 발생할 가능성은 30%이다. 모형 Y가 성공적으로 운전될 경우에는 16억의 이익을, 문제가 발생한다면 6억의 이익을 낼 수 있다. 단, 모형 X, Y의 설치비용은 동일하다. 그런데 모형 Y를 설치하기 전에 성능을 테스트해 보는 방법이 있어서 이 성능테스트 결과 모형 Y의 성공과 실패여부를 확실하게 알 수 있으며 이 테스트의 비용은 1억이라 하자. 따라서 이 문제에서는 테스트를 할 것이냐 안할 것이냐와 어느 모형을 설치할 것이냐를 결정해야 한다.

(2) 의사결정수

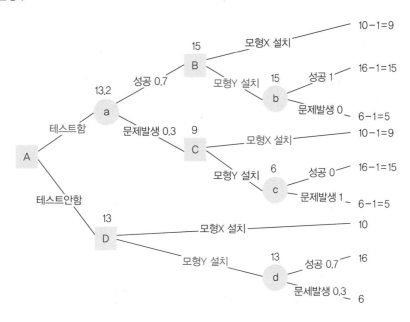

---

02   시뮬레이션

1 시뮬레이션

수리적인 방법의 적용이 곤란하거나 불가능할 때 최후적인 수단으로 이용되는 기법이다. 경영과학의 여러 기법 중에서 통계분석과 함께 가장 많이 이용된다. 최적해를 도출하는 기법이라기보다는 시스템의 상태를 파악하는 묘사적인 방법이다.

2 종류

(1) **아날로그 시뮬레이션(Analog Simulation)**

① 실제 시스템의 모형을 제외하고 이를 통해 시스템의 연속적인 과정을 분석·평가한다.

② 아날로그량을 이용하는 시뮬레이션으로 아날로그 컴퓨터에 의해 실현되며, 진동 현상의 시뮬레이션 등에 유용한 방법이다. 전기적 시스템을 이용해서 실제 시스템을 묘사해 시험하는데, 두 시스템의 특성을 나타내는 변수들이 수학적으로 대응된다는 점에서 실제 시스템과 전기적 시스템은 유사한 관계에 있다.

(2) **디지털 시뮬레이션(Digital Simulation)**: 컴퓨터를 이용하여 시스템을 수치적으로 분석·평가하는 방법이다(경영과학에서 수행하는 대부분의 시뮬레이션).

(3) **몬테칼로 시뮬레이션(Monte-Carlo Simulation)**: 확률변수를 표현하기 위해 난수(Random Number)를 도입하는 시뮬레이션이다.

3 필요성

(1) 실제상황에 대한 실험이 비실용적이거나 불가능한 경우: 기업에서 새로운 분야에 대한 투자결정이라든지 적대국 간의 전쟁 등에서는 실험이 곤란하다.

(2) 수학적인 표현이 불가능하거나 표현은 가능하더라도 해를 구하기가 곤란하거나 불가능한 경우: 현실의 많은 문제들이 수학적으로 너무 복잡하고 다양한 변수가 포함되어 있어 수식적인 해결이 곤란하다.

4 적용분야

특정 분야에 한정되어 있지 않고, 적용분야가 점점 확대되는 추세이다.

[시뮬레이션 적용 사례]

항공교통의 통제	수송과정 제작	쓰레기수거 계획
공항설계	비상대피소 설계	공항인력비치
비상차량의 위치 결정	병원 설계	철로계획
은행출납계의 계획	버스노선 설계	석유화학공정 설계
식료품점 고용인 일정	항공사 운영계획	도서관 설계
재고통제	설비유지계획	정보시스템 설계
자료네트워크 설계	설비배치	공구상자의 배치
음성네트워크 설계	재무예측	비행승무원 일정계획
컴퓨터시스템 설계	항구설계	합동계약의 협상
도매상 위치 결정	공장설계	

5 장단점

(1) 장점

① 과학적인 다른 방법으로 다룰 수 없는 복잡하고 동적인 현상을 모형화할 수 있다.
② 다른 방법으로는 불가능하거나 실행하기 곤란한 실험이 가능하다.
③ "만약에(What if)"라는 질문이 쉽게 적용될 수 있다.
④ 시스템과 여러 변수들의 상대적인 중요성에 대해 중요한 통찰력을 제공한다.
⑤ 실제 사건을 압축할 수 있다(1년간의 상태를 불과 몇 분이나 몇 초에 실행 가능).
⑥ 복잡한 수학적 지식이 없어도 이용 가능하다(경영진들의 의사결정도구로 적합).

(2) 단점

① 최적해를 찾는 방법이 아니다.
② 많은 비용이 요구된다.
③ 표본오류(Sampling Error)가 존재한다(표본의 크기나 실행시간 확대로 축소 가능).
④ 통계적 이론 등 배경지식이 필요하다.
⑤ 문제에 대한 분석·평가만 가능하다(의사결정은 별도로 이루어짐).

1 마르코프 모형

미래에 전개되는 상황이 확률적인 과정을 따르면서 변화되는 상황을 뜻한다.

> **개념더하기**   마르코프 체인과 마르코프 프로세스
>
> • 마르코프 체인(Markov chain): 다음 단계의 상황이 과거 상태에는 영향을 받지 않고, 현재 상태에서 한 단계 전이를 거쳐 정해지는 과정을 말한다.
> • 마코브 프로세스(Markov process): 연속적인 시간 흐름에 따라 변화하는 경우이다.

2 예제 – 자동차 시장의 점유율 변화

자동차 시장을 S, H, F 세 회사가 모두 점유하고 있다.

(1) 상태전이 다이어그램

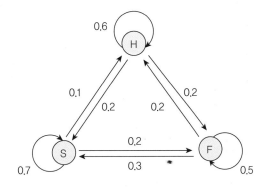

[예] H사 차를 산 사람이

다음 기에 S사 차를 살 확률: 0.2

다음 기에 F사 차를 살 확률: 0.2

다음 기에 다시 H사 차를 살 확률: 0.6

(2) 상태전이 확률 행렬

		미래상태		
		S사	H사	F사
현	S사	0.7	0.1	0.2
재	H사	0.2	0.6	0.2
상				
태	F사	0.3	0.2	0.5

(3) 안정된 상태의 시장점유율

- (안정상태 점유율)×(상태전이 행렬)=(안정상태 점유율)
- 현재 시장 점유율이 [S사, H사, F사]의 순서로
  [0.1, 0.5, 0.4] 라면, 다음 기의 S사의 시장 점유율은,
  $(0.1\ 0.5\ 0.4) \times (0.7\ 0.2\ 0.3)T = 0.29$
- 안정된 상태의 S사, H사, F사의 시장점유율을 각각 $\pi1, \pi2, \pi3$이라고 하면, 다음과 같은 식이 성립된다.

$$(\pi1\ \pi2\ \pi3)\begin{pmatrix} 0.7 & 0.1 & 0.2 \\ 0.2 & 0.6 & 0.2 \\ 0.3 & 0.2 & 0.5 \end{pmatrix} = (\pi1\ \pi2\ \pi3)$$

$$0.7\pi1 + 0.2\pi2 + 0.3\pi3 = \pi1$$
$$0.1\pi1 + 0.6\pi2 + 0.2\pi3 = \pi2$$
$$0.2\pi1 + 0.2\pi2 + 0.5\pi3 = \pi3$$
$$\pi1 + \pi2 + \pi3 = 1.0$$

- 위 연립방정식을 풀면 안정된 상태의 시장점유율 (0.4571 0.2571 0.2857)이 구해진다.

---

04 대기행렬이론

1 대기행렬모형

확률이론을 적용하여 고객과 서비스 시설과의 관계를 모형으로 작성한 것으로 고객의 도착상황에 대응할 수 있는 경제적 규모를 결정하는 방법이다. 총 대기비용(고객의 대기시간에서 오는 고객 상실 등의 대기비용+서비스 시설의 확장에 따른 추가 서비스 비용)을 최소화시키는 최적 서비스 시설의 수를 결정한다.

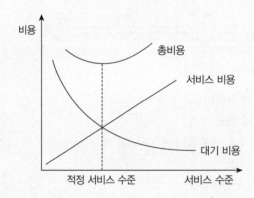

2 적용분야

병원에서의 환자대기	음식점의 좌석 수 결정문제
은행창구에서의 고객대기	세차장의 종업원 수 결정문제
톨게이트에서의 고객대기	PC방의 컴퓨터 수 결정문제

3 의사결정 변수가 되는 항목

서버의 수, 서버의 유형과 일처리속도, 대기행렬 규칙, 서비스 설비의 물리적인 수용능력 등이 있다.

4 구성요소와 기본구조

(1) 구성요소

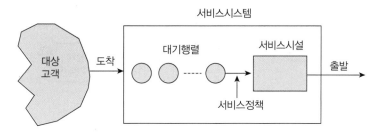

① 대상고객

　㉠ 고객의 규모

　　• 유한고객(Finite Calling Unit): 공장 가동 설비, 전산실의 PC 등

　　• 무한고객(Infinite Calling Unit): 역광장 공중전화, 백화점의 고객 등

　㉡ 고객의 도착유형

　　• 고객의 도착간격시간 분포

　　• 한 번에 도착할 수 있는 고객의 크기

　　• 고객이 어떠한 규칙이나 패턴을 가지고 도착하는가 등

　㉢ 고객의 태도: 고객이 얼마만큼의 인내심을 가지고 있는가

② 도착분포

　㉠ 포아송분포(Poisson Distribution): 불규칙한 고객의 도착을 표현해 주는 이산확률분포를 뜻
　　한다.

　㉡ 지수분포(Exponential Distribution): 포아송분포에서 도착하는 고객들의 시간간격을 나타내
　　주는 연속확률분포이다.

③ 대기행렬 길이: 대기행렬의 허용길이가 유한인가 무한인가의 문제에 대한 것이다.

④ 서비스 정책

　㉠ 선입선출(FCFS)

　㉡ 후입선출(LCFS)

　㉢ 무작위 규칙(SIRO)

　㉣ 우선순위(Priority)에 의한 규칙

　　• 선점규칙: 서비스 중인 고객의 서비스 중단

　　• 비선점규칙: 서비스 중인 고객의 서비스는 완료

(2) 기본구조(서비스시설)

① 단일채널 – 단일단계 대기시스템

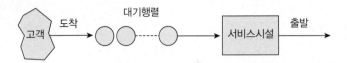

② 단일채널 – 다중단계 대기시스템

③ 다중채널 – 단일단계 대기시스템

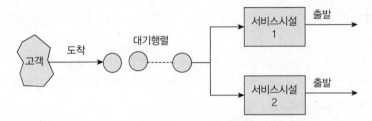

④ 다중채널 – 다중단계 대기시스템

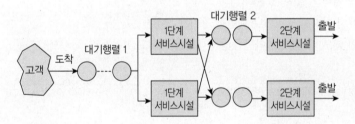

05　　PERT/CPM

---

1 PERT/CPM

대형 프로젝트의 일정관리(Scheduling)에 활용되는 기법으로 대형 프로젝트는 수백~수천 개의 활동
(Activity)으로 구성되어 있으며 수행 순서가 있다.

(1) PERT(Program Evaluation and Review Technique): 활동의 소요시간을 확률적으로 추정하며, 미해군
과 Lockheed사 등이 폴라리스 잠수함 공동 제작과정에서 개발하였다.

(2) CPM(Critical Path Method): 활동의 소요시간이 확정적인 경우에 적용하며, DuPont사에서 개발하였다.

2 PERT/CPM로 관리할 수 있는 프로젝트의 예

빌딩, 경기장, 고속도로 등 대형 토목공사, 건축공사 고급 의료기가 있는 병원 이전 연구 실험 기자재가 설치된 연구소 이전	선박 건조, 비행기 조립 기업의 인수, 합병 슈퍼 컴퓨터의 설치 월드컵 유치

3 네트워크로의 표현

(1) 과정

① 프로젝트를 구성하는 활동을 열거한다.

② 각 활동별 소요시간을 열거한다.

③ 각 활동의 선행활동(Predecessor)을 파악한다.

(2) AOA(Activity on Arc) 네트워크: 활동을 아크(가지)에 표시한다.

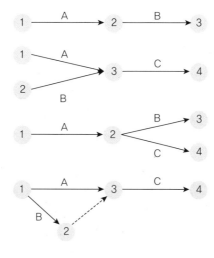

(A, B, C: 활동)

(3) 네트워크의 활동과 노드시간: 활동－노드 관계식: $t_i + d_a \leq t_j$(또는 $t_j - t_i \geq d_a$)

t_i: 노드시간(노드 i에서 시작하는 활동들의 시작가능시간)

d_a: 활동 A의 활동시간

> **개념더하기** ▶ CPM의 목표
>
> • 프로젝트 완료시간은 언제인가?
> • 어떤 활동을 중점 관리할 것인가?

4 예제 – 신차 개발 프로젝트(CPM)

(1) 신차 개발 프로젝트의 활동과 소요시간 및 선행활동 관계(아래표 참고)

(2) 신차 개발을 최대한 빨리 끝내려면 얼마나 시간이 걸리는가?

[신차개발 프로젝트 소요시간 및 선행활동]

활동	선행활동	활동시간(月)
수요파악, 개념설계	–	4
신규기술 개발	–	16
플랫폼 개발	A	9
차체 디자인	A	12
현행기술 개량	B, C	8
생산공정 준비	D, E	6

[네트워크와 주요경로]

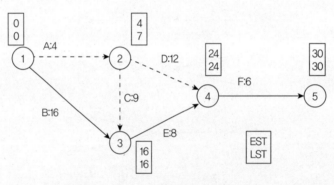

※ EST: Earliest Starting Time(최대한 일찍 활동을 시작하는 시간)
　LST: Lastest Starting Time(최대한 늦게 활동을 시작하는 시간)

[간트 차트로 본 주요활동]

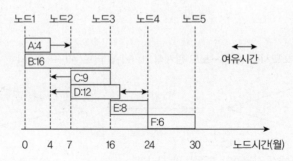

CHAPTER 03 불확실한 상황하의 의사결정

01 불확실성

미래에 발생할 수 있는 상황과 그 상황이 발생하는 경우 얻게 되는 결과에 대해서는 추정할 수 있으나, 각 상황들에 대한 정보, 즉 각 상황들이 발생하는 확률은 전혀 추정할 수 없는 경우를 말한다.

02 의사결정기준

1 낙관자와 비관자

정보가 충분하지 않거나 정보가 전혀 없는 불확실한 상황이라면 의사결정자의 주관적 태도가 중요하다. 의사결정자의 태도는 의사결정자의 현재 재산 상태나 처한 상황에 따라서 달라질 수 있다.
예 재정상태가 충분하다면 아주 과감한 의사 결정, 회사 전체의 형편이 어렵다면 아주 보수적인 의사 결정

(1) **Maximin 기준**: 각 대안에 대하여 불리한 상황에서 얻어지는 최소의 이득(Minimum)을 정한 다음, 그 중에서 최대 이득(Maximum)을 주는 대안을 선택하는 기준으로서 불리한 상황이 전개될 것에 대비하는 주관적 기준을 뜻한다.

(2) **Maximax 기준**: 각 대안별로 아주 유리한 상황에서 얻어지는 최대의 이득(Maximum)을 주는 대안을 선택하는 기준으로서 상황이 유리하게 전개될 것을 기대하는 낙관적 기준을 의미한다.

(3) **후르비츠(Hurwicz) 기준**: Maximax 기준을 $\alpha(0 \leq \alpha \leq 1)$만큼 반영하고 Maximin 기준을 $(1-\alpha)$만큼 반영하는 기준이다. α값이 0이면 Maximin 기준과 일치, α값이 1이면 Maximax 기준과 일치한다.

(4) **Minimax 후회 기준(유감 기준)**: 각 상황별로 최선의 선택을 정하고 그 최선의 선택과의 차이를 기회상실 비용으로 적은 후 각 대안별로 얻어지는 기회상실 비용 가운데 제일 큰 값을 가대안의 최대 기회상실 비용으로 평가한다. 의사결정은 최대 기회상실 비용을 최소화하는 대안을 선택하는 기준으로 이루어진다.

(5) **Laplace 기준**: 각 상황별로 동일한 확률을 적용하여 최대이익을 가져다주는 대안을 선택한다.

2 예제 – S자동차의 생산능력 확보 방안

(1) 문제 개요: S자동차의 수요 증가(프랑스 R사와의 합병 후)에 대한 생산능력 확보 방안을 검토한다.

① 마케팅 담당자의 상황전개 예측

  ㉠ 판매 20% 증가

  ㉡ 판매 5% 감소

② 생산 담당자가 제시한 대안

  ㉠ 라인증설(R사의 유휴설비이전)

  ㉡ 임시근로자 고용

  ㉢ 잔업으로 대처

③ 회계 담당자는 라인증설 투자비용, 원자재 비용, 임시근로자 및 잔업근무 시의 인건비를 고려하여 성과이득표를 제시한다.

[성과 이득표]

(단위: 억 원)

구분	수요 증가 예측	
	S1 수요 증가	S2 수요 감소
A1 라인증설	440	260
A2 임시근로자 고용	420	280
A3 잔업	340	300

(2) 대안 선택

① 비관적 태도: 미래의 상황이 불리하게 전개되더라도 회사의 안정적인 성장을 계속 유지할 수 있도록 하는 태도로, 수요 감소 시를 고려하여 Maximin 기준으로 선택한다. 따라서 수요 감소 시 가장 이득이 큰 "A3 잔업"을 선택한다.

② 낙관적 태도: 회사가 매우 안정되어 있고 이번의 의사결정으로 불리한 상황이 전개되더라도 크게 영향을 받지 않을 것이라는 판단에 따른 태도로, 수요 증가 시를 고려하여 Maximax 기준으로 선택한다. 따라서 수요 증가 시 가장 이득이 큰 "A1 라인증설"을 선택한다.

③ 이 두 가지 기준을 결합한 태도(후르비츠 기준): 낙관적인 의사결정에서 얻어지는 결과를 α만큼 반영하고, 비관적인 의사결정의 결과를 $(1-\alpha)$만큼 반영하여 얻어지는 결과를 비교하여 선택하는 태도로, 후르비츠 기준으로 선택한다.

  예 A1 라인증설의 경우 기대 이익: $\alpha \times 440 + (1-\alpha) \times 260$

④ 기회자체를 중시하는 태도

  ㉠ 한번 선택하면 다시 선택할 수 없기 때문에 선택에서의 후회를 최소로 하려는 태도로 유감 기준을 선택한다.

  ㉡ A1 라인증설을 선택한 후, 실제 수요가 감소하는 상황이 전개되면 차라리 A3 잔업활용을 선택하였으면 하고 후회하게 된다. 그 후회량을 수치로 적는다면 300 – 260 = 40이 된다. 이는 선택기회를 상실함에 따른 비용으로 기회비용(Opportunity cost)이라 하고, 이 기회비용 중 제일 큰 값을 최소화하는 것으로, 이것이 제일 작은 A2 임시근로자 고용을 선택하게 된다.

CHAPTER 04 상충하의 의사결정

01 상충하의 의사결정

상충하의 의사결정은 곧 게임에서의 의사결정으로 두 사람 또는 여러 사람의 성과(이득)를 다루는 것이다. 나의 전략과 경쟁자의 전략에 따라 성과(이득)가 결정되며, 서로는 상대방의 선택을 완전히 알고 있다(전략과 이득을 이해).

02 2인 영합게임

1 순수전략

S자동차와 H자동차의 중형차 시장에서의 신차 개발 경쟁을 예시로 알아보자.

[게임 성과이득표(수익: S자동차 기준)]

	구분	안정성	실용성	승차감
		H자동차		
S 자동차	안정성	5	4	6
	내구성	6	0	−2
	승차감	−3	−2	−3

Maximin 기준적용 :
S자동차 → 안전성 선택, H자동차 → 실용성 선택
균형점/안정점: (S자동차 전략, H자동차 전략)=(안정성, 실용성)

(1) 균형점(Equilibrium Point)이 있는 경우

S자동차 전략 vs H자동차 전략

S: 내구성 → H: 승차감 → S: 안정성 → H: 실용성 → S: 안정성 → H: 실용성 → ⋯

∴ 균형전략 (S자동차 전략, H자동차 전략)=(안정성, 실용성)

게임 값=4

(2) 균형점(Equilibrium Point)이 없는 경우

[성과이득표(시장점유율%: S자동차 기준)]

	구분	H자동차		
	구분	안정성	실용성	승차감
S 자동차	안정성	35	30	25
	내구성	40	25	30
	승차감	10	35	40

S자동차 전략 vs H자동차 전략

S: 안정성 → H: 승차감 → S: 승차감 → H: 안정성 → S: 내구성 → H: 실용성 → S: 승차감 → H: 안정성 → ‥ (반복)

∴ 균형전략 없음

2 혼합전략(Mixed Strategy)

위의 예에서 S자동차의 경우 (안정성, 내구성, 승차감)에 (0.4, 0.4, 0.2)의 비중을 두는 전략을 선택하고, H자동차가 안정성 전략을 선택했을 경우,

기대 시장 점유율=$0.4 \times 35 + 0.4 \times 40 + 0.2 \times 10 = 32(\%)$

※ H자동차의 전략에 관계없이 기대 시장점유율을 최대로 하는 혼합전략
- 문제의 게임 값 V를 상정
- H자동차가 어떤 전략을 선택하든 이 게임 값보다 기대 시장 점유율이 작지 않게 혼합전략을 결정
- X_1, X_2, X_3: 각 전략의 비중(의사결정변수)

Max $Z = V$(목표 기댓값)

s.t. $35X_1 + 40X_2 + 10X_3 \geq V$

$30X_1 + 25X_2 + 35X_3 \geq V$

$25X_1 + 30X_2 + 40X_3 \geq V$

$X_1 + X_2 + X_3 = 1$

$X_1, X_2, X_3 \geq 0$

※ H자동차의 혼합전략은 S자동차 문제의 쌍대문제가 됨

1 1회적 2인 비영합게임: 범법자의 고민의 의사결정수와 성과행렬

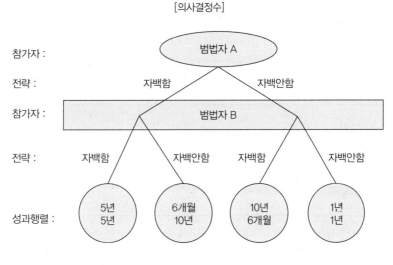

[성과행렬]

범법자 A \ 범법자 B	자백함	자백안함
자백함	5년 5년	6개월 10년
자백안함	10년 6개월	1년 1년

(1) **우위 전략**: 게임이론에 입각해 두 범법자는 모두 자백을 하는 전략을 취한다(5년, 5년).

(2) **범법자의 고민**: 둘 다 자백을 하지 않음으로써 1년의 형량만을 받을 수도 있다.

(3) 전략선택의 기회가 단 한번뿐인 1회적 2인 비영합게임에서는 두 참가자 모두에게 좋은 결과를 가져다 주는 이상적 전략(1년, 1년)이 있음에도 불구하고 두 참가자 모두에게 나쁜 결과를 가져다주는 전략을 선택하게 하는 경우도 있다.

2 반복적 2인 비영합게임: 성의 대결(Battle of Sex)

다정한 신혼부부가 있다. 그런데 이 부부는 서로의 직장 때문에 남편은 부산에서 아내는 서울에서 각각 향후 1년 동안 헤어져 살아야 한다. 남편과 아내는 매주 일요일에 한 번씩 만나기로 결정을 했는데 만나는 장소는 서울과 부산 둘 중의 한 곳이 된다. 물론 두 장소 중 남편은 부산에서 만나기를 좋아하고 아내는 서울에서 만나는 것을 좋아한다. 그러나 만나지 않는 경우, 즉 남편은 부산에 남아 있고 아내는 서울에 남아 있는 경우를 남편과 아내 모두 가장 좋아하지 않는다. 물론 이 경우에도 남편과 아내는 서로 상대방이 어떤 결정을 내리는지를 모른 채 자신의 의사결정을 내린다.

[성과행렬]

남편 \ 아내	서울		부산	
		2		0
서울	1		0	
		0		1
부산	0		2	

(1) 서로 떨어져 있다면 둘 다 효용은 '0'이 된다. 아내의 입장에서 보면 아내가 계속해서 서울에 있으면 남편은 할 수 없이 서울에 올라오게 되고, 이는 남편도 마찬가지이다.

(2) 남편과 아내가 서로 협력(Cooperation)하여 한 주는 서울에서 한 주는 부산에서 만나기로 한다면 평균효용은 '1.5'이다.

(3) 전략선택의 기회가 1회적인 것이 아니라 반복적인 경우에는 두 참가자가 전략선택할 수 있는 조합이 무수히 많으므로 하나의 유일한 혼합전략은 존재할 수 없다.

01 Full수록 합격

01

대규모 건설공사, 연구, 개발사업 등과 같이 비반복적이고, 한 번만 하는 프로젝트를 효율적으로 계획, 통제하기 위한 네트워크모델은?

① LOB
② FMS
③ MAPI
④ PERT

02

시뮬레이션에 대한 설명 중 적절하지 않은 것은?

① 문제에 대한 유일한 최적해가 아니라 근사값이 도출된다.
② 일반화된 문제풀이를 위한 모의실험 방법으로 일련의 연산과정을 통해 해를 구하게 되는데 그 연산과정은 표준화되어 있다.
③ 모형을 개발하는 과정에서 시간과 비용이 많이 소요된다.
④ 실제실행에 위험이 따르거나 실행이 불가능한 경우에 이용된다.

정답 및 해설

01 정답 ④

PERT/CPM는 비반복적인 프로젝트를 위한 네트워크 모델이다. 예시로 빌딩, 경기장, 고속도로 등 대형 토목 공사, 건축공사 등이 있다.

02 정답 ②

시뮬레이션은 수리적인 방법의 적용이 곤란하거나 불가능할 때, 최후적인 수단으로 이용되는 기법이다. 최적해를 도출하는 기법이라기보다는 시스템의 상태를 파악하는 묘사적인 방법이다.

03

다음 중 계량의사결정 과정에 속하지 않는 것은?

① 최적해의 실행
② 모형의 설정(Formulation)
③ 문제의 인식 및 정의
④ 목표달성 검토

05

다음 중 각 대안에 대한 확률을 알고 있는 상황에서 최적대안을 결정하는 데 가장 적합다고 생각되는 의사결정기법은?

① 선형계획법
② 비선형계획법
③ Hurwicz기준
④ 마르코프 분석

04

다음 목표계획법에 대한 설명 중 틀린 것은?

① 상충된 목표달성을 위한 기법이다.
② 목표의 중요도를 고려한 우선순위에 따라 만족시킬 수 있는 최적해를 구할 수 있다.
③ (+)와 (−)의 편차가 목적함수에 포함된다.
④ 목적함수의 최대화문제의 해결에만 적용되는 개념이다.

06

선형계획법에 대한 설명으로 옳지 않은 것은?

① 1차식을 사용하여 일정한 제약조건하에서 주어진 목적을 달성하고자 하는 것이다.
② 제한된 자원의 합리적 배분을 통하여 최적해를 구하는 기법이다.
③ 선형계획법의 요소에는 목적함수, 제약조건, 비음조건이 있다.
④ 비례성이라 함은 단위당 이익, 비용, 제조시간 등이 생산수준에 정비례함을 의미한다.

07

다음 중 위험한 상황에서의 의사결정 기법이 아닌 것은?

① 의사결정수
② 마르코프 연쇄 모형
③ 대기행렬이론
④ 선형계획법

08

다음 중 불확실성하의 의사결정기법인 것은?

① 후르비츠 기준
② 대기행렬이론
③ 정수계획법
④ 게임이론

03 정답 ④

계량의사결정의 과정은 문제의 인식 및 정의, 모형의 설정, 모형의 해 도출, 목적에의 타당성 검토, 모형의 수정 및 보완, 최적해의 실행이다.

04 정답 ④

이익을 최대화하는 경우 선형계획법과 목표계획법의 개념은 편차의 최소화이다.

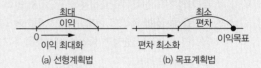

(a) 선형계획법   (b) 목표계획법

05 정답 ④

마르코프 분석 미래에 전개되는 상황이 확률적인 과정을 따르면서 변화되는 상황이다. 마르코프 체인(Markov chain)은 다음 단계의 상황이 과거 상태에는 영향을 안 받고, 현재 상태에서 한 단계 전이를 거쳐 정해지는 과정이고, 마르코프 프로세스(Markov process)는 연속적인 시간 흐름에 따라 변화하는 경우이다.

06 정답 ④

비례성이란 소요되는 자원과 산출량 사이에 정비례 관계가 존재한다는 의미이다.

07 정답 ④

위험한 상황하의 의사결정은 미래의 각 상황의 발생가능을 확률적으로 추정가능한 상황하의 의사결정으로 대부분의 의사결정자들이 현실적으로 직면한다. 의사결정수, 대기행렬이론, 마르코프 연쇄 모형, 시뮬레이션, PERT/CRM 등이 있다.

08 정답 ①

후르비츠 기준은 Maximin 기준과 Maximax 기준을 절충하는 것으로 의사결정자에게 낙관계수를 선택하게 한다. 0이면 완전히 비관적인 경우, 1이면 완전히 낙관적인 경우이다.

09

다음은 시장의 특성에 대한 설명이다. 옳은 내용끼리 짝지어진 것은?

> ㄱ. 독점적 경쟁시장에서 장기에는 기업의 이윤이 존재하지 않는다.
> ㄴ. 죄수의 딜레마 게임에서는 항상 협력하지 않는 것이 더 좋은 보수를 가져다준다.
> ㄷ. 완전경쟁시장에서는 기업들이 가격수용자이므로 기업 간의 전략적 상호작용이 중요하지 않다.
> ㄹ. 자연독점시장에 가격을 한계비용과 동일하게 적용하면 완전경쟁 균형과 동일한 생산량을 유지할 수 있다.
> ㅁ. 복점기업이 독점처럼 행동하기로 담합하였을 경우 두 기업의 생산량은 쿠르노-내시 균형을 유지할 수 있다.

① ㄱ, ㄴ
② ㄴ, ㅁ
③ ㄱ, ㄷ
④ ㄷ, ㄹ

10

계량의사결정환경에 따른 분류에서 미래 상황전개를 확정적으로 알고 있다는 가정하의 의사결정을 뜻하는 것은?

① 확실한 상황하의 의사결정(DMUC; Decision Making Under Certainty).
② 위험한 상황하의 의사결정(DMUR; Decision Making Under Risk)
③ 불확실한 상황하의 의사결정(DMUU; Decision Making Under Uncertainty)
④ 상충하의 의사결정(Decision Making Under Conflict)

09

정답 ③

> ㄴ. 죄수의 딜레마 게임이 1회 게임일 경우에는 협력하지 않는 것이 우월 전략이지만 이 게임을 반복하게 되면 둘이 협력하는 균형을 달성할 수 있다.
> ㄹ. 자연독점시장에서 평균비용이 한계비용보다 항상 더 높으므로 가격을 한계비용과 동일하게 적용하게 되면 기업이 손실을 보게 되어 이와 같은 상태는 유지 불가능하다.

10

정답 ①

② 위험한 상황하의 의사결정(DMUR; Decision Making Under Risk)은 미래의 각 성황의 발생가능성을 확률적으로 추정가능한 상황하의 의사결정. 대부분의 의사결정자들이 현실적으로 직면한다.
③ 불확실한 상황하의 의사결정(DMUU; Decision Making Under Uncertainty)은 미래 상황발생에 대해 전혀 정보가 없는 상황에서의 의사결정. 각각의 의사결정 대안에 따른 출현 가능 결과는 알고 있으나, 각각의 결과가 나타날 확률을 추정할 수 없다
④ 상충하의 의사결정(Decision Making Under Conflict)은 자신의 의사결정뿐 아니라 상대방의 의사결정을 함께 고려해야 하는 상황. 대표적으로 게임이론(Game Theory)이 있다.

경영정보시스템

CHAPTER 01 경영정보시스템의 기초 개념

01 정보시스템의 등장 배경

1 정보화 사회의 도래

(1) 정보화 사회란 정보, 지식 및 첨단 기술이 힘의 원천이 되는 사회를 일컬으며, 앨빈 토플러(A. Toffler)는 그의 저서인 『제3의 물결』에서 정보화 사회의 도래를 예측하였다.

(2) 정보화 사회에 있어서 컴퓨터 사용자는 크게 하드웨어, 소프트웨어 등을 개발하는 컴퓨터 전문가와 업무 혹은 취미 생활을 위해 컴퓨터를 사용하는 최종 사용자(End-user)로 구분된다.

2 정보화 사회의 승자와 패자

정보화 사회의 승자	정보화 사회의 패자
• 컴퓨터 분야 종사자, 혁신자 • 빌 게이츠 등	• 컴퓨터의 등장으로 일자리가 사라지는 사람 • 주산부기학원, 카세트 테이프 제조업자 등

3 디지털 경제 시대의 새로운 경제원칙

(1) **전통적인 경제법칙 - 수확체감의 법칙**: 생산요소를 투입할수록 비용은 늘고 수익이 그에 비례해서 증가하지 않는 것을 뜻한다.

  예 노래방 기계 1대 증가 → 수익 100만 원 증가, 노래방 기계 2대 증가 → 수익 50만 원 증가

(2) **신 경제법칙 - 수확체증의 법칙**: 생산요소를 투입할수록 비용은 줄고 수익은 증가하는 것을 의미한다.

  예 윈도우 1개 생산 → 비용 500만 달러, 윈도우 2개 생산 → 비용 시디(CD) 1장 값

4 정보시스템의 필요성

(1) **정보의 급증**

  ① 정보화 사회는 정보의 홍수 시대를 의미한다.

  ② 이러한 상황에서 경영자들은 꼭 필요한 정보만 선별하여 의사결정에 이용해야 한다.

(2) **경영환경의 급격한 변화**

  ① 과거와 같이 안정적이고 연속적인 경영환경에서는 미래 예측이 용이하였다.

② 현재는 제품의 수명주기 단축, 소비자들의 기호 다양화 등으로 인해 불연속적인 변화를 겪고 있으며, 미래 예측을 위한 신속한 정보 수집이 필요하다.

(3) 기업 내 각 부서 간 상호의존성 증대
① 오늘날 기업은 거대해지고 전 세계에 넓게 퍼져 경영활동을 수행하고 있다.
② 부서 간·조직 간 의견조정 및 통제의 수단으로서 정보시스템의 역할이 중요하다.

(4) 생산성 향상
① 제조기업에서는 정보시스템을 이용한 공장자동화를 실시하여 생산성을 제고한다.
② 유통기업에서는 거래의 기록 및 처리에 정보시스템을 활용하여 효율성을 제고한다.

(5) 경쟁우위 원천으로서의 정보시스템
① 보다 능률적이고, 비용을 절감하며, 노동력을 줄이기 위해 정보시스템을 활용한다.
② 경영혁신을 촉진시킬 수 있는 수단이 된다.

02   정보시스템의 정의와 구성요소

1 정보시스템의 정의
특정 목적을 위해 정보를 수집·처리·저장·분석·배포하는 관련 요소들의 집합을 말한다.

2 정보시스템의 구성요소
(1) **하드웨어(Hardware)**: 입력, 처리, 출력 활동을 수행하기 위해 사용되는 컴퓨터 장비를 뜻한다.
    예 키보드, 마우스, 스캐너 등이 있다.

(2) **소프트웨어(Software)**: 컴퓨터의 작업을 지시하는 프로그램으로서 컴퓨터 운영을 통제하는 시스템이다.
    예 워드프로세서나 스프레드시트와 같은 특정 업무지향적인 응용 소프트웨어가 있다.

(3) **데이터베이스(Database)**: 조직화된 사실 및 정보들의 집합이다.
    예 고객, 종업원, 재고 등에 관한 내용들이 있다.

(4) **통신 및 네트워크(Telecommunications and Network)**: 통신은 지리적·시간적 장벽을 극복하여 조직의 컴퓨터 시스템을 연결시켜 주며, 네트워크는 한 건물 내에 있는 컴퓨터 및 주변장치들을 서로 연결시켜준다.
    예 사람들의 의사전달을 지원하는 이메일이나 음성 녹음 등이 있다.

(5) **사람(People)**: 컴퓨터 시스템을 관리·운영하는 전산 전문가를 가리킨다.
    예 개발된 정보시스템을 사용하는 인사, 재무, 마케팅 등의 경영자 및 관리자를 포함한 조직구성원 등이 있다.

(6) **절차(Procedure):** 정보시스템을 개발·활용하기 위한 전략, 정책, 방법, 규칙, 순서에 대한 것이다.
  예 프로그램의 실행 절차, 데이터베이스 접근 권한, 재난 대비 사항 등이 있다.

3 정보시스템의 발달과정

시기	내용
1950~1960년대	전자적 자료 프로세싱
1960~1970년대	경영정보시스템
1970~1980년대	의사결정지원시스템
1980~1990년대	전문가시스템, 전략정보시스템
1990~2000년대	e 비즈니스, 전자상거래

03 기업경영과 정보시스템

1 경영정보시스템의 정의

경영정보시스템(MIS; Management Information System)이란 고객 가치를 증대시키기 위해 기업의 생산성과 효율성을 높일 수 있도록 활용되는 정보시스템이다.

2 기업경영에서 정보시스템의 역할

(1) 업무처리방식의 효율화
  ① 생산업무, 조정업무, 관리업무에 있어서 각각에 필요한 정보기술을 활용한다.
  ② 이를 통해 조직의 성과를 개선시키고, 업무의 성격을 변화시킨다.

(2) 의사결정의 정확성·신속성 증가
  ① 정보기술의 적절한 활용은 효과적인 의사결정을 가능케 한다.
  ② 특히, ERP와 같은 정보시스템을 활용함으로써 의사결정의 합리성을 제고시킬 수 있다.

(3) 공급자 및 소비자와의 밀착화
  ① 사회적 생산 네트워크의 구성요소로는 공급업자, 소비자, 경쟁업체 등이 있다.
  ② 경쟁력 있는 기업들의 경우 공급업자와의 관계는 SCM을 통해 강화하고, 소비자와의 관계는 CRM을 통해 강화하고 있다.

(4) 조직과 업무분담의 재정비
  ① 집중식 조직구조와 분산형 조직구조의 장점을 고루 갖춘 조직운영이 가능하다.
  ② 아웃소싱을 시도함에 있어 외부화한 기능들을 적절하게 계획하고 통제할 수 있다.

(5) 세계화에의 대응

① 해외의 지점망이나 국제적인 정보 네트워크를 구축할 수 있다.

② 장소적 · 시간적 장애를 극복하고 세계 어느 곳에서 언제든지 경영활동을 수행할 수 있다.

(6) 경영전략의 혁신

① 경쟁우위 확보를 위해 경영전략의 실천력을 배가시킬 수 있는 정보시스템(SIS)을 활용한다.

② 정보기술을 전담하는 정보관리 총책임자(CIO)를 두어 정보기술의 활용과 계획을 체계적으로 관리한다.

(7) 새로운 분야로의 진출

① 정보시스템의 발전으로 인해 IT관련 신사업이 등장하였다.

② 개별 기업의 입장에서도 기존 자원의 결속을 통한 새로운 제품 및 서비스를 제공할 수 있어 새로운 사업 영역에 진출 가능하다.

3 경영정보시스템의 계층 구조에 따른 유형

(1) 지식업무지원

- 사무정보시스템(OIS; Office Information System): 사무실 지식근로자들의 업무와 활동을 효율적으로 지원하는 시스템이다.

(2) 운영지원

- 거래처리시스템(TPS; Transaction Processing System): 반복적이고 일상적인 거래처리활동을 기록하는 시스템이다.

(3) 관리지원

① 경영보고시스템(MRS; Management Reporting System): 경영자에게 과거 및 현재의 상태에 대한 정보를 제공한다.

② 의사결정지원시스템(DSS; Decision Support System): 비구조적 · 반구조적이고 특별하거나 자주 변하며 사전에 쉽게 정의내릴 수 없는 의사결정 문제들을 다룰 수 있도록 지원한다.

③ 중역정보시스템(EIS; Executive Information System): 고위경영층의 비구조화된 의사결정을 지원하도록 설계된 전략적 수준의 정보시스템이다.

CHAPTER

02 정보시스템의 전략적 활용

01 전략정보시스템의 개관

1 개념

(1) 전략정보시스템(SIS; Strategic Information System)이란 단순히 자료처리와 의사결정을 지원하는 측면을 넘어서 기업의 경쟁력 유지, 신사업 진출, 조직의 경영혁신 등을 지원하는 정보시스템을 말한다.

(2) 기업의 경쟁 우위 획득을 위해 정보시스템과 기업의 전략을 연계시켜 전략적으로 추진함으로써 지속적인 경쟁우위를 확보하고자 하는 시스템이다.

2 전략정보시스템 활용을 통한 경쟁우위 확보 방법

새스와 키프(Sass & keefe)는 전략정보시스템을 활용하여 경쟁우위를 획득할 수 있는 5가지 방법을 제시하였다.

(1) 높은 진입장벽을 구축한다.

(2) 고객의 전환비용을 높이고 종속성을 강화한다.

(3) 새로운 제품 및 서비스를 제공한다.

(4) 사업의 본질 또는 환경을 변화시킨다.

(5) 컴퓨터와 자동화된 프로세스를 도입한다.

02 정보시스템의 전략적 활용

1 정보시스템 활용을 통한 전략적 기회 탐색

포터와 밀러(Porter & Miller)는 정보기술을 활용하여 전략적 기회를 탐색하기 위해 다음의 단계를 거쳐야 한다고 주장하였다.

(1) 정보의 집약도를 점검한다.

(2) 산업구조 내 정보기술의 역할을 결정한다.

(3) 정보기술에 의한 경쟁적 기회를 규명한다.

(4) 평가 및 선택을 한다.

(5) 새로운 사업의 전개가능성을 점검한다.

(6) IT를 활용하기 위한 계획을 작성한다.

2 전략정보시스템 활용의 예

(1) 저원가 전략
① 경쟁사보다 낮은 비용구조 확보를 위해 정보시스템을 활용한다.

② 월마트의 경우 POS 시스템을 도입하여 적기에 재고를 보충함으로써 가격을 낮게 유지한다.

(2) 차별화 전략
① 제품이나 서비스의 차별화를 위해 정보시스템을 활용한다.

② 오티스 엘리베이터는 엘리베이터에 유지보수를 위한 자가진단기능과 무료 전화를 설치하여 제품의 차별화를 시도하였다.

(3) 집중화 전략
① 매출액 및 마케팅 기법을 향상시키기 위해 정보시스템을 활용한다.

② 시어즈 백화점은 목표 고객별로 진행할 마케팅 정보를 추출하기 위해 자사가 보유하고 있는 소매 고객들에 대한 데이터베이스를 지속적으로 발굴하였다.

(4) 고객과 공급업자의 연결
① 고객과 공급업자의 연계를 강화시키기 위해 정보시스템을 활용한다.

② 백스터 인터내셔널의 경우 무재고 주문시스템을 이용하여 자사 고객과의 관계 결속을 강화했다.

3 CIO(Chief Information Officer, 정보관리 총책임자)

(1) 역할
① 회사의 경영전략에 부합하는 중장기 정보전략을 수립하고 집행한다.

② 정보전략 수립 집행을 위한 자원을 배분·조정 및 통제한다.

③ 부서 간 업무 및 갈등 조정을 담당한다.

④ 어플리케이션을 유지하고 개발한다.

⑤ 정보기술 하부구조의 향상 및 유지를 수행한다.

⑥ 사용자들을 위한 교육훈련 계획 수립 및 실시를 한다.

(2) 자질
① 정보통신기술에 대한 광범위한 지식

② 정보기술이 제공하는 기회를 사업과 연결시킬 수 있는 사업적 능력

③ 정보화에 수반되는 변화에 대한 저항을 무마시키기 위한 커뮤니케이션 능력과 지도력

CHAPTER

03 비즈니스 리엔지니어링

01 비즈니스 리엔지니어링의 의의와 필요성

1 의의

(1) 비즈니스 리엔지니어링(BPR; Business Process Reengineering)이란 기업이 경쟁우위 확보를 위해 기존의 프로세스를 변경하는 것이다.

(2) 프로세스를 근본적으로 개선하고, 고객만족의 효과를 고려한 프로세스 운영의 효율성 극대화를 목표로 한다.

2 필요성

(1) **내적 측면**: 경영환경의 변화

(2) **외적 측면**: 조직의 복합성 증대와 효율성 저하

02 비즈니스 리엔지니어링의 방법

1 추진단계

(1) 경영비전과 프로세스의 목적을 확정한다.

(2) 재설계할 프로세스를 선택한다.

(3) 현재 프로세스에 대한 이해와 측정을 한다.

(4) IT 기반 요인을 파악한다.

(5) 프로세스 원형을 설계하고 구축한다.

2 비즈니스 리엔지니어링 기반 기술로서의 IT 예

(1) 공유된 데이터베이스: 많은 사람들이 필요한 정보를 동시에 사용할 수 있도록 해준다.

(2) 전문가시스템: 일반인도 전문가의 일을 수행할 수 있도록 해준다.

(3) 통신 네트워크: 기업이 집중화와 분산화의 이점을 동시에 누릴 수 있도록 해준다.

(4) 의사결정 지원도구: 접근 가능한 정보가 이용하기 쉬운 분석 및 모델링 도구와 결합됨으로써 일선 작업자도 의사결정 능력을 지닐 수 있다.

(5) 무선 데이터 통신과 휴대용 컴퓨터: 현장 사원들은 장소에 구애받지 않고 정보를 주고받을 수 있다.

CHAPTER 04 품질경영과 정보시스템

01 품질경영

1 품질경영의 정의

소비자가 요구하는 품질의 제품이나 서비스를 경제적으로 산출하기 위한 모든 수단과 활동을 가리킨다.

2 품질에 대한 접근법

쥬란(Juran)은 품질에 대한 접근법으로써 다음의 세 가지 관점을 제시하였다.

(1) **품질설계**: 제품의 사용 목적을 다하기 위해 구비해야 할 성질 즉, 유용성을 정하는 단계이다.

(2) **품질통제**: 표준을 설정하여 이 표준에 도달하는 데 이용되는 모든 수단의 체계이다. 그 때문에 품질 통제란 소비자가 만족하게 하는 단계이다.

(3) **품질개선**: 통제에서 문제가 발생시 수정하는 단계이다.

02 전사적 품질경영(TQM; Total Quality Management)

1 전사적 품질경영의 개념

(1) 고객만족을 목적으로 한 조직적인 관리 방법이다.
(2) 제품 및 서비스의 지속적인 개선을 통해 높은 품질을 제공한다.
(3) 경쟁력 확보를 위해 전직원이 체계적으로 노력한다.

2 전사적 품질경영의 특징

(1) 고객만족을 강조한다.
(2) 인간성을 중시한다.
(3) 사회에의 공헌을 중시한다.
(4) 고객, 종업원, 관리자 등 기업 활동에 관련된 모든 사람을 존중한다.

3 전통적 품질경영과 전사적 품질경영의 차이

전통적 품질경영	전사적 품질경영
• 경영자 중심 • 이익 우선 • 일차원 품질 • 노동자 불참	• 소비자 중심 • 품질 우선 • 다차원 품질 • 노동자의 참여 중시

4 전사적 품질경영의 활동

(1) 지속적인 종업원 교육을 한다.

(2) 제품 및 서비스를 제공하는 프로세스의 연속적인 개선을 추구한다.

(3) 미래에 발생할 수 있는 문제를 예방한다.

(4) 기업문화 창달과 기술개발 등을 통해 기업의 경쟁력을 제고함으로써 장기적인 성장을 도모한다.

03 품질경영을 지원하는 정보시스템

1 품질처리시스템(QPS; Quality Process System)

품질업무의 전산화를 가능하게 하고 품질정보의 기초자료 수집을 가능하게 하는 활동이다.

2 품질정보시스템(QIS; Quality Information System)

프로세스의 통제, 프로세스의 관리를 가능하게 하는 활동이다.

3 품질전략시스템

프로세스와 기업성과와의 관계를 분석할 수 있는 관리 활동이다.

05 텔레커뮤니케이션 네트워크

01 인트라넷

1 인트라넷의 개념

(1) 한 조직의 내부를 네트워크로 연결한 것이다.

(2) 전 세계 어느 곳에서도 회사 네트워크로 접속 가능하다.

(3) 정보공유, 커뮤니케이션, 협업, 업무 프로세스를 지원한다.

(4) 이메일, 팩스, 토론그룹, 채팅, 화상회의 등이다.

2 인트라넷의 용도

(1) 의사결정을 위한 플랫폼으로 사용한다.

(2) 기업 운영을 지원하는 핵심 어플리케이션 개발과 배치를 위한 플랫폼으로 이용한다.

3 인트라넷의 전사정보포털(EIP; Enterprise Information Portal)

(1) 기업에서 쓰는 전용 포털 사이트이다.

(2) 일상적인 기업 업무의 디지털 대시보드로 사용한다(디지털 대시보드: MS에서 나온 업무용으로 사용되는 게시판 프로그램).

4 인트라넷의 효과

(1) 생산원가를 절감할 수 있다.

(2) 수입이 증가한다.

02 　엑스트라넷

1 엑스트라넷의 개념

자사의 인트라넷과 타사의 인트라넷을 연결한 것이다.

2 엑스트라넷의 효과

(1) 파트너 간 커뮤니케이션의 개선이 가능하다.

(2) 고객과 기업 간의 즉각적인 상호작용이 가능해져 의견을 즉각적으로 반영할 수 있다.

03 　e 비즈니스 어플리케이션

1 전사적 커뮤니케이션과 협업 어플리케이션

(1) 팀과 작업그룹에 속한 직원들끼리의 의견교환, 협업 등을 지원한다.

(2) 게시판, 채팅, 메신저 등이 있다.

2 전자상거래 어플리케이션

(1) 제품 구매, 판매, 서비스, 정보 등을 제공한다.

(2) 자사 제품 판매 사이트 등이 있다.

3 내부 업무 시스템 어플리케이션

(1) 기업 내부의 업무 프로세스와 작업을 지원한다.

(2) 업무용 게시판, 주소록 등이 있다.

06 전자상거래

01 전자상거래의 정의 및 유형

1 정의

사이버 공간상에서 수행되는 모든 상거래 행위와 이를 위해 필요한 정보의 비교 검색이나 커뮤니케이션 지원, 의사결정 지원 등 거래를 보다 효율적이고 신속하게 수행할 수 있도록 지원하는 활동을 뜻한다.

2 특징

(1) 재화와 용역의 거래를 전자문서교환(EDI) 등 전자적 방식에 의해 거래한다.

(2) **전자문서교환(EDI)**: 수 · 발주 장부 및 지불청구서 등 기업 서류를 컴퓨터 간에 교환할 수 있도록 제정된 기준을 말한다.

3 유형

(1) **기업 – 기업 거래(B2B; Business to Business)**: 가치 창출이 이루어지는 활동을 기업 간 거래에 초점을 둔 것이다.

(2) **기업 – 고객 거래(B2C; Business to Customer)**: 기업이 고객에게 제품 및 서비스를 전달하는 수단으로서 전자상거래를 이용하는 것이다.

(3) **고객 – 기업 거래(C2B; Customer to Business)**: 소비자가 개인적으로 혹은 단체를 구성하여 제품의 공급자나 생산자에게 가격이나 수량, 서비스 등에 관한 조건을 제시함으로써 거래가 이루어지는 것이다.

(4) **고객 – 고객 거래(C2C; Customer to Customer)**: 경매나 벼룩시장 같이 소비자 간에 일대일 거래가 전자적으로 이루어지는 것이다.

1 전자거래기본법

(1) 1999년 7월 1일부터 시행되었다.

(2) UN의 국제상거래법위원회의 전자상거래에 관한 모델법(1996년)을 기초로 만들어졌다.

(3) 전자상거래에 대한 개념을 정립하고 있다.

　① **전자거래**: 재화나 용역을 거래할 때 그 전부 또는 일부가 전자문서에 의해 처리되는 거래를 말한다.

　② **전자상거래**: 데이터 메시지 형태의 정보를 통한 상거래행위를 의미하며, 판매, 구매, 건설, 은행, 운송 등의 모든 상거래행위를 포함한다.

(4) '전자문서 및 전자거래 기본법'으로 2012년 6월 1일에 개정되었다.

2 전자상거래의 발달

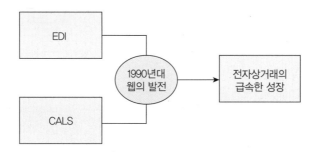

(1) 전자문서교환(EDI)

　① 1970년대 미국에서 시작하였다.

　② 국제 운송회사들이 운송서류를 신속히 전달할 목적으로 전자문서를 표준화하여 사용한 것이 시초이다.

　③ 서류 없이 전자문서의 형태가 컴퓨터로 전달된다.

　④ **활용 형태**

　　㉠ 직접 연결 EDI: 거래 상대자와 직접 연결하는 형태이다.

　　㉡ 제3자 연결 EDI: 통신망 서비스를 제공하는 중개회사를 통해 연결하는 형태이다.

　　㉢ 인터넷 연결 EDI: 인터넷을 통한 연결 형태이다.

(2) 광속상거래(CALS; Commerce At Light Speed)

　① 상품의 라이프사이클 정보를 디지털화하여 제조업체와 협력업체 등 관련 기업들이 공유하며 경영에 활용하는 기업 간 정보시스템이다.

　② 군 내부업무를 개선할 목적으로 개발되었다.

　③ 초기에는 물류통합 시스템의 모습을 보였으나 점차 확대되어 현재는 전반적인 기업활동을 포함한다.

3 전자상거래 성장 요인

(1) 전자상거래의 성장 요인
① 하드웨어 기술의 발전: PC용량의 증가(성능의 향상)
② 통신망의 발전: 인터넷의 발전

(2) 인터넷 전자상거래의 확산 이유: 고객관계, 공급사슬, 구매 및 판매 등의 기업 전 분야에 활용 가능

---

03 전자상거래와 경영환경의 변화

1 고객 관점에서의 경영환경 변화

(1) 인터넷 공동체(카페, 클럽)의 출현

(2) 고객집단의 급격한 확대: 동호회 등을 만들어 회사에 여러 가지 제품 및 서비스를 요구

(3) 공동구매, 역경매

(4) 잠재시장의 출현

(5) 동일 제품의 가격 비교 용이

(6) 사이트 간 제공 서비스 비교 용이

2 기업 관점에서의 경영환경 변화

(1) 시장 확대: 오프라인 시장에서 온라인 시장으로 확대

(2) 가시성의 확보: 고객 및 시장에 대한 파악 용이

(3) 고객요구에 대한 신속한 대응 가능

(4) 고객이 요구하는 제품을 신속히 파악하여 제품에 반영 가능

(5) 새로운 대고객 서비스 강화: 기업 홈페이지, 고객센터의 등장

(6) 타기업과 비즈니스 관계 강화

(7) 비용절감: 인터넷 뱅킹 등

3 전자상거래의 문제점

(1) 기술진보가 빠르므로 적응이 어려움

(2) **채널 간의 갈등 발생**: 인터넷 서점과 오프라인 서점의 할인율 전쟁

(3) **저작권 및 보안문제**: 유료 MP3 파일

(4) **전자지불제도의 문제**: 현금 거래의 복잡함에 따른 전자지불 방식 시스템의 도입 필요

4 인터넷에 의한 경영 패러다임의 변화

(1) **일대일(One-to-One)경영의 실현**: 개별고객과의 관계마케팅 가능
　　예 아웃백의 생일 할인 쿠폰

(2) **역동적인 가격체계의 구축**: 고객이 원하는 가격에 맞춘 제품의 제공 가능
　　예 맞춤 제작 컴퓨터

(3) **공급자에서 고객에 이르는 모든 정보를 웹을 통해 파악 및 통제 가능**: 고객대응, 고객의 요구 파악 등에서
유용하게 활용 가능
　　예 관리자용 웹페이지

(4) **쌍방향 커뮤니케이션의 가능**: 시장동향, 고객 요구변화를 쉽게 파악 가능
　　예 은행의 채팅을 통한 고객 상담

1 인터넷 쇼핑몰

(1) 가상의 쇼핑몰이다.

(2) 실제로 물품을 만져볼 수 없다.

(3) 인증전문기관에서 상점 운영자와 소비자의 신원을 보증한다. 예 공인인증서

2 정보중간상(Informediary)

(1) 과거의 전통적인 유통체계에서는 없었던 새로운 형태의 중간상인이다.

(2) 업체에 정보나 데이터(고객의 이메일 주소 등)를 판매하는 업체를 뜻한다.

(3) 프라이버시의 문제가 생길 수 있다.

3 역경매

전통적 경매	역경매
• 판매자: 구매자＝1: n • 최저가로 시작 • 더 이상 높은 가격이 제안되지 않으면 최고가에 낙찰 • 구매자가 경쟁	• 판매자: 구매자＝n: 1 • 구매자가 제품구매 의사를 밝힘 • 다수의 판매자가 저렴한 가격이나 높은 품질의 제품 또는 좋은 제품을 제안 • 판매자가 경쟁

4 전자상거래의 성공전략

코틀러(P. Kotler)는 전자상거래의 성공을 위한 4가지 방안을 제시하였다.

(1) 고객의 데이터베이스를 구축하고 적극적으로 관리하라.

(2) 인터넷의 장점을 이용할 방법에 대한 명확한 컨셉을 개발하라.

(3) 배너광고를 관련 웹사이트에 게재하라.

(4) 쉽게 접근할 수 있는 웹사이트를 구축하고, 고객의 질의에 빠르게 대응하라.

1 전자상거래의 보안에서 고려해야 할 4가지 차원

(1) **기밀성**: 수신자 외 다른 사람의 데이터 접근 차단

(2) **인증**: 송신자와 수신자의 진위 파악

(3) **무결성**: 데이터의 왜곡없는 전달

(4) **부인 방지**: 거래에 대한 부인 방지

2 보안문제별 관련 기술 및 해결책

발생문제	관련 기술	해결책
처리 중인 데이터를 가로채 허가 없이 변경할 때	• 관용키 알고리즘 • 공개키 알고리즘	암호화
사용자가 부정행위를 위해 신분위장을 할 때	전자서명	인증
허가받지 않은 자가 네트워크에 접근할 때	방화벽	방화벽

3 암호화

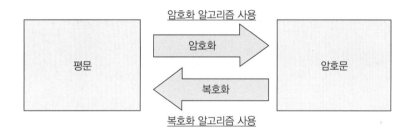

(1) **암호와 관련 용어**

① 평문: 암호화하지 않은 일반문서

② 암호화: 평문을 암호문으로 변경

③ 복호화: 암호문을 평문으로 변경

④ 암호화 알고리즘: 암호문을 만드는 데 사용되는 규칙

⑤ 복호화 알고리즘: 복호문을 만드는 데 사용되는 규칙

⑥ 암호문: 암호화된 문서

(2) 암호화 알고리즘

① 키 방식: '암호화 알고리즘+키' 형식이다.

구분	관용 암호 알고리즘	공개키 암호 알고리즘
방식	• 대칭키 암호화 방식 • 단일키 암호화 방식	공개키 암호화 방식
키	암호화 키＝복호화 키	암호화 키≠복호화 키
알고리즘	암복호화에 동일 알고리즘 사용	암복호화에 동일 알고리즘 사용
비밀여부	비밀키	• 암호화: 공개키 • 복호화: 비밀키(개인키)
배분	키 배분이 어려움	공개키는 공개
디지털 서명	디지털 서명 불가능	디지털 서명 가능
속도	속도가 빠름	속도가 느림
종류	DES, SKIPJACK, IDEA, SEAL, RC4	RSA, ECC

② 비밀키 방식: 암호화 알고리즘만 사용한다.

4 우리나라의 인터넷 보안

(1) **국가공인 인증기관**: 금융·결제원, 한국증권전산, 한국전산원, 한국정보인증, 한국전자인증, 한국무역정보통신 등이 있다.

(2) **전자서명의 효력**: 1999년 전자거래법이 통과된 이후 전자서명은 법적 효력을 가진다.

CHAPTER 07 e 비즈니스 시스템 모델과 구성요소

01 e 비즈니스 시스템 모델

1 고객관련활동

(1) **고객관계관리(CRM; Customer Relationship Management)**: 고객과 관련된 기업의 내외부 자료를 분석, 통합하여 고객 특성에 기초한 마케팅 활동을 계획하고, 지원하며, 평가하는 과정이다.

(2) **CRM 솔루션**

① 프런트오피스 솔루션: 마케팅, 판매, 고객서비스 업무에 직접 적용하여 고객들의 요구사항을 보다 효과적으로 충족시키고 잠재고객을 발굴함으로써 고객 확보능력 및 신규고객 창출 기회를 향상시키는 시스템이다.

② 백오피스 솔루션: 기업전산시스템의 근간을 이루는 네트워크, DBMS 등의 소프트웨어 및 하드웨어 인프라와 이것을 기반으로 동작하는 그룹웨어, 워크플로우, 웹서버, 메일 서버 등의 기간정보시스템을 의미한다.

(3) **CRM 기술**

① 서비스 기술: 판매관리기술, 고객지원기술, 개인화 기술 등

② 지원기술: 데이터웨어하우스 기술, 데이터마트 기술, 데이터마이닝 기술 등

2 기업내부활동

(1) **거래 처리 정보 시스템(TIPS; Transaction Processing System)**: 자재의 입고, 제품의 출고 등에서 이루어지는 거래들을 처리하도록 하는 시스템으로서 ERP 패키지를 구축하여 구현한다.

① ERP를 실현하기 위해 공급되는 소프트웨어이다.

② 모든 사내 자료들이 통합적으로 운영되므로 한 곳에서 자료를 입력하면 전사적으로 적용된다.

③ 신기술 도입 시 적용이 쉽다.

(2) **경영정보시스템(MIS; Management Information System)**: 기업 내외부의 모든 정보를 관리하는 시스템으로서 DW(Data Warehouse) 구축을 통해 구현된다.

　① 고객, 시장, 기업 내부의 정보 등 기업의 모든 활동에 대한 정보를 공통된 형식으로 변환하여 하나로 통합하여 관리하는 것이다.

　② 외관상 아무런 관련이 없어 보이는 데이터에서 어떤 관계를 찾아내는 것이 주요 이슈이다.

(3) **전략기업경영(SEM; Strategic Enterprise Management)**: 기업의 전략과 성과 등을 관리하기 위한 시스템으로서 BSC(Balanced Score Card) 구축을 통해 구현한다.

　① 조직의 사명과 전략을 측정하고 관리할 수 있도록 포괄적인 측정지표로 바꾸어주는 시스템이다.

　② 재무, 고객, 내부 프로세스, 학습과 성장 등 4개의 분야로 나누어 각각의 목표를 측정하고 전체적인 기업의 사명과 전략을 관리한다.

3 협력업체와 관련된 활동

(1) **공급망 관리(SCM; Supply Chain Management)**: 물자, 정보, 및 재정 등이 공급자로부터 생산자에게, 도매업자에게, 소매상인에게, 그리고 소비자에게 이동함에 따라 그 진행 과정을 통합적으로 관리하는 것이다.

(2) **목표**: 재고 감소를 목표로 한다.

(3) **EDI/CALS 구축을 통해 구현**

　① 전자문서교환(EDI; Electronic Data Interchange): 수 · 발주 장부 및 지불청구서 등 기업 서류를 컴퓨터 간에 교환할 수 있도록 제정된 기준이다.

　② 광속상거래(CALS; Commerce At Light Speed): 상품의 라이프사이클 정보를 디지털화하여 경영에 활용하는 기업 간 정보시스템으로서, 제조업체와 협력업체 등 관련 기업들이 공유하며 경영에 활용한다.

02　e 비즈니스 시스템 모델의 구성요소

1 전사적 자원관리(ERP; Enterprise Resource Planning)

(1) **개념**

　① 가트너 그룹에서 최초로 정의하였다.

　② 인사, 재무, 생산 등 기업의 전 부문에 걸쳐 독립적으로 운영되던 인사정보시스템, 재무정보시스템, 생산관리시스템 등을 하나로 통합한다.

　③ 기업 내의 인적 · 물적 자원의 활용도를 극대화하고자 하는 경영 혁신기법이다.

(2) 특징

　　① 범용성

　　② 실시간 처리

　　③ 사용자 편의성

　　④ 개방성

　　⑤ 국제성

② 지식경영시스템(KMS; Knowledge Management System)

(1) 개념

　　① 지식경영이란 기업 내의 여러 지식들을 활용하여 업무처리가 가능하도록 프로세스를 구축하는 활동
이다.

　　② 이러한 지식경영이 가능하도록 하는 시스템으로서 기업은 지식자원의 활용도를 높이기 위해 지식자
원을 체계적으로 관리한다.

(2) 구축 방안

　　① 비즈니스 핵심 파악: 기업의 성장과 경쟁능력의 핵심을 파악한다.

　　② 고객 요구 파악: 마케팅과 판매에 들어가는 비용을 효과적으로 사용하도록 구축한다.

　　③ 업무 프로세스 파악: 기업의 핵심역량과 경쟁우위를 강화할 수 있도록 구축한다.

　　④ 관리대상 지적자산 파악: 특허, 기술, 운영방식, 고객관계에 대한 지식을 구축한다.

　　⑤ 지식 재사용과 우수 사례(Best Practice) 전달 강조: KMS와 실제 경험을 포괄하도록 구축한다.

③ 고객관계관리(CRM; Customer Relationship Management)

(1) 개념

　　① 마케팅 전략이 '대면 → 매스 → 세그먼트 → 1:1'으로 진화되었다.

　　② 고객과 관련된 기업의 내외부 자료를 분석, 통합하여 고객 특성에 기초한 마케팅 활동을 계획하고,
지원하며, 평가하는 과정이다.

(2) e-CRM의 개념

　　① 인터넷을 활용한 CRM 활동을 의미한다.

　　② 웹사이트, 접속 고객, 접속 시의 여러 가지 활동들로 구성된다.

4 균형성과지표(BSC; Balanced Score Card)

(1) 개념
① 기업의 성과를 재무, 고객, 내부프로세스, 학습과 성장(학습효과)의 4가지 분야로 구분하여 평가 및 관리한다.
② 4가지 분야의 측정 결과를 바탕으로 전체적인 기업의 경영전략 및 사업부조직 단위별 전략을 관리한다.

(2) 의의
① 조직의 비전과 전략에 대한 성과를 확인한다.
② 조직의 전략적 방향을 제시한다.
③ 변화의 방향을 제시한다.
④ 의사결정의 기초 자료로 사용된다.

(3) 활용법
① 전략적 목표를 분명하게 설정한다.
② 목표에 대한 구체적인 측정지표를 설정한다.

5 공급사슬관리(SCM; Supply Chain Management)

(1) 개념
① 물자, 정보, 및 재정 등이 공급자로부터 생산자에게, 도매업자에게, 소매상인에게, 그리고 소비자에게 이동함에 따라 그 진행 과정을 통합적으로 관리하는 것이다.
② 재고 감소를 통한 비용절감 및 생산성 제고를 목표로 한다.

(2) SCM 구축 방법: EDI, CALS를 통해 구축한다.

CHAPTER 08 인터넷 마케팅과 광고

01 마케팅의 변화

1 전통적 마케팅

(1) 개념: 판매지향적, 고객지향적

(2) 특징: 대량생산에 따른 매스 마케팅

(3) 패러다임

① **고객화:** 모든 사람들의 고유한 니즈(Needs)에 맞는 상품과 서비스를 제공한다.

예 간편하게 마실 수 있는 건강 음료 → 비타 500

② **관계 마케팅:** 시장점유율(Market Share)보다 고객점유율(Customer Share)을 중시하며, 한번 제품을 파는 것보다 장기적으로 같은 고객에게 자사의 제품을 파는 것을 중시한다.

> **개념더하기** 시장점유율과 고객점유율
>
> • 시장점유율(Market Share): 단기적으로 특정 제품군에 대해 특정기업의 제품이 차지하는 비율
> • 고객점유율(Customer Share): 기업의 입장에서 장기간 동안 한 고객이 다른 회사 제품이 아닌 자사의 제품을 구입하는 비율

③ 데이터베이스 마케팅

㉠ 프리퀀시 마케팅: 마일리지 제공

예 SK Telecom 마일리지 제도

㉡ 다이렉트 마케팅: 카탈로그(이벤트, 결제 안내문 등) 제공

예 홈쇼핑 카탈로그

㉢ 텔레마케팅: 전화를 통한 판매활동

예 해피콜(A/S 후 만족에 대한 의사 전화)

㉣ 통합 콜센터(CTI)

• 컴퓨터와 전화를 통합한 시스템
• 컴퓨터로 필요 정보를 검색해 고객이 기다리지 않게 하면서 전화를 통해 정보 제공

2 인터넷 마케팅

(1) e-mail 마케팅: 전자 카탈로그, 온라인 설문, 온라인 제품설명서 등을 e-mail로 발송한다.

(2) 전염성 마케팅: 이용자가 의식적 또는 무의식적으로 서로 알리면서 퍼져나가게 한다.
> 예 입소문 마케팅(동호회)

(3) 퍼미션 마케팅: 고객의 동의를 받고 메일을 통해 정보를 제공한다.

(4) 협력 마케팅: 웹사이트 간의 목표가 유사하고 상생을 위해 서로 도와가며 고객을 모으고 유지한다.
> 예 아웃백 스테이크와 SK Telecom

02 인터넷 광고

1 인터넷 광고의 장점

(1) 홈페이지 업데이트, 새로운 내용의 메일 등 갱신이 용이하다.

(2) 기존 광고 수단에 비해 비용이 저렴하다.

(3) 하루 방문자 수 체크, 페이지뷰 측정, 클릭 수 측정 등 효과 측정이 용이하다.

2 인터넷 광고 용어

브라우저 카운트	웹사이트에 접속한 컴퓨터의 수
배너	인터넷 사이트의 네모난 이미지 광고
CPM (Cost Per Mill)	1,000부당 광고요금(인쇄물에서 사용되는 지표)을 의미하며, 웹에서는 배너가 1,000번 노출되었을 때의 가격을 말함
클릭스루(클릭률) (CTR; Click Through Rate)	온라인 광고 노출 대비로 클릭한 횟수 또는 퍼센트
노출빈도	광고가 있는 특정 웹페이지가 방문객에게 보여진 횟수
세션	특정 웹사이트 내에서 한 방문객이 들어간 후부터 완전히 마칠 때까지의 가상의 연결 통로
트래픽	웹사이트가 수용할 수 있는 방문객의 수

3 인터넷 광고 효과의 측정 방법

(1) 히트 수

① 웹서버에 저장도나 파일이 인터넷 사용자에게 노출되는 수

② 광고 단가 결정용으로는 많이 활용하지 않음

③ 예를 들어, 배너광고 이미지가 3개라면 웹서버(1번)+배너광고이미지(3개)＝히트 수 4번

(2) 방문횟수

① 홈페이지의 방문횟수

② 광고 단가 결정용으로는 많이 활용하지 않음

(3) 방문자 수

① 홈페이지의 방문자 수

② 광고 단가 결정용으로 사용

(4) 클릭 수

① 배너광고를 클릭하는 횟수

② 광고 단가 결정용으로 사용

(5) 사용자: 해당 사이트의 사용자 수

4 인터넷 배너가격의 결정방식

CPM(Cost Per Mill)	배너의 노출횟수에 따라 광고가격을 산정한다.
CPC(Cost Per Click)	배너의 클릭횟수에 따라 광고가격을 산정한다.
고정요금	일정기간 동안 균일한 요금을 받는 방식이다.
Flat Fee(기간모델, 일정금액)	일정기간 동안 일정액을 지불하는 방식이다.

01

다음 중 전자상거래에 대한 설명으로 틀린 것은?

① 전자상거래기본법은 UN의 국제상거래법위원회의 전자상거래에 관한 모델법(1996년)을 기초로 만들어졌다.
② 재화나 용역의 거래에 있어 그 전부 또는 일부가 종이문서에 의해 처리되는 거래를 의미한다.
③ 하드웨어 기술의 발전으로 인해 전자상거래가 성장하였다.
④ 인터넷의 발전은 전자상거래 확산에 중요한 계기가 되었다.

02

다음 중 전자상거래에 대한 문제점으로 옳은 것은?

① 채널 간의 갈등 감소
② 기술진보에 대한 대응 용이
③ 저작권 및 보안문제
④ 전자지불제도의 편리함

03

다음 중 역경매에 대한 설명으로 옳은 것은?

① 더 이상 높은 가격이 제안되지 않으면 최고가에 낙찰된다.
② 구매자가 제품 구매 의사를 밝힌다.
③ 구매자가 경쟁한다.
④ 판매자는 1명이고 구매자는 다수이다.

04

다음 중 물자, 정보 및 재정 등이 공급자로부터 생산자에게, 도매업자에게, 소매상인에게, 그리고 소비자에게 이동함에 따라 그 진행 과정을 통합적으로 관리하기 위해 구축하는 정보시스템은?

① CRM
② TPIS
③ MIS
④ SCM

05

전자 제조업체들의 역량이 집중되고 있는 거래방식을 올바르게 표현한 것은?

① B2B
② B2C
③ B2G
④ C2C

06

다음 중 정보시스템의 필요성에 대한 설명으로 틀린 것은?

① 경영환경의 급격한 변화
② 기업 내 각 부서 간 상호의존성의 감소
③ 글로벌 시대 생존과 성장의 전제조건으로 신속한 정보 수집이 필요
④ 경쟁우위의 원천

01 정답 ②

전자문서교환(EDI)은 국제 운송회사들이 운송서류를 신속히 전달할 목적으로 전자문서를 표준화하여 사용한 것이 시초이고 서류 없이 전자문서의 형태를 컴퓨터로 전달한다.

02 정답 ③

전자상거래는 기술진보가 빠르므로 적응의 어려움과 채널 간의 갈등이 발생한다. 또한 저작권 및 보안문제와 전자지불제도의 문제가 있다.

03 정답 ②

역경매는 '판매자 : 구매자 = n : 1'이며, 구매자가 제품 구매 의사를 밝힌다.

04 정답 ④

SCM은 공급자로부터 생산자에게, 도매업자에게, 소매상인에게로 물자정보의 흐름인 공급자 사슬관리이다.

05 정답 ①

B2B는 기업과 기업 사이에 이루어지는 전자상거래를 일컫는 경제용어이다. 인터넷을 기반으로 하는 전자상거래의 유형 가운데 하나로, '기업 간 거래' 또는 '기업 간 전자상거래'라고도 한다.

06 정답 ②

정보시스템의 필요성으로 정보의 급증, 경영환경의 급격한 변화, 기업 내 각 부서 간 상호의존성 증대, 생산성 향상, 경쟁우위 원천으로서의 정보시스템 등이 있다.

07

다음 중 기업경영에 있어서 정보시스템의 역할에 대한 설명으로 틀린 것은?

① 업무처리방식의 효율화 증가
② 의사결정의 정확성이 증가하는 반면, 신속성은 저해
③ 조직과 업무분담의 재정비
④ 새로운 사업분야로의 진출 가능

08

다음 중 고위경영층의 비구조화된 의사결정을 지원하도록 설계된 전략적 수준의 정보시스템은?

① 사무정보시스템
② 거래처리시스템
③ 경영보고시스템
④ 중역정보시스템

09

전사적 자원관리(ERP)의 장점으로 옳지 않은 것은?

① 경영자원의 통합적 관리
② 자원의 생산성 극대화
③ 차별화된 현지 생산
④ 즉각적인 의사결정 지원

┃ 정답 및 해설

07 　　　정답 ②

기업경영에서의 정보시스템의 역할은 업무처리방식의 효율화, 의사결정의 정확성·신속성 증가, 공급자 및 소비자와의 밀착화, 조직과 업무분담의 재정비, 세계화에의 대응, 경영전략의 혁신, 새로운 분야로의 진출 등이다.

08 　　　정답 ④

중역정보시스템(EIS; Executive Information System)은 고위경영층의 비구조화된 의사결정을 지원하도록 설계된 전략적 수준의 정보시스템이다.

09 　　　정답 ③

ERP는 국제성을 띠고 있어, 공간의 제약없이 업무를 진행할 수 있다.

국제경영과
국제경제

www.edusd.co.kr

CHAPTER

01 무역계약

1 해외시장조사(Overseas Market Research or Survey)

수출입거래를 시작하려고 하는 무역업자에게 제일 먼저 부딪히는 문제는 어느 국가에 수출하고 어느 국가로부터 수입하느냐 하는 점이다. 해외시장조사란 수출입거래를 하기 위한 최초의 단계로서 거래처를 발굴하기 위한 사전단계이다. 이는 특정 상품의 특정 지역에 대한 판매 또는 구매가능성을 조사하는 것을 말한다.

2 신용조사(Credit Inquiry)

무역거래의 양 당사자는 서로의 다른 점을 정확하게 인지하기가 어려울 뿐만 아니라, 상대방의 능력이나 성실성을 제대로 파악하기 힘들기 때문에 거래상대방을 잘못 선택했을 경우 이로 인한 피해를 사후에 바로잡기 또한 쉽지 않다. 따라서 신용조사는 시장조사 후 구체적으로 거래할 상대방을 물색하여 본격적으로 거래를 시작하기 전에 거래상대방에 대한 정보를 입수하여 신용을 확인한 후 거래여부를 결정하는 과정이다.

3 신용조사의 3C's

거래상대방에 대한 신용조사사항으로는 Character(경영자의 상도의), Capital(대금지불능력), Capacity(재무상태) 3C를 들 수 있다.

(1) **Character(경영자의 상도의)**: 거래상대방의 개성, 성실성, 평판, 영업태도 등 계약이행과 관련된 도의심을 말한다. 이는 신용조사 시 가장 중요한 조사대상으로서 이에 대하여 제대로 파악할 경우 마켓클레임(Market Claim)을 예방할 수 있다.

(2) **Capital(대금지불능력)**: 해당업체의 재무상태 즉, 수권자본금과 납입자본금, 자기자본과 타인자본, 기타 자산상태 등 지불능력과 관련된 사항으로서 대차대조표사항에 대한 조사이다.

(3) **Capacity(재무상태)**: 해당업체의 연간매출액, 기업의 형태, 연혁, 영업권 등 영업능력에 관한 사항으로서 손익계산서항목에 대한 조사이다.

(4) 이외에 신용조사대상으로 Condition(거래조건), Collateral(담보능력), Currency(거래통화), Country(소속국가) 등이 있다.

02 청약(Offer)

통상 수출자가 수입자에게 승낙을 위한 유효기간을 정하여 상품의 품질조건, 가격조건, 수량조건, 선적조건 및 결제조건을 확정적으로 제시하고, 유효기간 내에 상대방이 승낙할 경우 구속되겠다는 의사표시를 말한다.

청약의 종류에는 먼저, 청약하는 사람에 따라 매도인 오퍼(Selling Offer)와 매수인 오퍼(Buying Offer)가 있다. 이때 매수인 오퍼를 통상 주문(Order)이라고 한다. 또한 청약의 확정력 여부에 따라 확정 오퍼(Firm Offer)와 불확정 오퍼(Free Offer)가 있다. 일반적으로 오퍼라 함은 확정 오퍼를 말하는데, 불확정 오퍼는 유효기간을 명시하지 않은 오퍼나 계약내용이 확정되지 않는 조건부 오퍼를 말한다.

1 확정 오퍼(Firm Offer)

청약은 청약자가 피청약자와 일정한 조건으로 계약을 체결하고 싶다는 의사표시이다. 즉 오퍼는 상대방이 무조건 절대적으로 승낙(Acceptance)하면 즉시 일정한 내용의 계약을 성립시킬 것을 목적으로 하는 확정적인 의사표시이다. 확정 오퍼는 통상 특정인 앞에서 발행하며, 청약자는 오퍼의 승낙 또는 거절의 회신기간으로 오퍼의 유효기간(Validity)을 정하고, 그 기간 내에 승낙, 회답하도록 한다. 확정 오퍼는 피청약자의 승낙 또는 철회기간이 정해져 있으므로 그 한정된 기간이 경과하면 오퍼가 자동적으로 소멸된다. 오퍼의 효력 발생 시기는 무역거래가 격지자 간의 거래임에 따라 대부분의 국가에서 원칙적으로 도달주의를 채택하고 있다.

2 반대 오퍼(Counter Offer)

매도인이 확정 오퍼에서 제시한 가격, 수량, 선적일 등 제반 거래조건 중 일부를 수정하여 매수인이 제시하는 오퍼를 말한다. 승낙은 완전일치의 원칙에 따라 청약의 모든 조건을 그대로 수락하는 경우에만 성립된다. 따라서 반대 오퍼(Counter Offer)는 오퍼에 대한 거절을 의미하며 이를 새로운 오퍼로 간주한다. 실제로 계약은 통상 매도인과 매수인 간에 몇 차례의 반대 오퍼가 오간 후에 성립되며, 합의에 이르지 못하면 무산된다.

3 주문서(P/O; Purchase Order)

구매자 측에서 제시하는 오퍼로서 'Purchase Note'라고도 한다. 이는 통상 매매계약이 성립된 경우 내용을 확인하기 위하여 수입상이 작성하여 수출상에게 송부한다. 수입업자가 먼저 주문(Order)을 한 경우 수출업자가 이를 승낙하는 것을 주문승낙(Acknowledgement)이라고 한다.

03　승낙(Acceptance)

청약자로부터 오퍼를 받은 피청약자가 청약에 응하여 합의를 성립시키기 위하여 청약자에게 행하는 의사표시이다. 승낙은 합의를 성립시키는 것을 목적으로 하기 때문에 반드시 청약의 내용과 완벽하게 일치하여야 한다. 즉, 승낙은 절대적이고 무조건적일 것을 조건으로 한다.

04　계약조건

1 품질조건(Quality Terms)

(1) **견본매매(Sale by Sample)**: 견본은 실제 매매될 상품의 일부를 취하여 그 전부의 품질을 대표시키고, 이에 의하여 매수인이 수령할 상품의 품질, 상태를 알리기 위하여 매도인이 제시하는 것이다. 대부분의 무역거래가 견본에 의하여 이루어지고 있다.

(2) **표준품매매(Sale by Standard)**: 농수산물과 같이 수확이 예상되는 물품과 목재 등과 같이 정확한 견본 제공이 곤란한 물품에 대하여는 그 표준품을 정하여 거래를 실시하고 실제 인도된 물품과 표준품의 차이가 있을 경우에는 거래계약조건 또는 관습에 따라 물품대금의 증감에 의하여 조정하는 거래를 말한다. 표준품의 표시방법으로 평균중등품질(FAQ; Fair Average Quality)조건과 판매적격품질 (GMQ; Good Merchantable Quality)조건이 있다.

(3) **명세서매매(Sale by Specification or Dimension)**: 기계류, 선박, 의료기구 기타 고가의 물품의 거래에는 견본을 사용할 수 없으므로 재료, 구조, 능률 등에 관하여 상세히 설명한 명세서에 의하여 이루어지는 매매를 말한다.

(4) **상표매매(Sale by Brand or Trade Mark)**: 세계시장에 널리 알려진 경우 견본이나 품질에 관한 설명 없이 상표에 의하여 이루어지는 거래를 말한다.

(5) **규격(등급)매매(Sale by Type or Grade)**: 규격이 국제적으로 정해져 있거나 수출국의 공적 규제에 의하여 정해진 물품의 거래에 이용되는 매매이다.

(6) **점검매매(Sale by Inspection)**: 매수인이 현품을 실제로 점검하고 그 현품을 매도하는 매매이다.

2 수량조건(Quantity Terms)

수량은 중량(Weight), 용적(Measurement, Volume), 개수(Piece), 길이(Length) 등으로 표시하고, 개체화물이나 포장(Package)화물은 구체적인 수량으로 약정한다. 그러나 대용량(Bulk) 화물은 정확한 수량을 인도하기 어렵거나, 운송과정에서 불가피하게 손모나 손실이 발생할 수 있으므로 일반적으로 과부족용인약관(More or Less Clause)이나 계산수량조건(Approximate Term)으로 약정한다.

3 가격조건

매매계약조건 중 가격조건은 결제조건과 함께 매매당사자의 관심도가 가장 높은 계약조건이다. 무역거래 시에는 필연적으로 국내거래에서 발생하지 않는 부대비용이 발생하는 바, 이와 같은 부대비용은 운송비, 보험료 등 물류비용, 허가(추천)비용, 통관비용, 검사비용 등 행정비용 그리고 은행에서 발생하는 금융비용과 수수료 등이 포함되는데, 이 중에서 물류비용이 차지하는 비중이 가장 높다. 무역계약 체결 시는 통상 인코텀스(INCOTERMS)상의 정형거래조건(Trade Terms)을 이용하여 가격조건을 약정한다. 이에 따라 수출입거래 시 발생하는 각 항목의 부대비용을 수출자 또는 수입자 중 누가 부담할 것인가를 결정한다.

4 선적조건(Shipment Terms)

인도조건(Delivery Terms)과 동의어이다. 선적은 물품의 인도 그 자체이거나 인도하는 방법으로 파악할 수 있으며, 이는 단지 본선에 적재하는 것(Loading on Board)만을 의미하지 않고, 항공기나 철도 화물차 등 운송수단에 적재(Loading), 우편일 경우 발송(Despatch), 복합운송일 경우 수탁(Taking in Charge)을 포괄하는 의미이다. 선적방법에 관하여는 인코텀스상의 정형거래조건별로 묵시되어 있으므로 계약 체결 시 약정하는 선적조건은 일반적으로 선적시기(Shipping Date), 선적방법(분할선적, 환적 가능 여부), 선박지정(Nomination)여부와 선적일 입증방법 등이다.

5 결제조건(Payment Terms)

무역계약 체결 시 특히, 수출자 입장에서 보면 물품대금결제조건은 가격조건과 함께 가장 관심 있는 무역거래조건으로서, 양자는 독자적으로 또는 상호 관계하에 주요한 협상대상이다. 결제조건에 포함되는 사항은 결제기간과 결제통화 그리고 결제방법 등이다. 결제기간은 선불, 즉불 및 후불로 나눌 수 있고, 결제방법은 어음이 개입되지 않고 환 또는 현금에 의해 결제하는 송금방식과 어음을 개입시켜 결제하는 추심결제방법과 신용장방법이 있다. 결국 결제조건은 은행의 신용을 활용하는 정도 즉, 결제 시 은행의 역할과 책임이 클수록 수출자는 결제위험이 완화됨에 따라 안심하게 될 것이고, 이에 따라 가격조건 약정 시 보다 융통성을 가질 수 있을 것이다.

(1) AP or CWO(Payment in advance or Cash with Order): 선불, 주문불

사전송금방식 또는 단순송금방식이라고도 하는데, 통상 T/T(전산환)나 M/T(우편환)를 이용한다.

(2) **CAD(Cash Against Documents; 서류상환방법)**: 선화증권(B/L; Bill of Lading) 등의 운송서류 및 기타 부속서류를 수입상의 대리인이나 은행에 제시하면 서류와 상환으로 현금을 지급받는 결제방법을 말한다. 해당 방법은 통상 수출국에 수입자의 지사나 대리점이 있는 경우에 활용하며 수입자의 지사나 대리점이 없는 경우에는 은행이 수입자에게 서류를 전달하는 역할을 수행한다.

(3) **COD(Cash On Delivery; 현물상환방법)**: 주로 귀금속 등 고가품을 거래할 때 사용하는 방법으로서 수출물품이 목적지에 도착하면 수입상이 직접 상품과 상환으로 현금을 지급하는 결제방식을 말한다. 해당 방법은 통상 수입국에 수출자의 지사나 대리점 등 대리인이 있는 경우에 활용하며, 수출자는 수입국에 있는 대리인에게 수출물품을 송부하고 수입자는 물품을 확인한 후에 대금을 결제한다.

(4) **Progressive Payment or Installment Payment(누진불, 분할지급)**: 매수인이 주문과 동시에 대금의 일정비율을, 선적이 끝난 후에 일정비율을, 그리고 화물이 도착한 후에 잔액을 지불하는 것처럼 물품대금을 선적 전후로 분할하여 지불하는 결제방식을 말한다.

(5) **Deferred Payment(연불)**: 외상거래(Sales on Credit)를 말하며, 매수인이 물품을 인수하고 일정기간 후에 대금을 결제하는 것을 말한다.

(6) **Open Account(장부결제, 상호계산, 청산계정)**: 수출입거래가 빈번한 경우 대금결제를 장부상에 상쇄 정리한 다음 일정한 계산(청산)기간 말에 그 차액만을 결제하는 방법으로서 주로 외국인투자기업이나 대형 상사의 본 지사 사이에 이용되고 있다.

(7) **D/P(Documents Against Payment; 지급인도조건)**: 수출상이 상품을 선적한 후 관련서류가 첨부된 일람불환어음(Document Sight Bill)을 수입상을 지급인(Drawee)으로 발행하여 자신의 거래은행에 추심을 의뢰하면 수출상의 거래은행은 그러한 서류가 첨부된 환어음을 수입상의 거래은행으로 보내어 추심을 의뢰하고, 수입상의 거래은행은 환어음의 지급인인 수입상이 대금을 결제하고 나서 서류를 인도하고 추심을 의뢰하여 온 은행으로 물품대금을 송금하여 결제하는 방법을 말한다.

(8) **D/A(Documents Against Acceptance; 인수인도조건)**: 수출물품을 선적한 후, 수출상이 선화증권, 상업송장 등 선적서류를 첨부하여 수입상을 지급인으로 하는 연지급환어음(Documentary Usance Bill)을 발행하여 자신의 거래은행에 추심을 의뢰하면, 수출상의 거래은행은 그러한 서류가 첨부된 환어음을 수입상의 거래은행으로 보내어 추심을 의뢰하고, 수입상의 거래은행(추심은행)은 환어음의 지급인인 수입상으로부터 어음을 인수 받은 후 서류를 인도하고 환어음의 만기일에 대금을 결제 받아 추심을 의뢰하여 온 은행으로 송금하여 결제하는 방법이다.

6 보험조건(Insurance Terms)

무역계약 체결 시 보험조건에는 보험금액(보험비율)과 보험조건이 포함되며, 부가조건이나 보험금지급지와 지급통화 등을 추가하기도 한다. 보험료를 납부하고 보험계약을 체결하여야 하는 당사자는 무역계약 체결 시 채택한 정형거래조건에 따라 결정된다. 즉, FOB 조건에서는 수입자가, CIF조건에서는 수출자가 보험계약을 체결한다.

7 포장조건(Terms of Packing)

포장은 물품을 보호하고 판매를 촉진하는 기능을 하는 바, 수출자는 물품의 종류나 특성에 적합한 포장을 하여야 하는 의무를 부담한다. 만일 운송도중 포장부적합으로 인하여 사고가 발생할 경우 이에 대한 책임은 전적으로 수출자가 부담한다. 즉, 해상보험에 부보(Cover)하고 보험조건을 전위험담보(A/R; All Risk)조건으로 채택한 경우에도 보험회사는 포장으로 인한 손해에 대해서는 책임지지 않으며 운송인에게도 그 책임을 물을 수 없다.

05 클레임조항과 중재조항

1 클레임조항(Claim Clause)

무역 거래 시 당사자 중 일방이 고의나 과실에 따라 계약을 위반할 경우 그로 인하여 손해를 입은 당사자는 손해를 구제받기 위하여 계약위반으로 손해를 유발한 당사자에게 무역 클레임을 제기할 수 있다. 무역 클레임은 무역거래 당사자 간에는 주로 거래물품의 품질, 수량, 포장 등 상품자체에 대한 계약조건을 위반한 경우에 발생하며, 계약의 이행과 관련해선 제3자가 개입되므로 물품의 인도와 관련해서 운송인과의 운송계약, 보험자와의 보험계약에 따라 클레임을 제기한다. 대금결제와 관련하여 신용장 방식인 경우는 은행과의 환 계약 외국환 거래약정에 따라 매수인의 거래 은행인 신용장개설은행이 대금결제를 거절하기 위한 신용장 클레임을 제기하고, 무신용장방식인 경우는 무역계약에서 정하는 바에 따라 매수인이 물품대금을 결제하지 않을 경우 매도인이 매수인에게 직접 클레임을 제기한다.

2 중재조항(Arbitration Clause)

무역 거래 시 만약에 발생할지도 모르는 클레임은 예방하는 것이 최선이나 불가피하게 클레임이 발생한 경우 그 해결방법은 제3자의 개입에 의한 해결보다는 청구권의 포기나 화해 등과 같은 방법으로 당사자 간에 해결하는 것이 낫다. 그러나 불가피하게 제3자가 개입하여 해결하여야 하는 경우도 소송(Litigation)보다는 중재(Arbitration)에 의하여 해결하는 것이 낫다. 중재란 당사자 간의 중재 합의에 따라 법원 이외에 제3자인 중재인이게 클레임의 해결을 부탁하고 중재인의 중재판정에 복종함으로써 최종적으로 클레임을 해결하는 방법을 말한다. 이와 같은 중재는 법원에 의한 소송절차를 배제하는 것이므로, 중재에 의하여 클레임을 해결하기 위해서는 반드시 당사자 간에 이에 합의하여야 한다. 그런데 분쟁이 발생한 후에 중재에 합의하는 것은 현실적으로 어렵기 때문에 무역계약 체결 시 계약서에 중재조항을 삽입하는 방법에 의하여 사전에 중재합의를 해두는 것이 좋다.

1 정형거래조건(Trade Terms)

무역거래는 쌍무계약에 의한 거래이므로 수출자와 수입자가 각각 부담하여야 하는 의무가 있다. 이러한 무역거래당사자의 의무는 매우 다양하기 때문에 무역계약 체결 시 이를 일일이 나열하는 것은 어렵다. 따라서 실무적으로 FOB나 CIF와 같은 정형거래조건을 이용하여 무역계약 체결 시 구체적으로 나열하기 어려운 무역거래 당사자의 의무를 해석할 수 있도록 함으로써 무역계약 사항을 보완하고 있다.

그런데 정형거래조건은 국가나 지역별로 서로 다른 상관습과 실정법체계로 인하여 서로 다르게 해석될 수 있고, 결과적으로 무역거래당사자 간에 무역 분쟁을 야기할 수 있다. 따라서 정형거래조건의 해석에 있어서 국제적으로 통일성을 부여함으로써 무역거래 당사자들이 이를 임의로 채택할 수 있도록 하기 위하여 국제상업회의소(ICC; International Chamber of Commerce)에서는 정형거래조건의 해석에 관한 국제규칙(International Rules for the Interpretation of Trade Terms)을 제정하였다.

2 인코텀스(INCOTERMS)

무역거래에 사용되는 가격조건(Price Terms) 또는 정형거래조건(Trade Terms)의 해석에 관하여 통일성을 부여하기 위하여 ICC가 제정한 국제규칙을 가리킨다. 인코텀스는 아래의 11가지를 무역의 정형적 가격조건으로 규정하고 있다. 이들은 계약품의 인도장소, 즉 소유권의 이전과 위험부담의 분기가 이루어지는 장소가 선적지(Place of Shipment)인지 목적지(Place of Destination)인지에 따라서 선적지조건과 해상인도조건으로 구분할 수 있다. 무역에서 가격을 표시할 때에는 CIF New York과 같이 무역조건(Trade terms) 다음에 선적지 또는 목적지를 함께 표시한다.

GROUP		정형거래조건(Trade Terms)
모든 운송수단 및 방법에 사용될 수 있는 조건 (7종류)	EXW	Ex Works(Named Place of Delivery) 공장인도
	FCA	Free Carrier(Named Place of Delivery) 운송인인도
	CPT	Carriage paid To(Named Place of Destination) 운송비지급인도
	CIP	Carriage and Insurance Paid to(Named Place of Destination) 운송비 · 보험료 지급인도
	DAT	Delivered at Terminal(Named Terminal at Port or Place of Destination) 도착지 터미널인도
	DAP	Delivered at Place(Named Place of Destination) 도착지인도
	DDP	Delivered Duty Paid(Named Place of Destination) 관세지급인도
해상 또는 내수로운송에만 사용할 수 있는 조건 (4종류)	FAS	Free Alongside Ship(Named Port of Shipment) 선측인도
	FOB	Free on Board(Named Port of Shipment) 본선인도
	CFR	Cost and Freight(Named Port of Destination) 운임포함인도
	CIF	Cost, Insurance and Freight(Named Port of Destination) 운임 · 보험료포함인도

자료: Incoterms 2010

(1) 공장인도(EXW): 매도인이 수출지의 공장에서 매수인이 지정한 운송인에게 수출품을 인도함으로써 비용과 위험에 대한 책임을 면하는 정형거래조건으로 매도인의 책임은 가장 가벼운 반면 매수인의 책임이 가장 무거운 정형거래조건이다.

(2) 운송인인도(FCA): 매도인은 매수인이 지정한 수출국 내의 지점 또는 장소에서 수출통관을 마친 계약물품을 운송인의 보관하에 인계할 때 의무가 완료된다. 본 조건은 복합 운송조건으로서 해상운송, 항공운송, 철도ㆍ트럭운송 등 어떠한 운송형태에도 이용될 수 있다.

(3) 선측인도(FAS): 매도인이 선적항에서 부선 또는 본선의 선측에서 매수인이 지정한 운송인에게 계약물품을 인도하면 매도인의 인도의무가 완료된다. 따라서 매수인은 선측에서 물품이 인도된 이후 물품에 대한 손실 및 손상에 대한 위험과 물품의 운송과 관련하여 발송하는 제반비용을 부담한다. 본 조건은 주로 대용량 화물이나 중량화물 등 본선적재비용이 많이 드는 원목, 원면, 곡물 등 대량의 화물에 이용된다.

(4) 운송비지급인도(CPT): 매도인은 지정목적지까지 물품의 운반비용을 부담하여야 한다. 그러나 물품에 대한 위험부담은 물품을 운송인의 창고에 인도하는 시점에 매도인으로부터 매수인에게로 이전된다.

(5) 운송비ㆍ보험료지급인도(CIP): 매도인의 의무는 CPT 조건과 동일하다. 그러나 운송 중에 발생하는 물품의 손실 및 손상위험을 커버하기 위한 화물보험에 부보하여야 하는 의무가 추가된다.

(6) 본선인도(FOB): 대양을 건너 목적항까지 물품의 운송을 담당하는 본선에 적재되어야만 매도인의 의무가 완료되는 조건이다. 이때 본선적재라 함은 물품이 반드시 본선에 적재되는 것만을 의미하고, 본선에 적재하기 위하여 부선에 적재하는 것은 포함하지 않는다. 구체적으로 보아 물품이 본선의 난간(Ship's Rail)을 통과한 때를 본선적재가 이행된 것으로 간주한다.

비용부담측면에서 FOB가 FAS와 다른 점은 물품을 본선에 적재하는 데 소요되는 적재비용을 수출자가 부담한다는 점이다. FOB 조건에서 매도인은 수출물품을 수출지의 본선에 적재함으로써 위험부담과 비용부담의무를 완료하므로, 비용부담에 있어서 CIF 조건에서와 같이 목적항까지의 운임과 보험료를 부담하지 않으므로 운송계약과 보험계약을 체결하여야 하는 적극적인 행위가 없다.

(7) 운임포함인도(CFR): 목적항까지의 운송비용을 매도인이 부담하는 조건이다. 그러나 물품에 대한 위험부담은 FOB 조건에서와 마찬가지로 물품이 본선의 난간을 통과한 시점에서 매도인으로부터 매수인에게 이전된다. CFR 조건에서는 비용부담의 분기점과 위험부담의 분기점이 각각 다르다. 그리고 CFR 조건에서 매도인은 물품의 수출통관의무를 이행하여야 한다.

(8) 운임ㆍ보험료포함인도(CIF): 매도인이 도착항까지의 운임과 보험료를 부담하는 조건으로서 이는 국제무역거래 시 FOB 조건과 더불어 가장 많이 이용되고 있는 정형거래조건이다. 따라서 CIF 가격이란 FOB 가격에 목적항까지 수출입상품의 운임보험료를 포함한 가격 즉, 도착항가격이다.

(9) 관세지급인도(DDP): 매도인은 수입국의 지정된 장소에 물품을 도착시키면 의무가 완료된다. 이때 매도인은 물품의 인도에 따른 관세, 세금, 기타 비용을 포함한 모든 비용과 위험을 부담하여야 한다. 즉, EXW 조건이 매도인의 부담의무가 최소화된 조건이라면 DDP 조건은 매도인의 부담의무가 최대화된 조건이다.

(10) 도착지터미널인도(DAT)

① 물품을 도착 운송수단으로부터 양륙된 상태로 도착지의 기명된 항구나 도착지의 기명된 터미널에서 매수인의 임의처분하에 놓이는 때에 매도인이 인도한 것으로 되는 것을 의미한다.

② '터미널'은 지붕의 유무를 불문하며 부두, 창고, 컨테이너 장치장(CY) 또는 도로, 철도, 항공화물 터미널과 같은 일체의 장소를 포함한다. 매도인은 목적지의 지정된 항구 또는 장소에 있는 터미널까지 화물을 이동하고 그들을 하역하는 것을 포함한 모든 위험을 부담한다.

③ 이론적으로나 현실적으로 볼 때, DAT도 DAP에 포함시킬 수 있을 것이다. 그러나 모든 물품이 일단 수입지의 터미널에 도착하게 된다는 의미에서 터미널(Terminal) 인도조건과 기타 장소(Place) 인도조건의 두 가지로 이원화하여, 종전의 DEQ는 DDT에 흡수시키고, DAF, DES, DDU 조건은 DAP에 흡수시켰다. 원래 개정 논의 초기에는 이 모두를 DAP에 포함시켰으나, 후에 복합운송을 위한 기명된 도착지 육상인도를 전제한 포괄적 의미의 도착지의 기명된 인도장소를 규정하는 DAP와 해상운송을 위한 도착지의 부두라는 터미널을 전제한 DAT로 분리하여 규정하였다.

(11) 도착지인도(DAP)

① 매도인이 기명된 도착지에 도달된 운송수단에서(물품을 운송수단에서 양하하지 않은 상태에서) 화물을 양하할 준비가 된 상태로 매수인의 임의처분 상태로 인도하는 것을 의미한다. 매도인은 기명된 장소까지 운송하는 데 수반하는 모든 위험을 부담한다.

② 당사자들은 합의된 목적지 내의 지점을 가급적 정확하게 만족하는 내용으로 운송계약을 체결하는 것이 바람직하다. 그러한 지점까지의 위험은 매도인이 부담하기 때문이다. 매도인은 이러한 선택에 정확하게 일치하는 운송계약을 체결하는 것이 바람직하다. 만약에 매도인이 운송계약에 따라 도착지에서 양하와 관련된 비용을 부담하였고 당사자 사이의 별도의 합의가 없다면 매도인은 그러한 비용을 매수인에게 배상받을 권리가 없다.

CHAPTER 02 결제 및 신용장

01 결제

1 현물상환방식(COD; Cash On Delivery)

수입자가 물품을 인수 확인 후에 물품대금을 송금하는 결제방법으로서, 물품대금 결제 시 신용장이나 환어음을 사용하지 않는다. 이는 주로 귀금속과 같은 고가품을 거래할 때 사용하는 결제방법으로서 수입자가 물품을 직접 확인하여야만 품질수준을 인정할 수 있는 물품을 항공기를 이용하여 운송하는 경우에 채택한다.

2 서류상환방식(CAD; Cash Against Documents)

D/P, D/A방식 거래와 유사한 거래로서 D/P, D/A방식 거래 시에는 환어음을 발행하여 물품 대금을 결제받으므로 선화증권 등 선적서류를 환어음에 첨부하여 반드시 은행을 경유하여 수입자에게 제시하여야 한다. 그러나 CAD방식으로 거래할 경우 수출자는 선하증권 등 운송서류와 기타 부속서류를 직접 수입자에게 또는 수출국에 소재하는 수입자의 대리점이나 거래은행에 제시하고 서류와 상환으로 물품대금을 송금받는 결제방법을 말한다.

3 서류지급도(D/P; Documents against Payment)

D/A방식과 더불어 신용장이 개입되지 않고 이루어지는 대표적인 무역거래 방식이다. D/P방식은 수출자가 수입자와의 매매계약에 따라 화물을 자기 책임하에 선적하고 선적서류를 구비하여 이를 수출자가 발행한 일람출급 화환어음(At Sight Bill of Exchange)에 첨부하여 자기의 거래은행 즉, 추심의뢰은행(Remitting Bank)을 통하여 수입자의 외국환은행 앞으로 추심을 의뢰하면, 추심의뢰를 받은 수입국 측 은행 즉, 추심은행(Collecting Bank)은 수입업자에게 어음을 제시하고 수입자가 어음금액을 결제한 후 수입자에게 선적서류를 인도하는 거래방식을 말한다.

이는 신용장방식 거래처럼 수입자의 은행에서 대금지급을 확약한 것이 아니기 때문에 일반적으로 수출자는 선적과 동시에 거래은행에 환어음매입을 의뢰함으로써 즉시 수출대금을 회수하는 것이 아니라, 선적 후 환어음을 추심하는 과정을 거쳐 수출대금을 회수하므로 선적일로부터 수입자가 대금을 결제할 때까지 결제에 따른 모든 위험은 수출자가 부담한다.

4 서류인수도(D/A; Documents against Acceptance)

화환거래를 통한 화물인도조건의 하나로서 수출자의 은행으로부터 기한부화환어음을 송부받은 수입자의 은행 즉, 추심은행이 어음지급인인 수입자가 어음을 인수함과 동시에 선적서류를 인도하는 조건을 말한다. 여기서 어음의 인수란 외상어음을 어음상의 지급일자에 지급하겠다는 약속을 말한다.

수입자는 D/A어음을 제시받았을 경우 어음대금을 지급하지 않고 어음인수 즉, 지급약속만 함으로써 선적서류를 인도받으면, 수입는 어음기일 이내에 수입물품을 매각하고 그 대금으로 어음을 결제할 수 있기 때문에 수출자로부터 금융상의 편의를 받는 것이다. 그러나 수출자의 입장에서 보면 어음상의 지급인인 수입자가 환어음상에 어음인수를 추가하였다는 어음상의 권리 이외에 물적 담보가 없고, 수입자가 어음의 만기일에 어음대금을 결제하지 않아 어음이 부도날 경우 손해를 회복할 길이 없기 때문에 상당한 위험을 부담하게 된다.

5 D/P At Sight, D/P Usance

D/P거래 시 수입지의 추심은행은 선적서류가 도착하면 통상의 경우에는 수입자에게 즉시 서류를 인도하여야 하지만, 선적서류가 도착한 뒤 일정 기간이 지난 후에 수입자에게 선적서류를 인도하여야 하는 경우가 있다. 전자를 D/P At Sight라 하고, 후자를 D/P Usance라고 한다.

02 신용장

1 배경

무역거래는 거래상대방의 신용상태의 변화에 따른 위험이 매우 크므로 수출업자로서는 선적을 하고도 대금회수가 불능하게 되는 위험(신용위험: Credit Risk)과 수입업자로서는 대금을 지급하고도 상품입수가 불능하게 되는 위험(Mercantile Risk)을 해소함으로써 무역거래가 원활하게 수행되도록 하는 것이 신용장제도이다. 신용제도의 정비를 위하여 ICC총회는 '화폐신용장에 관한 통일규칙 및 관례(Uniform Customs and Practice for Documentary Credits)'를 채택하여 국제규칙의 역할을 하게 하였다.

2 의의

신용장은 영어로 Letter of Credit 또는 단순히 Credit이라고도 하며 통상 약해서 L/C라고 부르고 있다. 무역거래에서 사용되는 것은 보통 상업신용장(Commercial L/C)으로서, 이는 무역거래의 대금지급 및 상품의 수입을 원활히 하기 위하여 수입상의 수출지거래은행이 자기의 거래처인 수입상을 위하여 자기 은행의 신용을 대외에 제공하고, 일정 기간 및 일정 조건하에서 수출상이 수입상 앞으로 화환어음을 발행하면 그 어음의 인수(Acceptance)나 지급(Payment)에 대하여 보증을 행하거나 또는 자기 앞으로 어음을 발행하게 하여 그 어음의 인수 지급에 대하여 보증하는 증서 또는 보증장이다. 즉 신용장은 수입상의 요청에 따라 수입상의 거래은행(개설은행)이 수출상(수익자) 앞으로 개설하는 것으로 수익자가 발행한 환어음이 신용장에 명기된 조건에 부합하기만 하면 개설은행이 틀림없이 그 환어음을 인수 지급하겠다는 거래은행의 약정이다.

3 역할

(1) 대금지급수단: 수출상이 수입상에 대하여 계약불이행에 대한 상사중재나 소송을 제기하면 대단히 번거로우며 시간과 비용도 많이 소요되나 일단 신용장이 개설되면 그 대금에 대한 지급을 거래은행이 보증하므로 수출대금의 회수가 확실하기 때문에 신용장은 대금결제의 가장 확실한 수단이 되고 있다.

(2) 금융수단: 신용장에 의한 수출의 경우에는 상대방 거래은행이 그 대금의 지급 등을 보증한 것이기 때문에 매입을 의뢰받은 은행은 환어음이 신용장조건에 일치하는 한 안심하고 매입을 해준다. 따라서 신용장은 수출상에게 유리한 금융수단이 되고 있다.

4 당사자 – 신용장거래에 관계되는 자

(1) 개설의뢰(신청)인(Applicant for the Credit or Opener): 매매계약의 당사자인 매수인(Buyer)은 매매계약에 의한 대금지급조건이 신용장결제조건인 경우 수입상(Importer)으로서 자기거래은행에 신용장의 개설을 신청하게 된다.

(2) 개설은행(Credit Writing Bank or Grantor): 신용장개설의뢰인의 신청과 지시에 따라 매매계약의 당사자인 수출상 앞으로 신용장을 개설하는 은행을 신용장개설은행(Opening Bank) 또는 신용장발행은행(Issuing Bank)이라고 한다.

(3) 수익자(Beneficiary): 신용장의 수취인이 수익자 또는 수혜자가 되며, 수출상이 신용거래 시 수익자가 된다. 국제무역거래에 있어서 수익자는 상품을 파는 쪽인 매도인(Seller)이며 상품을 적출하는 송화인(Shipper)이다. 신용장을 받은 수익자는 수출대금을 회수하려면 상품을 선적한 후에 신용장에서 요구한대로 환어음을 발행하고 이에 신용장에서 요구하는 선적서류를 첨부하여 수출지에 소재하는 외국환은행에 제시하여 매입받게 된다.

(4) 통지은행(Notifying Bank): 수출지에 있는 신용장개설은행은 신용장을 개설하면 그 사실과 내용을 외국에 있는 수출상에게 통지하여야 한다. 통지은행은 전달해주는 신용장에 대해서 어떠한 책임을 지거나 약정을 하는 것은 아니다.

(5) 확인은행(Confirming Bank): 신용장에 의하여 발행되는 환어음에 대하여 인수 또는 지급을 틀림없이 이행하겠다는 신용장개설은행의 확약에 추가하여 거래은행의 요청에 따라 그 환어음에 대한 인수 지급 혹은 매입을 틀림없이 이행하겠다는 추가적인 확약을 하는 제2의 은행이다.

(6) **매입은행(Negotiating Bank)**: 수익자는 상품선적을 완료한 후 신용장에서 규정하고 있는 바에 따라 거래은행 앞으로 환어음을 발행하고 신용장에서 요구하는 있는 선적서류를 첨부하여 자기의 거래은행에 환어음의 매입(Negotiation)을 신청하는데 이에 따라 수출환어음을 매입하는 은행이다.

(7) **지급은행(Paying Bank)**: 신용장에서 매입은행에 의한 수출환어음의 매입을 인정하지 않고 특정은행이 화환어음과 상환으로 수익자에게 지급할 것을 규정하고 있는 신용장을 지급신용장이라고 하는데, 이와 같은 지급신용장에 의거 지급행위를 위탁받는 은행이다.

(8) **인수은행(Accepting Bank)**: 신용장에 의하여 발행된 어음이 기한부어음의 것을 조건으로 하는 신용장을 기한부신용장이라고 하는데, 이와 같은 기한부신용장에 의거하여 발행된 기한부어음을 인수하는 은행이다.

(9) **결제은행(Settling Bank)**: 신용장에 의한 결제 시 그 통화가 수출국이나 수입국의 통화가 아닌 제3국의 통화일 경우 제3국에 있는 거래은행의 예치환거래은행이 그 신용장의 결제은행이 되는 경우가 있으며, 이를 상환은행이라고도 한다.

5 종류

(1) **화환신용장(Documentary Credit)**: 신용장에 의하여 발행된 환어음에 선화증권(Bill of Lading) 등 선적서류(Shipping Documents)를 첨부할 것을 요구하는 신용장을 말한다.

(2) **무화환신용장(Clean Credit)**: 화환신용장에 대응되는 것으로 신용장에 의해서 발행되는 환어음에 선적서류를 첨부하지 않고, 그 대신 간이영수증(Simple Receipt)이나 증명서(Certificate) 또는 일정한 진술서(Statement)를 첨부하는 것을 조건으로 그 어음의 지급, 인수 또는 매입을 확약하는 신용장을 말한다.

(3) **취소불능신용장(Irrevocable Credit)**: 신용장조건과 완전히 합치하는 선적서류를 제시하기만 하면 개설은행이 아무런 조건 없이 대금을 지급하겠다는 확약과 함께 일단 개설하여 통지한 신용장은 신용장의 관계당사자 전원이 동의하지 않는 한 변경이나 취소가 불가능한 신용장을 말한다. 오늘날 국제상거래에서 사용되는 대부분이 취소불능신용장이다.

(4) **내국신용장(Local L/C)**: 무역업체가 국내에서 수출용 완제품을 구매하여 직수출하거나, 수출물품 제조업자가 수출물품을 제조하는 데 소요되는 수출용 원자재를 국내에서 구매하여 이를 제조가공한 후에 직수출하거나 직수출업자 등에게 공급하고자 하는 경우 국내에서 물품을 구매하고자 하는 업체의 의뢰에 따라 외국환은행이 국내의 완제품 또는 원자재 공급업체를 수혜자로 하여 개설하는 신용장을 말한다. 이와 같이 내국신용장은 본연의 기능인 은행의 물품대금 지급확약 이외에도 수출신용장 등과 마찬가지로 무역금융 융자대상 증빙으로도 인정되어 수출물품을 제조·가공하는 데 소요되는 생산자금뿐만 아니라 수출용 원자재 조달 시 소요되는 원자재자금을 지원받을 수 있다. 뿐만 아니라 내국신용장에 의하여 수출물품을 공급하는 경우 국내거래임에도 불구하고 이를 수출로 인정하여 물품대금을 외화기준으로 결제하며, 부가가치세법상 부가가치세 영세율을 적용한다.

03 운송 및 보험

01 운송 및 보험

1 선적신청서(S/R; Shipping Request)

화주는 선주와 구두로 선박예약을 한 후 해당 선박회사의 선적신청서양식에 선적사항을 기재한 후 이를 선사에 송부하여 서명을 받는다. 이와 같은 선적신청서는 통상 운송실무상 운송계약에 갈음하여 사용하고 있다. 즉, 선적신청서는 운송계약을 체결하기 위하여 화주가 선박회사에 선박을 요청하는 청약에 해당하며, 선박회사가 이에 대하여 승낙하면 확약서(Booking Note)를 교부한다. 이와 같이 화주의 선적신청과 선박회사의 확약서 교부로 운송계약이 성립한다.

2 화물인도지시서(D/O; Delivery Order)

수입대금을 결제한 후 선화증권 원본을 수취한 수입자가 이를 선박회사에 제시하면 선박회사 또는 그 대리인이 수입화주에게 화물을 인도할 것을 지시하기 위하여 본선의 선장 또는 보세창고관리인 앞으로 발행하는 서류이다. 수입자는 수입통관절차를 완료한 후 화물인도지시서를 선장 또는 보세창고관리인에게 제시한 후 수입물품을 수령한다.

3 선화증권(B/L; Bill of Lading)

선화증권은 해상운송 운송인이 수출화주로부터 화물을 수령하여 선박에 적재한 후에 화물을 수령하였음을 입증하면서 발급하는 서류이다. 이는 해상운송 후 선화증권의 정당한 소지인에게 운송화물을 인도할 것을 약속하는 화물의 인수증(Receipt of Goods)이다. 그리고 해상운송 시에는 항공운송에 비하여 상당한 운송기간이 소요되므로 선화증권을 화물을 대표하는 권리증권으로 하여 여기에 배서를 추가하는 방식으로 유통되도록 하는 유가증권이기도 하다. 또한 선화증권은 화주의 운송청구에 따라 선주 또는 그의 대리인이 발행하는 것으로서 운송업자와 화주 간의 운송조건을 약정한 운송계약의 증빙이기도 한다. 이러한 선화증권의 정당한 양수인은 지정된 도착지에서 이를 제시한 후에 화물을 인수하게 되며, 선화증권을 타인에게 양도하는 것은 물품을 양도하는 것과 동일하므로, 이는 도착물품이나 미착물품을 매매할 때에 많이 사용된다. 선화증권의 종류에는 다음과 같은 것들이 있다.

(1) **용선계약선화증권(Charter Party B/L)**: 화주가 대량화물을 운송하기 위해 특정항로 또는 일정 기간 부정기선을 용선하는 경우, 화주와 선박회사 사이에 체결된 용선계약(Charter Party)에 따라 발행되는 선화증권을 말한다. 즉, 이는 선박을 소유하고 있지 않은 운송인이 선박회사로부터 선박을 용선하여 자기 책임 하에 운송을 담당하면서 발급하는 선화증권이다.

(2) **운송중개인선화증권(Forwarder's B/L)**: 운송중개인이 발행한 선화증권으로서, 동일한 선화증권에서는 송화인과 운송계약을 체결하는 계약운송인은 운송중개인이나, 물품을 운송하는 운송인은 보통 운송중개인을 대리점으로 지정하는 선박회사이므로 양자가 서로 다르다. 한편 송화인이 선박회사와 운송계약을 체결한 후 발급 받은 선화증권을 선사선화증권이라고 하는데 이 경우는 계약운송인과 실제운송인이 일치한다.

(3) **무고장(무사고)선화증권(Clean B/L)**: 선화증권상의 물품명세란에 상품 및 포장에 하자가 있다고 표시하고 있는 부가조항이나 단서가 없는 선화증권을 말한다. 반대로 선화증권상에 하자표시가 있으면 고장부(사고부)선화증권(Dirty B/L or Foul D/L)이라고 한다.

4 화물도착통지서(Arrival Notice)

수출상이 화물을 선적한 다음 선박회사는 화물을 적재한 본선이 수입항에 도착하면 선화증권상의 통지처(Notify Party)에 기재된 수입자에게 화물이 도착하였다는 통지를 하는 바, 이를 화물도착통지서 또는 착화통지서라고 한다. 이는 선적서류가 은행에 도착한 다음 은행이 수입자에게 선적서류의 도착을 통지하는 선적서류도착통지와 대비된다. 수입자는 화물도착통지서를 접수한 이후 수입통관절차를 거쳐 수입물품을 인수한다.

5 해상보험(Marine Insurance)

해상운송과정에서 발생할 수 있는 각종 위험을 담보하는 보험이다. 해상보험은 해상자산의 종류에 따라 선박에 관한 보험(선박보험, 운임보험)과 적화에 관한 보험(적화보험, 희망이익보험)으로 분류된다. 이와 함께 선원 등 선박 내에 있는 사람의 건강 및 생명은 해상보험계약의 목적이 될 수 없으며 이들은 생명보험, 상해보험, 선원보험의 영역에 속한다.

6 수출보험(Export Insurance)

해상보험이나 화재보험 등과 같이 보통의 민간보험으로는 구제될 수 없는 수출 등 대외 거래상 대상결제위험으로부터 수출업자나 수출품제조자를 보호하기 위하여 마련된 제도이다. 수출보험은 수출자 또는 선적 전후에 무역금융을 제공한 금융기관이 수입자의 대금지급 지체나 파산, 수입국의 외환사정 악화 등에 따른 수입국 정부의 대외송금 제한조치, 수입국에서의 전쟁·내란 등에 따라 수출대금 회수불능사태의 발생, 또는 만기일에 수출대금을 회수하지 못하게 됨으로써 손실을 입게 되는 경우, 이에 대한 보상으로써 궁극적으로 수출진흥을 도모하고자 하는 비영리정책보험이다.

수출보험의 종류에는 단기수출보험, 수출어음보험, 중장기수출보험, 해외공사보험, 수출보증보험, 해외투자보험, 농수산물수출보험, 시장개척보험, 중소기업수출신용보증 등이 있다. 수출보험은 크게 보아 수입국 정부에 의한 비상위험(Political Risk)과 수입자에 의한 신용위험(Commercial Risk)으로 나뉘는데, 수출보험은 그 기능상 근본적으로 비상위험을 커버하는 데 1차적인 목적이 있다.

CHAPTER

04 관세 및 비관세 장벽

01 관세

1 의의

관세란 관세선을 통과하는 상품에 대하여 부과하는 조세를 의미한다. 역사적으로 볼 때 관세는 수량할당 (Quota)과 더불어 가장 오랫동안 널리 사용되어 온 무역정책수단이다.

2 종류(관세를 부과하는 목적에 따라)

(1) **반덤핑관세**: 특정국가의 상품이 정상가격 이하로 수입되는 덤핑행위에 대하여 부과하는 관세이다.

(2) **상계관세**: 수출국에서 직접 및 간접적으로 생산 또는 수출에 대하여 장려금이나 보조금을 지급하였을 때 이를 상쇄하기 위하여 부과하는 관세이다.

(3) **보복관세**: 상대국의 자국 상품에 대한 관세부과에 대항하기 위해 부과하는 관세이다.

(4) **긴급관세**: 국내산업의 보호를 위하여 긴급한 조치가 필요하거나, 긴급히 특정상품의 수입을 억제하기 위하여 특정수입품에 대해 부과하는 고율의 관세이다.

(5) **재정관세**: 국가의 관세수입을 증대시키기 위하여 부과하는 관세이다.

(6) **보호관세**: 국내산업을 보호하기 위하여 부과하는 관세이다.

(7) **특혜관세**: 특정국가에 대하여 관세를 특별히 낮은 세율로 부과하거나 관세를 아예 폐지하는 것이다.

(8) **할당관세**: 특정상품의 수입에 대하여 일정량을 정해놓고 수량 이내의 수입품에 대하여는 낮은 관세를 부과하지만, 정해진 수량 이상의 수입에 대하여는 고율의 관세를 부과하는 것이다.

3 관세의 경제적 효과

(1) 국내가격 상승

(2) 국내생산 증가

(3) 국내소비 감소

(4) 수입 감소 – 무역수지개선(교역조건 개선, 교역량 감소)

(5) 관세수입 증가

(6) 소비자잉여 감소

(7) 생산자잉여 증가

(8) 관세부과에 따른 사회적 후생 손실

02 비관세 장벽

1 비관세 장벽(NTB; Non-tariff Barrier)의 종류

(1) **수량할당(Quota)**: 특정상품의 수입을 일정량 이상은 금지시키는 제도로, 비관세 장벽 중에서 가장 많이 이용되고 있다.

(2) **수출자율규제**: 수출국들이 자율적으로 수출물량을 일정 수준에서 제한하는 것이다.

(3) **수입과징금**: 수입억제를 위하여 수입상품의 일부 내지는 전부를 대상으로 일종의 조세를 부과하는 것이다.

(4) **수출보조금**: 수출재 생산에 대하여 보조금을 지급하는 것이다.

(5) **수입허가제**: 수입품목에 대하여 정부의 허가를 받도록 하는 제도이다.

2 수량할당과 관세

관세를 부과하는 경우와 수량할당을 실시하는 경우 모두 수입량이 감소하는 효과를 가져 오고 따라서 수입품의 국내가격 상승, 국내소비 감소, 소비자잉여 감소, 국내생산 증가의 효과는 동일하다. 단, 관세부과의 경우에는 관세수입이 정부로 귀속되나, 수량할당의 경우는 수입허가권을 얻은 사람에게 초과이윤이 발생한다. 보호효과는 관세보다 수량할당이 더 확실하다.

3 국제경제통합

(1) 국제경제통합의 유형

통합유형	가맹국 간의 관계	비가맹국 간의 관계
자유무역지대	관세 및 비관세 장벽 철폐	각국이 독립적으로 관세 및 비관세 장벽 유지
관세동맹	관세 및 비관세 장벽 철폐	비가맹국에 내하여 공동관세 부과
공동시장	• 관세 및 비관세 장벽 철폐 • 역내에서의 생산요소의 자유 이동	
경제동맹	• 관세 및 비관세 장벽 철폐 • 역내에서의 생산요소의 자유 이동 • 경제정책에 있어서의 협조	
완전경제통합	경제면에서 한 국가로 행동	

(2) 경제통합의 현황

명칭	주요 내용
유럽연합(EU)	• 유럽경제공동체(EEC) 등을 기반으로 유럽공동체(EC)의 이름으로1967년 창설 • 지역경제협력의 차원을 넘어 완전한 경제통합을 목표로 함 • 통화의 통합(EURO) • 마스트리히트 조약발효 이후 1994년 1월부터 공식명칭이 유럽연합(EU)으로 변경
북미자유무역지대 (NAFTA)	• 1994년 창설 • 미국, 캐나다, 멕시코 3개국으로 구성
아태자유무역지대 (APEC)	• 아시아, 태평양지역 정부 간 공식협의체 • 완전한 자유무역지대로 출발하지는 못하고 있음

(3) GATT: 자유무역의 확대를 통하여 세계경제의 발전을 도모하기 위하여 맺어진 '관세 및 무역에 관한 일반협정'으로 1947년 미국의 주도하에 성립되었다.

  ① GATT의 기본원칙

    ㉠ GATT는 자유무역의 촉진을 위하여 '무차별원칙'을 기본으로 '최혜국 대우조항', '내국민 대우원칙' 등 몇 가지의 기본원칙을 추구한다.

    ㉡ 관세동맹, 자유무역지역 등에 대해서는 예외를 인정한다.

  ② 다자간 무역협상: GATT에서는 그동안 여러 차례에 걸친 다자간 무역협상을 통하여 관세 및 비관세 장벽의 철폐에 기여하였다.

    ㉠ 케네디라운드: 제6차 관세인하협정(1964~1967년), 평균 35%의 관세율 인하

    ㉡ 동경라운드: 제7차 관세인하협정(1973~1979년), 평균 33%의 관세율 인하

ⓒ 우루과이라운드: 제8차 협상(1986~1993년), 관세 및 비관세 장벽의 철폐, 이전의 협상라운드에서 제외되었던 농산물, 서비스, 지적소유권 등 포함 → WTO 성립

(4) 남북문제와 UNCTAD

① 남북문제: 1960년대에 들어와 선진국과 후진국 사이의 경제력 격차문제가 심각한 국제경제문제로 대두되었다.

② UNCTAD(UN무역개발회의): 선, 후진국들 간의 무역문제가 심각해짐에 따라 이를 해결하기 위한 국제기구, 남북문제를 남측(후진국) 입장에서 해결하고자 하는 국제무역기구

　ⓖ 무상이나 장기저리원조 등을 통하여 선진국들이 후진국들의 경제개발에 적극 참여

　ⓛ 후진국들의 수출품인 농산물의 가격안정화 및 후진국들로부터 수입하는 상품에 대한 특혜관세제도의 실시

(5) GATT와 WTO

① GATT의 문제점: GATT는 국제무역에 관한 일반협정에 불과하여 국제기구로서의 성격이 미약하였다. 따라서 협정위반국에 대한 제재조치가 거의 불가능하였다. 이에 따라 GATT를 대체할 무역기구의 필요성이 대두되었다.

② WTO의 성립: 우루과이라운드에서 각국이 GATT를 대체하여 UR협정을 관할하고 국제무역분쟁을 해결할 국제기구로서 세계무역기구(WTO; World Trade Organization) 설립에 합의함으로써 WTO가 탄생했다.

③ GATT와 WTO의 차이점

구분	GATT	WTO
설립	1947년	1995년
특징	단순한 국제무역에 관한 협정(Agreement)	구속력을 보유한 국제무역기구(Organization)
권한	위반국에 대한 제재능력 미비	위반국에 대한 강제적 집행능력 보유
대상품목	주로 공산품	공산품, 농산물, 서비스, 지적재산권 등 거의 모든 교역품목

CHAPTER

05 환율, 환율제도

01 환율의 개념 및 결정요인

1 환율의 정의

자국통화와 외국통화의 교환비율을 뜻한다.

2 환율의 표시방법

(1) 지불계정표시방법: 외국통화 1단위를 수취하기 위하여 지불하여야 하는 자국통화의 크기로 표시하는 방법이다($1=₩1200).

(2) 수취계정표시방법: 자국통화 1단위를 지불할 경우 수취할 수 있는 외국통화의 크기로 나타내는 방법이다(₩1=1/$1200).

(3) 대부분의 국가에서는 지불계정표시방법을 이용한다.

3 균형환율의 결정

외환의 수요와 공급이 일치하는 점에서 균형환율이 결정된다.

4 환율변화의 효과

평가절상(환율인하)	평가절하(환율인상)
$1 = ₩1000 ← $1 = ₩1200 → $1 = ₩1400	
• 수입증가 • 수출감소 • 국내경기침체 가능성 • 외채부담감소 • 국제수지악화	• 수출증가 • 수입감소 • 인플레이션발생 가능성 • 외채부담증가 • 국제수지개선

02 환율제도

1 고정환율제도

중앙은행이나 정부가 외환시장에 개입하여 환율을 일정수준에서 유지시키는 제도이다. 환율이 고정되어 있으므로 환위험이 제거되어 국제무역과 국제 간 자본거래가 확대되며, 환투기를 노린 국제 간 단기자본이동이 제거된다는 장점이 있으나, 국제수지 불균형이 자동적으로 조정되지 않고, 고정환율제도하에서는 충분한 외환준비금이 필요하다는 단점도 있다.

2 변동환율제도

외환시장에서 외환의 수요와 공급에 의하여 환율이 결정되도록 하는 제도이다. 국제수지 불균형이 환율변동에 의해 자동적으로 조정되고, 국제수지를 고려하지 않고 재정 금융정책의 실시가 가능하다는 장점이 있으나, 환율변동에 따른 환위험 때문에 국제무역과 국제투자가 저해되고, 인플레이션에 대한 저항이 약하다는 단점이 있다.

3 우리나라의 현행 환율제도

우리나라는 전일자 외국환은행들이 외환시장에서 거래한 환율을 가중 평균하여 당일의 시장평균환율이 결정되도록 하는 시장평균환율제도(Market Average Exchange Rate System)를 1990년 3월부터 시행하였다. 시장평균환율은 환율을 제한적이나마 시장기능에 의해 결정되도록 함으로써 국내금융시장과 국제금융시장을 연계하는 기능을 하고, 급작스럽게 환율변동으로 인하여 발생할 수 있는 혼란과 충격을 막기 위해 변동폭을 제한하여 환율의 안정화를 도모하며, 시장기능을 반영함으로써 대외 통상마찰을 완화시킬 수 있도록 한다.

시장평균환율을 결정할 때 사용하는 외환시장의 은행 간 거래가격은 전일 시장평균환율의 ±2.25%범위 이내로 운용하여 오다가, 1997년 10월 이후 외환위기에 따라 외환시장이 붕괴될 위기에 처하자 1997년 11월 20일 이를 ±10%로 확대하였다. 그러다가 IMF의 권고에 따라 12월 16일부터 미국달러화에 대한 원화환율의 1일 변동폭 제한을 폐지하여 자유변동환율제도로 전환하였다. 그러나 우리나라의 자유변동환율제도는 미국, 일본 등의 완전자유변동환율제도와 달리 외환당국이 매일 매매기준율을 고시하는 관리자유변동환율제도이다. 미국, 일본 등에서는 매일 아침 선발은행들이 매매기준을 정한다.

03 현물환과 선물환

1 현물환(Spot Exchange)

매매계약일로부터 제2영업일 이내에 인도되어야 하는 환을 말한다. 대고객거래 시 매매계약과 동시에 환이 인도되는 경우가 보통이다. 그러나 은행 간 거래는 금액이 거대한 관계로 자금마련에 시간적 여유가 필요하므로 제2영업일까지 인도하는 것을 인정하고 있다. 일반적으로 현물환은 거래적 동기에서 거래되어, 대부분의 경우 무역거래에 수반하여 수요되고 공급된다. 즉, 수입거래에 따라 현물환의 수요가 발생하고 수출거래에 따라 현물환의 공급이 발생한다.

2 선물환(Forward Exchange)

매매계약일로부터 제2영업일 이후에 수도되는 환율을 말한다. 수출거래를 할 때 금일 매매계약을 체결하나 실제대금이 회수되기까지는 상당한 시간적 간격이 개제되므로 이 기간 동안 환율변동위험에 노출되게된다. 그러나 선물환을 이용할 경우 환율을 일정한 가격으로 고정시키기 때문에 환율변동위험을 헤지(Hedge)할 수가 있는 것이다.

3 환포지션(Exchange Position)

외국환을 상품의 하나로 볼 때 상품매매가격에 해당하는 환율로 외국환을 매매한 후 파악한 외환상품 또는 외화채권의 재고량이라 할 수 있다. 이를 외화포지션표에 의하여 파악하면 외환채권합계액의 차액이다. 환포지션은 외화채권이 채무보다 큰 경우를 매입초과포지션(Long Position)이라 하고, 외화채무가 외화채권보다 큰 경우를 매출초과포지션(Short Position), 외화채권과 채무가 일치하는 균형상태를 Square Position이라 한다. 오늘날 환포지션을 중요시하는 이유는 외국환은행에서 첫째 환리스크를 최소화하여 매매손을 방지하고, 둘째 외화자금조정을 위한 자료로 삼고, 셋째 외환매매차익을 파악하기 위한 것이기 때문이다.

4 헤징(Hedging)

환시세의 변동으로 인해 그 가치가 영향 받은 자산이나 부채로부터 발생하는 환리스크를 회피하기 위한 일체의 거래를 헤징이라고 한다. 특히 현물환과 선물환 간의 커버를 보험적인 의미에서 행하는 경우를 헤징이라 한다. 현물과 선물은 서로 반대 포지션을 취함으로써 헤징을 하게 된다.

06 국제경영전략

01 국제경영전략의 의미와 수립 과정

1 국제경영전략의 의미

(1) 국제경영전략이란 기업이 국제 경영을 함에 있어서 목표를 설정하고 이를 달성하기 위해 하는 의사결정이라고 할 수 있다. 제품 계획, 마케팅, 생산, 연구개발 등에 관한 전략이다.

(2) 국제경영전략은 해외 국가별로 이루어지는 국가별 전략과 전 세계를 하나의 시장으로 보는 글로벌 경영 전략으로 분류할 수 있다.

2 국제경영전략의 수립 과정

기업의 목표 설정 → 경쟁 환경 분석 → 기업의 특징 분석 → 핵심 전략 개발 → 전략의 실행 → 전략 평가

02 국제경영전략의 유형 및 다국적 기업

1 국제경영전략의 유형

(1) 국제경영전략

① 해외 시장 진입 전략: 수출 방식, 계약 방식, 해외 직접 투자 방식이다.

② 해외 시장 철수 전략: 수동적 철수 전략, 능동적 철수 전략이다.

(2) 수출 전략

① 직접 수출: 제조업체가 직접 국제 마케팅, 제반 수출 절차, 서류 작성 등의 업무를 수행하는 방식이다.

② 간접 수출: 직접 수출할 능력이 부족한 경우 무역 대리업자나 기타 중개인을 통해 하는 간접 수출 전략이다.

(3) 국제 라이센싱 전략

① 무상 라이센싱: 플랜트 수출과 같은 기술 지원 형태로서 설비 설치부터 가동까지 사용 기술을 무상으로 이전하는 방식이다.

② 유상 라이센싱: 법률적 보호를 받는 산업 재산권과 법률적 보호를 받지 않는 비산업 재산권이 있다.

(4) 국제 프랜차이징 전략

① 경영에 관련된 모든 것을 이전하고 사용료를 받는 방식이다.

② 국제적으로 표준화된 제품 또는 서비스 산업에서 활용한다.

(5) 해외 투자 전략

① 해외 직접 투자(FDI; Foreign Direct Investment)

   ㉠ 수출 유발: 현지 법인에 의한 본국으로부터의 수입(본국 수출 증가)

   ㉡ 수출 대체: 현지 법인의 생산품이 본국 수출품을 대체(국제 수지 악화)

   ㉢ 역수입: 현지 법인의 생산품이 국내로 수입(국제 수지 악화)

② 해외 간접 투자(FII; Foreign Indirect Investment)

   ㉠ 자금 대여에 의한 투자: 이자 수익을 목적으로 하는 자금 대여

   ㉡ 단기 주식 취득에 의한 투자: 시세 차익을 목적으로 하는 해외 증권 투자

(6) 단독 투자와 합작 투자

① 단독 투자(Solo Venture): 기업을 완전 소유 형태로 투자하는 방식(의결권주의 95% 이상 단독 소유)
→ 제품, 기술, 노하우의 통제, 자사의 경영 방침으로 독자적 운영

② 합작 투자(Joint venture): 두 개 이상 기업이 자본을 공동으로 투자하여 경영에 참여하는 형태로서 소유권과 경영을 분담하여 자본, 기술 등 상대방의 강점을 이용할 수 있는 장점이 있다.

(7) 국제 컨트랙팅과 해외 자원 개발

① 국제 컨트랙팅: 외국의 대규모 건설 사업, 해외 자원 개발 사업 등에 참여할 때 국제 계약을 통하는 방법이다.

② 해외 자원 개발: 해외 현지에 자본, 인력, 기술을 투입하여 자원을 탐사, 개발, 생산, 수송하는 일련의 과정을 통해 자원을 확보하는 사업을 말한다.

2 다국적 기업(MNE; Multinational Enterprise)

(1) 다국적 기업이란 세계 각지에 자회사, 지사, 합병회사, 공장 등을 확보하고 생산·판매 활동을 국제적 규모로 수행하는 기업을 말한다.

(2) 해외 직접 투자의 한 방식으로 단순히 지점이나 자회사를 둔 것이 아니라 현지 국가의 국적을 취득하고 현지의 실정과 본사의 경영 전략에 따라 움직이는 국제적 조직망을 갖는 기업 형태이다.

(3) 기업이 다국적화하는 이유

① 원자재, 노동력 등 원가가 가장 저렴한 국가에서 생산

② 가장 유리한 가격에 판매하고 무역 마찰 완화

③ 주문자 상표 부착 방식(OEM)의 생산

(4) 다국적 기업의 경영 전략

① 범세계적 저원가 전략: 저원가를 바탕으로 가격 경쟁을 한다.

② 범세계적 차별화 전략: 차별화된 기술과 품질로 세계 시장을 공략한다.

01

환율을 하락시키는 요인이 아닌 것은?

① 국내 시장 금리의 증가
② 국내 국고채 수요 감소
③ 국내 외국인 관광객 증가
④ 외국인의 국내 주식 매각 증가

03

현지 값싼 노동력을 이용하기 위하여 해외에 생산 공장을 설립하는 해외 직접 투자의 유형은?

① 자연 자원 조달형
② 현지 시장 접근형
③ 해외 생산 거점형
④ 선진 기술 습득형

02

다음은 국제경영전략에 대한 설명이다. 설명과 유형이 바르게 짝지어진 것은?

> ㄱ. 자사의 상표를 사용할 수 있도록 허용하고 사용료를 받는다.
> ㄴ. 경영에 관련된 모든 것을 가맹점에 이전하고 사용료 및 운영 사용료를 받는다.
> ㄷ. 외국에 사업체를 신설하거나 인수함으로써 직접 경영에 참여한다. ㄹ. 국제 계약을 통하여 외국의 대형 건설 사업 등에 참가한다.

① ㄱ – 국제 컨트랙팅
② ㄴ – 국제 프랜차이징
③ ㄷ – 해외 자원 개발
④ ㄹ – 해외 간접 투자

04

다음 중 신용장에 대한 설명으로 잘못된 것은?

① 수입상의 요청으로 수입상의 거래 은행이 발급한다.
② 은행이 발행한 지급 확약서이므로 수출상은 안심하고 수출할 수 있다.
③ 대금 결제 수단이며 금융 수단이 된다.
④ 특별한 명시가 없는 한 거래은행이 임의로 취소나 변경이 가능하다.

05

다음은 국제무역 인코텀스 내용 중 일부로서 수출상과 수입상의 책임에 관한 것이다. 어떠한 가격 조건에 관한 설명인가?

- 매도인은 운송 중 물품의 멸실 또는 손상에 대한 매수인의 위험에 대한 해상 보험 계약을 체결하고 보험료를 지급한다.
- 물품의 인도 장소는 본선의 선상 갑판이 되며, 본선의 난간을 통과하면 위험 부담이 매도인으로부터 매수인에게로 이전된다.
- 매도인은 지정된 목적항까지 물품을 운반하는 데 필요한 비용 및 운임을 지급한다.
- 매도인이 물품의 수출 통관을 이행하고 비용을 부담해야 한다.

① 본선인도 가격
② 운임포함 가격
③ 착선인도 가격
④ 운임 · 보험료포함 가격

01
정답 ④

환율의 상승 또는 하락에 영향을 미치는 요인으로는 물가, 경제성장, 통화량, 금리 등 경제적 요인과 정치사회적 요인, 외환투기 등을 꼽을 수 있다. 기본적으로 국내에 외국화폐가 많아지면 환율은 하락하게 된다.

02
정답 ④

국제 컨트랙팅	외국의 대규모 건설 사업, 해외 자원 개발 사업 등에 참여할 때 국제 계약을 통하는 방법
해외 자원 개발	해외 현지에 자본, 인력, 기술을 투입하여 자원을 탐사, 개발, 생산, 수송하는 일련의 과정을 통해 자원을 확보하는 사업
해외 간접 투자	이자 수익을 목적으로 하는 자금 대여나 시세 차익을 목적으로 하는 해외 증권 투자

03
정답 ③

해외 생산 거점형은 생산요소가격이 상대적으로 저렴한 지역진출로 노동집약적 산업이며 예로는 동남아, 중남미 등 개도국 합작 투자가 있다.

04
정답 ④

신용장은 수입상의 거래은행이 수출상에게 수입상의 신용을 보증하는 증서이고 발행방법에는 은행입금이 100%인 풀마진제와 70%~80%인 파셜마진, 0%인 노마진제도가 있으며 수출에 중요한 서류로서 화환과 더불어 대금결제에 중요한 역할을 한다.

05
정답 ④

운임 · 보험료포함(CIF) 가격은 매도인이 도착항까지의 운임과 보험료를 부담하는 조건으로서 이는 국제무역거래 시 FOB 조건과 더불어 가장 많이 이용되고 있는 정형거래조건이다. 따라서 CIF가격이란 FOB가격에 목적항까지 수출입상품의 운임보험료를 포함한 가격 즉, 도착항가격이다.

06

수출입 대금 결제 조건에는 현물상환방법(COD), 지급인도조건(D/P), 인수인도조건(D/A) 등이 있는데 수출무신용장 방식 중 지급인도조건(D/P)에서 사용되는 어음은?

① 기한부어음
② 일람불환어음
③ 무역어음
④ 일람 후 60일 출급 어음

07

GATT 체제를 대신해 세계 무역 질서를 지키고 우루과이 라운드의 이행을 감시하는 국제기구는?

① 세계 무역 기구
② 국제 통화 기금
③ 경제 협력 개발 기구
④ 국제 부흥 개발 은행

06 　　　　　정답 ②

지급인도조건은 수출상이 상품을 선적한 후 관련서류가 첨부된 일람불환어음을 수입상을 지급인으로 발행하여 자신의 거래은행에 추심을 의뢰하면 수출상의 거래은행은 그러한 서류가 첨부된 환어음을 수입상의 거래은행으로 보내어 추심을 의뢰하고, 수입상의 거래은행은 환어음의 지급인인 수입상이 대금을 결제하고 나서 서류를 인도하고 추심을 의뢰하여 온 은행으로 물품대금을 송금하여 결제한다.

07 　　　　　정답 ①

세계 무역 기구(WTO)는 무역자유화를 통한 전 세계적인 경제발전을 목적으로 하는 국제기구이다. 관세 및 무역에 관한 일반협정인 GATT 체제를 대신하여 국제무역질서를 바로 세우고 우루과이 라운드(UR) 협정의 이행을 감시하는 국제기구이다.

회계학

01 회계의 순환과정과 거래의 기록

01 회계정보 시스템

1 회계의 의의

회계(Accounting)는 기업의 경제활동에 대해 기록하고 분류하며 요약하는 활동(재무제표의 작성)과 이를 이용해 정보이용자에게 유용한 정보를 제공하는 활동(회계정보의 활용)으로 구성되며 여러 이해관계자들의 의사소통 수단이 된다.

2 회계정보 시스템(Accounting Information System)

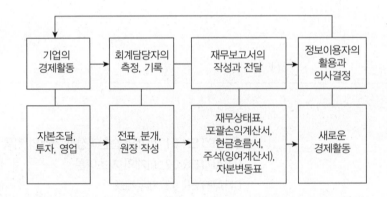

자료: 이창우, 조형득, 회계원리

회계정보 시스템은 기업의 회계정보를 측정하여 정보이용자에게 전달하는 과정을 의미한다. 부기 (Bookkeeping)와 달리 회계정보의 생산적 측면뿐만 아니라 이러한 정보가 기업 내·외부 정보이용자들의 합리적 의사결정에 영향을 끼칠 수 있다는 정보의 활용 측면을 동시에 가지는 통일적인 구조를 가진다.

02 회계상의 거래

1 거래의 의미

회계상의 거래(Accounting Transactions)는 기업의 활동결과로서 기업의 자산, 부채, 자본의 구조, 즉 재무상태에 변화를 일으키는 경제적 사건(Economic Eevents)을 의미한다. 회계상의 거래는 일상생활의 거래와 일치할 수도 있고, 일치하지 않을 수도 있다.

일반적인 거래(○), 회계상의 거래(×)	일반적인 거래(×), 회계상의 거래(○)
건물의 임대차계약, 상품의 매매계약, 상품 주문서 발송, 건물 · 토지 등의 담보설정	상품의 화재, 도난, 파손, 상품가격의 하락 등
자산, 부채, 자본에 아무런 증감변화가 일어나지 않으므로 회계상 거래가 아님	일반적인 거래는 아니지만 회계상의 자산이 그만큼 감소한 것으로 보기 때문에 거래가 성립함

2 거래의 이중성과 거래요소의 결합

(1) 거래의 이중성(Duality of Transactions)

① 의미: 회계상의 거래의 결과, 거래의 8요소들 중 반드시 둘 이상이 서로 결합하여 기업의 재무상태에 영향을 미치는 것을 의미한다.

예 기업이 은행에서 100만 원을 차입함 → 자산의 증가(현금의 증가) - 부채의 증가(차입금의 증가)

② 복식부기의 원리: 거래의 이중성에 따라 어떠한 회계상의 거래가 발생하더라도 동일한 금액으로 차변과 대변에 이중 기입해야 하는 원리로 대차평균의 원리가 성립한다.

(2) 거래요소의 결합

거래의 이중성과 복식부기의 원리에 따라 회계상 모든 거래는 8개의 거래로 구분할 수 있는데, 이를 거래의 8요소라고 하며, 이들 요소가 결합 및 조합을 이루는 관계를 거래요소의 결합관계라고 한다.

[거래요소와 결합관계]

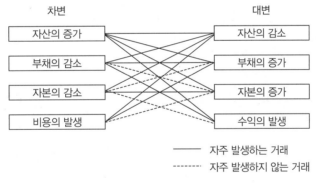

03 계정(Account)

1 계정의 의의

기업의 거래를 기록하는 최소단위로서, 반복적으로 수행되는 거래에 공사 기록의 편의를 위해 거래를 분류하여 모아놓은 것이다. 기업의 자산, 부채, 자본, 수익, 비용 등의 증가와 감소를 분류하고 요약하기 위하여 사용되는 것이라고 할 수 있다.

2 계정의 분류

[재무상태표계정과 포괄손익계산서계정]

구분		계정
재무상태표 계정	자산계정	현금 및 현금성자산, 매출채권, 상품, 토지, 건물, 영업권 등
	부채계정	매입채무, 단기차입금, 사채 등
	자본계정	자본금, 주식발행초과금, 이익준비금 등
포괄손익계산서 계정	비용계정	매출원가, 판매비와 관리비, 영업외비용, 법인세비용 등
	수익계정	매출액, 영업외수익, 계속사업손익 등

3 계정의 형식

계정의 형식은 여러 가지가 있을 수 있으나, 보통 연습용으로 T-계정을 많이 사용한다. T-계정의 왼쪽은 차변(Debt)으로, 오른쪽은 대변(Credit)으로 부르는데, 어떤 계정이 증가한 경우에는 차변이나 대변 중 한쪽에 적고, 감소한 경우에는 그 반대편에 적음으로써 한 계정의 증감에 대해 전체적으로 파악할 수 있게 한다.

(1) T-계정의 기본적 형태

(차변)	계정과목	(대변)

(2) T-계정의 예시

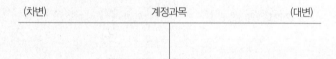

4 계정기입의 원칙

모든 거래는 거래의 이중성이라는 복식부기의 기본원리에 따라 증가와 감소, 발생과 소멸이라는 대립되는 두 가지의 측면을 가지고 있다. 따라서 자산, 부채, 자본계정과 수익, 비용계정의 증감변화를 각 계정의 차변과 대변에 기록한다.

(1) 재무상태표계정
① 자산계정: 증가를 차변에, 감소를 대변에 기입한다.
② 부채계정: 증가를 대변에, 감소를 차변에 기입한다.
③ 자본계정: 증가를 대변에, 감소를 차변에 기입한다.

[재무상태표계정의 기입법칙]

(2) 포괄손익계산서계정

① 비용계정: 발생을 차변에, 소멸을 대변에 기입한다.

② 수익계정: 발생을 대변에, 소멸을 차변에 기입한다.

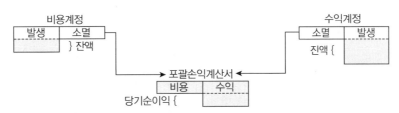

[포괄손익계산서계정의 기입법칙]

04 분개와 전기

1 분개(Journalizing)

(1) 분개: 기업에서 발생하는 거래는 시시각각 끊임없이 발생하기 때문에 거래가 발생한 경우 직접 각 계정의 차변 또는 대변에 기입하면 기록의 오류 또는 누락이 발생할 가능성이 있다. 따라서 거래를 각 계정에 기입하기 전에 다음의 사항 등을 미리 결정하는 절차이다.

① 어느 계정에 기입할 것인가

② 그 계정의 차변 또는 대변 어느 쪽에 기입할 것인가

③ 기입할 금액은 얼마인가

(2) 분개장(Journal Book): 분개를 기입하는 장부로 주요장부에 해당하며, 발생한 거래가 최초로 기록되는 장부이기 때문에 원시기입장이라고도 한다. 분개원칙은 계정기입의 원칙과 동일하다.

일자	회계처리	
x월 x일	(차) 현금 XXX	(대) 자본금 XXX

2 전기(Posting)

(1) 전기: 분개장에 분개한 기록을 각 해당 계정에 옮겨 적는 과정이다.

(2) **총계정원장(G/L; General Ledger:)**: 전기한 계정이 설정되어 있는 장부로 원장(Ledger)이라고도 한다. 총계정원장에 전기하는 방법은 다음과 같다.

① 분개장에 기록된 분개의 해당계정을 찾는다.

② 분개된 차변계정의 금액을 총계정원장의 해당계정의 차변에 기입한다.

③ 분개된 대변계정의 금액을 총계정원장의 해당계정의 대변에 기입한다.

④ 총계정원장의 적요란에는 상대계정과목을 기입한다.

3 대차평균의 원리(Principle of Equilibrium)

거래의 이중성에 의해 계정 전체를 놓고 볼 때 차변금액 합계와 대변금액 합계가 반드시 일치하게 되는 원리이다. 기록, 계산의 정확성 여부를 자동으로 검증 가능하나 고의로 인한 부정과 오류는 적발할 수 없다.

05 결산(Closing)

1 결산의 의의와 절차

(1) **결산의 의의**: 회계기간 말에 각종 장부를 정리, 마감하여 회계기간 말의 재무상태를 명확히 파악하는 활동이다.

(2) **결산의 절차**: 수정 전 시산표 작성 → 기말수정분개 → 수정 후 시산표 작성 → 장부 마감 → 포괄손익계산서와 재무상태표 작성

2 시산표(T/B; Trial Galance)

(1) **시산표의 의의**: 분개장에 기입된 모든 거래의 분개가 총계정원장에 정확하게 전기되었는가를 조사하기 위하여 작성하는 표이다. 대차평균의 원리에 의해 차변합계액과 대변합계액은 반드시 일치해야 한다.

(2) **시산표의 종류**: 합계시산표, 잔액시산표, 합계잔액시산표

(3) **잔액시산표 등식**: 자산+비용=부채+자본+수익

잔액시산표

차변	원면	계정과목	대변
160,000	1	현　금	
100,000	2	상　품	
	3	외상매입금	40,000
	4	자 본 금	200,000
	5	상품매출이익	60,000
40,000	6	급　여	
300,000			300,000

3 기말수정분개와 수정 후 시산표

(1) **기말수정분개**: 각 계정의 기말계정이 기업의 정확한 재무상태와 경영성과를 반영하기 위해서 자산, 부채, 자본 및 수익, 비용을 수정해주는 과정이다.

(2) **수정 후 시산표**: 기말수정사항을 분개장에 분개하고, 이를 총계정원장에 전기한 뒤에 수정 후 시산표를 작성한다.

4 장부 마감

기말수정분개를 하고 난 후 총계정원장의 각 계정들을 마감하여 다음 회계기간의 경영활동을 기록하기 위한 준비를 하는 단계이다.

(1) 포괄손익계산서계정의 마감

① 수익계정과 비용계정의 마감을 위해 총계정원장에 집합손익계정을 새로 설정한다.

② 수익계정잔액은 대변에 나타나므로 이를 "0"으로 만들어 주려면 차변에 수익계정잔액을 기록하고 대변에 집합손익계정을 기록한다(수익계정잔액을 집합손익계정의 대변에 대체).

(차) 수익	×× ×	(대) 집합손익	×× ×

③ 비용계정잔액은 차변에 나타나므로 비용계정잔액을 대변에 대체한다.

(차) 집합손익	×× ×	(대) 비용	×× ×

④ 집합손익계정의 차변에는 당기에 발생한 모든 비용, 대변에는 모든 수익을 기록하게 되므로 집합손익계정의 잔액을 계산하면 당기순손익이 산출된다(차변<대변이면 당기순이익, 차변>대변이면 당기순손실).

　㉠ 당기순이익 발생 시

(차) 집합손익	×××	(대) 자본	×××

　㉡ 당기순손실 발생 시

(차) 자본	×××	(대) 집합손익	×××

⑤ 집합손익계정 역시 결산분개를 마친 후 잔액이 0이 된다.

(2) 재무상태표계정의 마감

① **자산계정의 마감**: 자산계정은 차변에 잔액이 남게 되므로 대변에 차변잔액만큼 기입해 차변과 대변을 일치시켜 마감시킨 후 그 잔액만큼을 다시 차변에 기입해 다음 회계기간으로 이월시킨다.

자산계정

증가	×××	감소	×××
	×××	차기이월	×××
전기이월	×××		×××

② **부채 및 자본계정의 마감**: 부채 및 자본계정은 대변에 잔액이 남게 되므로 차변에 대변잔액만큼 기입해 차변과 대변을 일치시켜 마감시킨 후 그 잔액만큼을 다시 대변에 기입하여 다음 회계기간으로 이월시킨다.

부채계정				자본계정			
감소	×××	증가	×××	감소	×××	증가	×××
차기이월	×××		×××	차기이월	×××		×××
	×××	전기이월	×××		×××	전기이월	×××

5 포괄손익계산서와 재무상태표 작성

잔액시산표상의 포괄손익계산서 계정잔액과 재무상태표 계정잔액들을 기초로 일정 기간 동안의 경영성과를 나타내는 포괄손익계산서와 일정시점의 재무상태를 나타내는 재무상태표를 작성하는 단계이다.

[재무정보의 질적 특성]

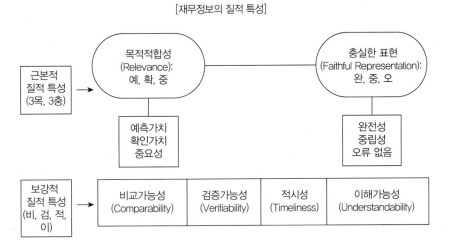

※원가제약(cost constraint) 조건 하에서

1 근본적 질적 특성

정보가 유용하기 위해서는 목적적합하고 충실하게 표현되어야 한다.

(1) 목적적합성: 의사결정에 목적적합한 정보란 이용자가 과거, 현재 또는 미래의 사건을 평가하거나 과거의 평가를 확인 또는 수정하도록 도와줄 수 있는 특성을 갖고 있는 정보를 말한다. 목적적합한 재무정보는 정보이용자의 의사결정에 차이가 나도록 할 수 있다.

① **예측가치**: 미래에 대한 예측을 돕는 정보의 질적 특성으로, 정보이용자들이 미래 결과를 예측하기 위해 사용하는 절차의 투입요소로 재무정보가 사용될 수 있다면 그 재무정보는 예측가치를 갖는다. 재무정보가 예측가치를 갖기 위해서는 그 자체가 예측치 또는 예상치일 필요는 없다.

② **확인가치**: 과거의 기대치를 확인 또는 수정함으로써 정보이용자의 의사결정에 영향을 미칠 수 있는 질적 특성으로, 과거 평가에 대해 피드백을 제공한다면(과거 평가를 확인하거나 변경시킨다면) 확인가치를 갖는다. 재무정보에 예측가치나 확인가치 또는 이 둘 모두가 있다면 그 재무정보는 의사결정에 차이가 나도록 할 수 있다. 재무정보의 예측가치와 확인가치는 상호 연관되어 있어서 예측가치를 갖는 정보는 확인가치도 갖는 경우가 많다.

③ **중요성**: 정보가 누락되거나 잘못 기재된 경우 특정 보고기업의 재무정보에 근거하여 정보이용자의 의사결정에 영향을 줄 수 있다면 그 정보는 중요한 것이다. 중요성은 개별 기업 재무보고서 관점에서 해당 정보와 관련된 항목의 성격이나 규모 또는 이 둘 모두에 근거하여 해당기업에 특유한 측면의 목적적합성을 의미한다.

(2) **충실한 표현**: 재무정보가 유용하기 위해서는 목적적합한 현상을 표현하는 것뿐만 아니라 나타내고자 하는 현상을 충실하게 표현해야 한다. 완벽하게 충실한 표현을 하기 위해서는 서술은 완전하고, 중립적 이며, 오류가 없어야 할 것이다. 그러나 충실한 표현 그 자체가 반드시 유용한 정보를 만들어내는 것은 아니다.

① **완전한 서술**: 필요한 기술과 설명을 포함하여 정보이용자가 서술되는 현상을 이해하는 데 필요한 모든 정보를 포함하는 것이다.

② **중립적 서술**: 재무정보의 선택이나 표시에 편의가 없는 것이다. 중립적 정보는 목적이 없거나 행동에 대한 영향력이 없는 정보를 의미하지 않는다.

③ **오류없는 표현**: 충실한 표현은 모든 면에서 정확한 것을 의미하지는 않는다. 오류가 없다는 것은 현상의 기술에 오류나 누락이 없고, 정보를 생산하는 데 사용되는 절차의 선택과 적용 시 절차상 오류가 없음을 의미한다.

2 보강적 질적 특성

(1) **비교가능성**: 정보이용자가 항목 간의 유사점과 차이점을 식별하고 이해할 수 있게 하는 질적 특성이다.

① 비교가능성은 통일성이 아니다. 정보가 비교가능하기 위해서는 비슷한 것은 비슷하게 보여야 하고 다른 것은 다르게 보여야 한다.

② 일관성은 한 보고기업 내에서 기간 간 또는 같은 기간 동안에 기업 간, 동일한 항목에 대해 동일한 방법을 적용하는 것을 말한다. 일관성은 비교가능성과 관련은 되어 있지만 동일하지는 않다.

(2) **검증가능성**: 합리적인 판단력이 있고 독립적인 서로 다른 관찰자가 어떤 서술이 충실한 표현이라는 것에 대해 비록 반드시 완전히 일치하지는 못하더라도 의견이 일치할 수 있다는 것을 의미한다. 계량화된 정보가 검증가능하기 위해서 단일 추정치이어야 할 필요는 없다. 가능한 금액의 범위 및 관련된 확률도 검증될 수 있다.

(3) **적시성**: 의사결정에 영향을 미칠 수 있도록 의사결정자가 정보를 제때에 이용가능하게 하는 것을 의미한다. 일반적으로 정보는 오래될수록 유용성이 낮아지지만 일부 정보는 보고기간 후에도 오랫동안 적시성이 있을 수 있다.

(4) **이해가능성**: 정보를 명확하고 간결하게 분류하고, 특징지으며, 표시하면 이해가능하게 된다.

(5) 보강적 질적 특성의 적용

① 보강적 질적 특성은 가능한 한 극대화되어야 한다. 그러나 보강적 질적 특성은 정보가 목적적합하지 않거나 충실하게 표현되지 않으면, 개별적으로든 집단적으로든 그 정보를 유용하게 할 수 없다.

② 보강적 질적 특성을 적용하는 것은 어떤 규정된 순서를 따르지 않는 반복적인 과정이다. 때로는 하나의 보강적 질적 특성이 다른 질적 특성의 극대화를 위해 감소되어야 할 수도 있다.

개념더하기 〉 계정과목분류론

구분				설명	종류
자산	1년 기준 원칙 (One Year Rule)	유동 자산	당좌 자산	판매활동 없이도 즉시 현금화 가능한 자산	현금 및 현금 등가물, 단기금융상품, 매출 채권(외상매출금, 받을 어음), 단기대여금, 미수금, 미수수익, 선급금, 선급비용 등
			재고 자산	판매활동을 해야만 현금이 가능한 자산	상품, 제품, 원재료, 반제품, 재공품, 소모품
		비유동 자산	투자 자산	다른 기업을 지배하거나 통제할 목적으로 투자	장기금융상품, 투자유가증권, 투자부동산
			유형 자산	장기간 영업활동에 사용하기 위해 투자	토지, 건물, 구축물, 기계장치, 선박, 차량 운반구
			무형 자산	외형형태는 없지만 법률적 권리, 경제적 가치가 있는 자산	영업권, 광업권, 어업권, 차지권, 지상권, 창업비, 개발비
		기타비유동		장기대여금, 장기성 매출채권, 이연법인세자산, 보증금	
부채	1년 기준 원칙	유동부채		매입채무, 단기차입금, 미지급금, 선수금 예수금, 미지급비용, 미지급법인세, 미지급배당금, 선수수익	
		비유동부채		사채, 장기차입금, 장기성 매입채무, 장기부채성충당금, 이연법인세대 등	
자본	자본 거래 손익 거래	자본금		본래의 사업주(주주)가 투자한 돈 ▲보통주 자본금 ▲우선주 자본금	
		자본잉여금		기업 자본 거래를 통한 자본 증가분 ▲주식발행 초과금 ▲감자차익 ▲기타자본잉여금	
		이익잉여금		기업 손익 거래를 통한 자본 증가분 ▲이익준비금 ▲기타법적적립금 ▲임의적립금 ▲미처분 이익잉여금	
자본조정	주식할인발행차금, 자기주식, 감자차손, 자기주식처분손, 미교부주식배당금				
기타포괄 손익누계액	매도가능증권포괄손익, 현금흐름위험회피, 파생상품평가손익, 해외사업환산차(대)				

I/S 계정	수익	매출액 (영업수익)	순매출액	총매출액−매출에누리와 환입−매출할인
		영업외수익	이자류계통, 비경상적, 비반복적, 영업외이익	이자수익, 배당금수익, 임대료, 유가증권처분이익, 유가증권평가이익, 투자자산처분이익, 사채상환이익, 자산수증이익, 채무면제수익, 보험차익
		S.B.U		−
	비용	매출원가	기초재고(A) +순매입액(B) −기말재고(C)	기초상품재고액+당기매입상품매입액− 기말상품재고액 (당기상품매입액=총매입액−매입에누리 −매입할인−매입환출)
		판매비와 일반관리비	판매비 → 변동비 일반관리비 → 고정비	급여, 퇴직급여, 복리후생비, 임차료, 감가상각비, 접대비, 세금과공과, 광고선전비, 대손상각비 등
		영업외비용	이자류계통, 비경상적, 비반복적, 발생한 영업외 손실	이자비용, 유가증권처분손실, 유가증권평가손, 재고자산평가손, 투자자산처분손, 재해손실
		법인세비용	기업(법인)이 내는 세금	
		S.B.U		−

02 회계의 기초이론

CHAPTER

01 회계의 기초개념

1 회계의 정의

회계는 회계정보이용자가 합리적인 판단이나 의사결정을 할 수 있도록 기업실체에 관한 유용한 정보를 식별, 측정, 전달하는 과정이다.

(1) 경영자, 주주, 채권자 등 기업의 이해관계자들은 그들이 직면한 문제에 공사 합리적인 의사결정을 하기 위해 기업실체에 관한 경제적 정보를 요구하게 되는데, 회계는 이러한 정보이용자들의 의사결정에 유용한 정보를 제공하는 기능을 수행한다.

(2) 회계는 하나의 정보시스템(Information System)이다. 즉, 회계는 단순히 경제적 사건을 기록하여 회계정보를 산출하는 것뿐만 아니라 산출된 회계정보가 정보이용자에게 유용한 정보가 되도록 산출된 정보를 분석하고 전달하는 기능까지 포함하는 정보전달 과정이다.

(3) 오늘날 대부분의 회사는 주식회사(Corporation)의 형태이므로 현대회계는 주식회사 형태를 주요대상으로 하고 있다.

2 기업의 이해관계자(회계정보이용자)

(1) **경영자**: 합리적인 기업경영을 수행하기 위해서 회사의 재산상태와 경영성과를 파악하고 예산과 실적의 차이를 분석하여 과거활동에 공사 성과 평가에 회계정보 이용, 신제품 개발, 설비투자 등의 의사결정 과정에서 재무정보를 이용한다.

(2) **주주**: 현재 소유하고 있는 주식을 처분할지 보유할지 의사결정 시 기업의 재무정보를 이용하며, 미래에 투자할 때도 의사결정 과정에서 재무정보를 이용한다.

(3) **채권자**: 자금대여 의사결정 시 자금을 대여해줄 것인지의 여부, 이자율의 정도, 채권기간의 연장여부, 대여의 조건 등을 재무정보를 토대로 결정한다.

(4) **정부기관**: 세금부과와 규제 시 재무정보를 이용한다.

(5) **종업원과 노조**: 기업의 안정성과 임금지급능력을 평가하는 데 재무정보를 이용한다.

3 회계의 사회적 역할

(1) 사회적 자원(Social Resource)의 효율적 배분: 투자의사결정과 신용의사결정 시 생산성이 높은 기업에 투자하도록 유도함으로써 사회적 자원을 효율적으로 배분한다.

(2) 수탁책임(Stewardship Responsibilities)에 공사 보고: 경영자가 주주나 채권자로부터 수탁 받은 자본을 효과적이고 효율적으로 관리 · 경영하고 있는지를 보고하기 위한 수단으로 이용된다.

(3) 사회적 통제의 합리화: 노사 간의 임금협상, 국가정책 수립 시, 세금이나 공공요금의 책정 시 회계정보를 이용한다.

02　회계의 분류

1 재무회계(Financial Accounting)

외부정보이용자에게 재무정보를 제공하는 회계를 의미한다. 일반적으로 인정된 회계원칙(GAAP; Generally Accepted Accounting Principles)의 형식에 따라 일반목적의 재무보고서를 작성한다(현 IFRS 적용).

2 관리회계(Managerial Accounting)

내부정보이용자에게 재무정보를 제공하는 회계를 의미한다. 의사결정의 특성에 따라 다양한 방법으로 정보를 제공하므로 반드시 지켜야 할 일반적인 규범이 존재하지 않는다.

3 세무회계(Tax Accounting)

기업이 세법에서 정하는 바에 따라 이익에 공사 납부세액을 산출하는 회계를 의미한다. 재무회계와 세무회계의 차이를 조정하기 위한 세무조정 과정을 거쳐 작성한다.

4 원가회계(Cost Accounting)

기업의 이익계산 시 고려해야 하는 제품원가를 계산하는 회계를 의미한다. 내부 · 외부이용자 모두에게 필요한 정보를 다루므로 재무회계와 관리회계 모두 원가회계를 포함한다.

내용	재무회계	관리회계
사용목적	기업 외부정보이용자의 의사결정에 유용한 정보 제공	기업 내부정보이용자의 의사결정에 유용한 정보 제공
주이용자	외부이용자(주주, 채권자와 미래의 투자자 및 정부)	내부이용자(경영자)
작성기준	기업회계기준과 같이 일반적으로 인정된 회계원칙	일정한 형식이 없으며, 의사결정에 목적적합한 방법
정보의 특성	과거관련 정보	미래지향 정보

자료: 이창우, 조형득 회계원리

03 회계원칙과 외부감사제도

1 일반적으로 인정된 회계원칙(GAAP) → 국제회계기준(IFRS)

(1) **의미**: 기업실체에 영향을 미치는 경제적 사건을 재무제표 등에 보고하는 방법을 기술하는 것으로 회계처리를 할 때 따라야 할 지침이다.

(2) **특징**
① 다수 권위의 지지와 일반적 수용성을 갖는다.
② 보편타당해야 하며, 이해관계자들의 상반된 이해를 조정한다.
③ 영구불변이 아니라 경제적 환경에 따라 변화하는 사회적 제도이다.

(3) **우리나라의 일반적으로 인정된 회계원칙**
① 제정권한: 금융감독위원회
② 제정단체: 사단법인 한국회계기준원
③ 절차: 금융감독위원회는 한국회계기준원이 제정한 회계기준을 인정하고 한국회계기준원이 제정한 회계기준이 적절치 않다고 판단될 경우 수정을 요구할 수 있으며, 이 경우 한국회계기준원은 정당한 사유가 없는 한 수정해야 한다.

2 외부감사제도(External Auditing)

(1) **목적**: 기업의 경영자가 제시한 기업의 재무상태와 경영성과, 기타 재무정보가 일반적으로 인정된 회계원칙에 따라 작성되었는지를 독립적인 전문가가 의견을 표명함으로써 재무제표의 신뢰성을 높이고 재무제표의 이용자가 회사에 관하여 올바른 판단을 할 수 있도록 한 제도이다.

(2) **적용**
① 주식회사 등의 외부감사에 관한 법률의 규정에 의해 자산총액 120억, 부채 70억 이상 주식회사는 공인회계사(CPA; Certified Public Accountants)로부터 회계감사를 받도록 의무화하였다.

② 추가조건
　　㉠ 상장회사
　　㉡ IPO(기업공개) 추진
　　㉢ 종업원 100명 이상 기업에 적용

04 재무회계 개념체계(Conceptual Framework For Financial Accounting)

1 재무회계 개념체계의 의의

(1) 재무회계 개념체계는 기업회계기준의 원천이 되는 것으로 모든 회계현상을 논리적으로 설명하고, 미래의 회계현상을 예측하도록 하는 기본적인 틀(Framework)을 제공하는 기능을 한다.

(2) 재무회계 개념체계의 구조

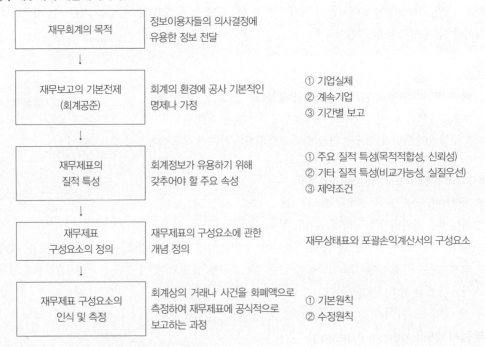

2 재무보고의 기본전제(회계공준)

회계이론을 논리적으로 전개하기 위한 기본적인 가정 또는 근본적인 명제로 회계가 이루어지는 환경으로부터 귀납적으로 도출된 것이다.

(1) 기업실체(Economic Entity)의 전제(공준)
　　① 기업은 그 자체가 인격을 가진 실체로 존재하며 그 소유주나 다른 기업과도 별개의 관계에 있다는 가정이다.

② 법적인 실체보다 경제적 실체를 중시한다.

　　예 연결재무제표의 작성

③ 재무제표에 포함될 내용이 무엇인지 명확히 해주는 정보의 범위 지정이다.

(2) 계속기업(Going Concern)의 전제(공준)

① 기업은 충분히 긴 기간 동안 계속하여 존속한다는 가정이다.

② 역사적 원가의 평가근거, 유동성 순위로 자산과 부채 구분의 근거이다.

③ 유형자산의 감가상각의 근거이다.

(3) 기간별 보고(Periodicity)의 전제(공준)

① 기업실체의 지속적인 경제적 활동을 일정 기간 단위로 인위적으로 분할해 각 기간마다 수탁책임을 보고할 것을 가정한다.

② 주로 1년을 회계단위로 채택한다(상장법인과 등록법인은 분기별 보고의무).

③ 발생주의 회계를 채택하는 근거이다(vs 현금주의 회계).

　　※ 화폐단위측정(Monetary Measurement)의 전제는 기본전제에서 제외되었다.

3 재무제표의 질적 특성

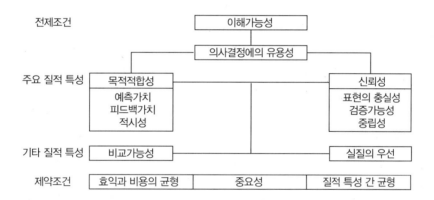

(1) 이해가능성(Understandability): 정보이용자들이 쉽게 이용할 수 있는 방법으로 회계정보를 제공해야 한다.

(2) 목적적합성(Relevance): 회계정보는 정보이용자가 의도하고 있는 의사결정목적과 관련이 있어야 하며, 정보를 이용할 경우와 그렇지 않을 경우에 의사결정 차이를 발생시킨다.

목적적합성의 하위개념	의미
예측가치	정보이용자의 미래예측능력을 증대시키는 자질
피드백가치	정보이용자가 과거의 기대치를 확인, 수정할 수 있게 하는 자질
적시성	정보로서 영향력을 상실하기 전에 회계정보가 제공되어야 한다는 원칙

(3) 신뢰성(Reliability): 회계정보가 오류나 편의에서 벗어나 표현하고자 하는 바를 충실히 표현하고 있음을 보증하는 정보의 자질이다.

신뢰성의 하위개념	의미
표현의 충실성	표현하고자 하는 경제적 현상의 속성과 그 측정치가 일치하는 정도
검증가능성	독립된 측정자들이 동일한 경제적 사건을 측정하더라도 동일한 결과를 얻을 수 있어야 한다는 원칙
중립성	회계정보가 의도적으로 특정 결과나 행동을 유발해서는 안된다는 원칙

(4) 기타의 질적 특성

비교가능성	두 개의 서로 다른 경제현상에 대해 정보이용자가 유사점과 차이점을 식별할 수 있어야 한다는 원칙 • 기간별 비교가능성: 일관성, 계속성 • 기업별 비교가능성: 통일성
실질의 우선	재무제표 작성 시 거래나 사건을 형식보다는 경제적 실질에 따라 회계처리해야 한다는 원칙

(5) 제약조건: 지금까지 언급한 질적 특성은 회계정보의 유용성을 증대시키기 위해 제한될 수 있으며, 이러한 제약조건에는 효익과 비용 간의 균형, 중요성, 질적 특성 간의 균형이 있다. 단, 중요성은 인식 및 측정의 수정원칙으로 취급하는 것이 일반적이다.

① **효익과 비용 간의 균형:** 정보의 제공에 소요되는 비용(Cost)보다 이용자가 정보를 제공받음으로써 얻는 효익(Benefit)이 더 커야 한다는 원칙이다(Cost<Benefit).

② **질적 특성 간의 균형:** 질적 특성 간에 상충관계가 일어나는 경우에는 의사결정에 보다 유용한 정보를 산출, 보고할 수 있는 정보를 우선적으로 고려해야 한다는 원칙이다.

예 목적적합성과 신뢰성의 상충관계

구분	목적적합성	신뢰성
자산의 평가	시가	역사적 원가
공시	분기나 반기	1년
장기건설 공사의 수익인식	진행기준	완성기준
개발비	자산처리	비용처리
중대한 영향력을 끼칠 수 있는 지분의 평가	지분법	취득 원가

4 재무제표 구성요소의 정의

재무제표의 구성요소는 기업의 자원(자산), 그 자원에 대한 공사 청구권(부채와 소유주 지분), 이들의 공사 변화를 초래하는 거래나 기타 경제적 사건의 영향(수익, 비용, 이득, 손실)으로 구성된다.

(1) 재무상태표의 구성요소

① 자산(Assets): 과거의 거래나 사건의 결과로서 현재 기업실체에 의해 지배되고 미래에 경제적 효익을 창출할 것으로 기대되는 자원이다.

② 부채(Liabilities): 과거의 거래나 사건의 결과로서 현재 기업실체가 부담하고 그 이행에 자원의 유출이 예상되는 의무이다.

③ 자본(Equity): 기업실체의 자산에서 부채를 차감한 잔여액 또는 순자산으로서 자산에 공사 잔여청구권이다.

(2) 포괄손익계산서의 구성요소

① 수익(Revenue): 주요 경영활동으로서의 재화의 생산, 판매, 용역의 제공 등에 따른 경제적 효익의 유입으로 이는 자산의 증가 또는 부채의 감소 및 그 결과에 따른 자본의 증가로 나타난다.

② 비용(Expenses): 주요 경영활동으로서의 재화의 생산, 판매, 용역의 제공 등에 따른 경제적 효익의 유출, 소비로 이는 자산의 감소 또는 부채의 증가 및 그 결과에 따른 자본의 감소로 나타난다.

③ 이득(Gains): 주요 경영활동 이외의 부수적인 거래나 사건의 결과로 발생하는 경제적 효익의 유입으로서 이는 자본의 증가로 나타난다.

④ 손실(Losses): 주요 경영활동 이외의 부수적인 거래나 사건의 결과로 발생하는 경제적 효익의 유출로서 이는 자본의 감소로 나타난다.

5 재무제표 구성요소의 인식 및 측정

(1) 인식 및 측정의 기본원칙(Basic Principles)

① 역사적 원가의 원칙(Historical Cost Principle)

㉠ 모든 자산·부채는 그것의 취득 또는 발생시점의 교환가치(취득원가)로 평가한다는 원칙이다.

㉡ 취득 후에 가치가 변동하더라도 취득 당시의 교환가치(Exchange Price)를 그대로 유지한다는 것을 의미한다.

② 수익인식의 원칙(Revenue Recognition Principle)

㉠ 수익(Revenue): 제품의 판매나 생산, 용역제공 등 경제실체의 중요한 영업활동으로부터 일정 기간 동안 발생하는 이익의 증가요인, 즉 순자산의 증가를 의미한다.

㉡ 실현요건(측정요건)과 가득요건(발생요건)이 충족되는 시점에서 수익을 인식한다.

• 실현요건: 실현되었거나 실현가능해야 하고, 수익금액이 합리적으로 측정 가능해야 한다.

• 가득요건: 수익창출활동을 위하여 결정적이며 대부분의 노력이 발생하여야 한다.

③ 수익·비용 대응의 원칙(Matching Principle)=비용인식의 원칙

  ㉠ 비용(Expenses): 경제실체의 중요한 영업활동으로부터 일정 기간 동안 발생하는 이익의 감소요인으로 순자산의 감소를 의미한다.

  ㉡ 일정 기간 동안 인식된 수익과 그 수익을 획득하기 위해 발생한 비용을 결정하여 이를 서로 대응시킴으로써 당기순이익을 결정한다는 원칙이다.

④ 완전공시의 원칙(Full Disclosure Principle)

  ㉠ 정보이용자의 의사결정에 영향을 미칠 수 있는 중요한 경제적 정보는 모두 공시되어야 한다는 원칙이다.

  ㉡ 재무제표상의 사항을 주기나 주석을 통해 보다 자세히 설명하고, 부속명세서나 보충설명을 통해 주기적으로 공시해야 한다는 의미이다.

  ㉢ 공시의 종류

적정공시 (Adequate Disclosure)	회계정보가 정보이용자를 오도하지 않도록 최소한도의 범위 내에서 공시하자는 개념-소극적 공시개념
공정공시 (Fair Disclosure)	모든 정보이용자를 균등히 대우하자는 윤리적 목적에 의한 공시개념
완전공시 (Full Disclosure)	관련된 모든 정보를 공시하자는 개념-적극적 공시개념

(2) 인식 및 측정의 수정원칙(Accounting Conventions)

① 중요성(Materiality): 회계정보가 정보이용자의 의사결정에 영향을 미치는가의 여부이다.

② 보수주의(Conservatism)

  ㉠ 어떤 거래에 대해 두 개의 측정치가 있을 때 재무적 기초를 견고히 하는 관점에서 이익을 낮게 보고하는 방법을 선택하는 것이다.

    예 유형자산의 조기상각, 재고자산 평가 시 원가와 시가 중 저가로 평가, 물가 상승 시 재고자산을 후입선출법(LIFO)으로 평가

  ㉡ 장점: 기업의 재무적 기초를 견고히 한다.

  ㉢ 단점: 논리의 일관성이 결여되고, 이익조작의 가능성이 발생한다. 또한 기간별 비교가능성이 저하된다.

③ 업종별 관행(Industry Practice): 특정 기업이나 산업에서 정상적인 회계원칙으로는 처리할 수 없는 사항에 대하여 특수하게 인정되어야 할 회계실무를 의미한다.

    예 금융, 증권, 보험업, 철도산업, 광업 등에서는 특수한 회계실무를 인정한다.

CHAPTER 03 재무제표

01 재무제표의 의의

1 재무제표(F/S; Financial Statements)

기업의 외부 정보이용자들에게 기업실체에 관한 정보를 제공하는 일정한 수단이다.

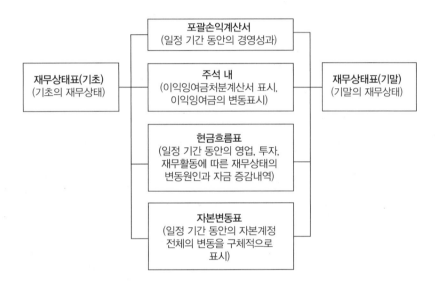

2 재무제표 구성요소의 인식의 기준 – 발생주의 원칙(Actual Basis)

거래나 사건의 경제적 효과를 현금의 수입·지출시점이 아닌 근원적으로 현금의 수입·지출이 일어나게 하는 거래나 사건이 발생한 시점에서 인식하는 것이다.

(1) **미래 경제적 효익의 발생가능성**: 당해 항목과 관련된 미래의 경제적 효익이 기업실체에 유입되거나 유출될 가능성이 매우 높아야 한다.

　　예 매출채권의 회수가 확실하고 채무불이행 가능성이 전무할 경우 매출채권 모두를 자산으로 인식하나, 일부분이 대손될 것으로 예측될 경우 일부를 경제적 효익의 감소로 보아 비용으로 인식한다.

(2) **측정의 신뢰성**: 당해 항목에 공사 측정기준이 존재하며 이를 이용해 거래의 금액이 신뢰성 있게 측정가능해야 한다.

예 소송으로부터 예상되는 수입액이 자산과 수익의 정의에 부합하고 발생가능성 기준을 충족시키더라도 그 금액을 신뢰성있게 측정할 수 없을 경우에는 자산 또는 수익으로 인식하지 못하며 주석이나 기타 설명자료로 공시하여야 한다.

02 재무상태표(B/S; Balance Sheet)

1 재무상태표의 의의

재무상태표는 특정시점에서 기업의 재무상태를 나타내는 정태적 재무제표로서 기업이 소유하고 있는 경제적 자원(자산), 그 경제적 자원에 공사 의무(부채) 및 소유주지분(자본)에 관한 정보를 제공한다.

> 자산=부채+자본

2 자산의 정의 및 평가

(1) 자산의 정의: 자산(Assets)이란 과거의 거래나 사건의 결과로서 현재 기업실체에 의해 지배되고 미래에 경제적 효익을 창출할 것으로 기대되는 자원이다.

(2) 자산의 평가

① 역사적 원가의 원칙: 자산을 취득할 때의 대가로 지불한 현금 또는 현금등가액으로 평가하며, 취득 후에 그 가치가 변동하더라도 취득 당시의 교환가격(Exchange Price)을 그대로 유지한다.

② 시가 평가: 예외적으로 당해 자산, 부채의 보유목적이나 특성을 고려하여 시가로 평가하는 것을 인정한다.

3 자산의 분류

유동자산	당좌자산	판매과정을 거치지 않고 현금화할 수 있는 자산
	재고자산	판매과정을 거침으로써 현금화할 수 있는 자산
비유동자산	투자자산	다른 회사를 지배할 목적이나 유휴자금의 장기적인 이윤을 얻을 목적으로 보유하고 있는 자산
	유형자산	영업활동에 사용할 목적으로 장기적으로 보유하고 있는 실물자산
	무형자산	영업활동에 사용할 목적으로 장기적으로 보유하고 있는 물리적 실체가 없는 자산
	기타비유동자산	비유동자산 중 투자, 유형, 무형자산에 해당하지 아니하는 기타의 비유동자산

(1) 유동자산

① 당좌자산: 재고자산을 제외한 유동자산으로 판매과정을 거치지 않고 1년 이내에 현금으로 전환될 수 있는 자산이다.

예 현금 및 현금성자산, 단기금융상품, 유가증권, 매출채권, 단기대여금, 미수수익, 선급비용 등

② 재고자산: 영업상 판매를 목적으로 구입하거나 자체적으로 생산한 재화를 의미하며 판매과정을 통하여 현금으로 전환되는 자산이다.
　　예 상품, 제품, 원재료, 재공품, 저장품 등

(2) 비유동자산

① 투자자산: 타회사를 지배하거나 통제할 목적, 또는 장기적인 투자이윤을 얻을 목적으로 보유하는 자산이다.
　　예 장기금융상품, 투자유가증권, 장기대여금, 보증금 등
② 유형자산: 영업활동에 사용할 목적으로 장기적으로 보유하고 있는 실물자산으로 감가상각의 대상이다.
　　예 토지, 건물, 구축물, 비품, 기계장치, 선박, 차량운반구, 건설 중인 자산 등
③ 무형자산: 기업이 장기적인 영업 또는 생산활동에 이용할 목적으로 보유하고 있는 물리적 형태가 없는 자산이다.
　　예 영업권, 산업재산권, 광업권, 어업권, 개발비 등
④ 기타비유동자산: 비유동자산 중 투자자산, 유형자산, 무형자산으로 분류할 수 없는 항목들을 포함한다.
　　예 임차보증금, 이연법인세자산(유동자산으로 분류되는 부분 제외), 장기매출채권 및 장기미수금 등

(3) 대손충당금과 감가상각누계액

① 대손충당금
　㉠ 매출채권, 대여금 등의 채권이 채무자의 파산, 행방불명, 재해 등으로 회수 불가능해질 때 이를 대손(Bad Debt)이라고 하며, 기말 현재 채권잔액 중 회수불능채권이 존재한다면 '채권의 실제가치＝명목상의 가액－회수불능채권'이 된다.
　　예 기말 현재 매출채권의 명목상 가액이 ₩1,000,000이고, 예상되는 대손액이 채권잔액의 1%로 추정될 경우에 기말 결산시점에서의 회계처리이다.

(차) 대손상각비	10,000	(대) 대손충당금	10,000

　㉡ 차감적 평가계정: 대손예상액만큼 채권계정을 직접 감액하지 않고 차감계정을 사용해 간접 감액함으로써 명목상의 가액과 실제 가치를 알 수 있게 한다.

② 감가상각누계액

　　㉠ 토지를 제외한 유형재산들은 시간의 경과에 따라 일정 후에는 그 가치가 소멸해 기업에 더 이상의 경제적 효익을 제공하지 못하므로 유형기간의 사용기간 동안 취득원가를 일정한 방법에 의해 감소시키고 그 가치소멸액은 당 회계기간의 비용으로 처리해야 한다(감가상각: Depreciation).

(차) 감가상각비　　　　　　　　　　　　　×××	(대) 감가상각누계액　　　　　　　　　　　×××

　　㉡ 차감계정을 사용해 취득원가와 감가상각누계액을 파악하도록 한다.

　　㉢ 무형자산은 유형자산과 달리 해당 자산계정에서 직접 감액한다.

4 자산의 측정기준

자산의 평가(Asset Valuation)란 기업이 소유하고 있는 자산에 화폐가치를 부여하는 과정을 의미한다.

[자산평가방법]

시장＼시간	과거가격	현재가격	미래가격
투입시장	역사적 원가	현행투입가격	
산출시장		현행산출가격	미래현금흐름의 현가

(1) 역사적 원가(Historical Cost)

① 의미: 자산을 취득할 때 지불한 현금액 또는 현금등가액을 의미한다(＝취득원가). 현금등가액이란, 자산을 외상으로 구입하거나 주식을 발행하고 취득한 경우 등 현금을 지급하지 않고 취득한 경우에 현금을 지급하고 취득하였다면 지급할 대가를 의미한다.

② 장점

　　㉠ 측정이 용이하다.

　　㉡ 객관적이다.

　　㉢ 검증가능성이 크다.

③ 단점

　　㉠ 자산가치의 변화를 고려하지 않으므로 공정가치를 반영하지 못한다.

　　㉡ 현재의 수익에 과거의 원가가 대응되므로 수익 · 비용 대응이 비합리적이다.

　　㉢ 물가변동으로 인한 손익을 반영하지 못한다.

(2) 현행투입가격(Current Input Price)

① 의미: 현재의 시점에서 자산을 다시 구입할 경우 지급하여야 할 현금이나 현금등가액을 의미한다(＝현행원가).

② 장점

　　㉠ 현재수익과 현행원가를 대응시켜 합리적인 수익 · 비용 대응이 가능하다.

　　㉡ 실물자본유지에 필요한 정보를 제공한다(현행원가에 의한 영업이익은 기존의 생산능력을 유지하면서 주주에게 배당할 수 있는 최대금액을 의미한다).

　　㉢ 영업활동으로 인한 이익과 보유손익을 구분한다.

③ 단점

　ㄱ 보유자산의 시장이 존재하지 않을 경우가 있다.

　ㄴ 보유손익의 비현실성이 존재한다.

　ㄷ 개별자산의 현행원가가치의 합과 기업전체가치가 다를 수 있다(무형자산 제외).

(3) 현행산출가격

① 의미: 자산을 현재 시점에서 판매한다고 가정할 경우 수취할 수 있는 금액을 의미한다.

현행산출가격	의미
순실현가능가치	정상적인 판매과정에서 수취할 수 있는 판매가격 - 판매비용으로 평가
현행현금등가액	정상적인 청산과정에서 수취할 수 있는 판매가격으로 평가
청산가치	강제적인 청산과정에서 수취할 수 있는 판매가격으로 평가

② 장점

　ㄱ 자산의 가치변동에 의한 기업의 이익을 명확히 표현한다.

　ㄴ 정보이용자에게 기업자산의 현행시장가격에 관한 정보를 제공한다.

③ 단점

　ㄱ 보유자산의 시장이 존재하지 않을 경우가 있다.

　ㄴ 기업의 특수한 목적을 위해 고안된 유형자산의 사용가치와 교환가치의 괴리가 존재한다.

　ㄷ 개별자산의 현행산출가치의 합과 기업전체가치가 다를 수 있다(무형자산 제외).

(4) 미래현금흐름의 현가(Present Value of Future Cash Flows)

① 의미: 자산이 미래에 경제적 효익을 유발하는 능력을 현재가치로 평가하는 방법으로 미래순현금흐름액, 기간, 할인율 세 가지 요소에 의해 결정된다.

② 장점

　ㄱ 자산의 현재가치를 정확히 평가하며 이론적으로 타당하다.

　ㄴ 기초와 기말시점에 자산의 경제적 가치를 비교해 당기순이익을 산출하는 경제학적 이익개념에 부합한다.

③ 단점

　ㄱ 세 가지 요소를 결정하는 것이 주관적이다.

　ㄴ 각 자산을 개별 분리해서 각각의 경제적 효익을 측정하는 것은 무의미하다.

(5) 저가법: 원가와 시가를 비교해 낮은 금액을 자산의 가치로 평가하는 방법으로 보유손실은 인식하고, 보유이익은 인식하지 않으므로 보수주의 관점과 부합하다.

5 부채

(1) 부채의 정의: 부채(Liabilities)란 과거의 거래나 사건의 결과로서 현재 기업실체가 부담하고 그 이행에 자원의 유출이 예상되는 의무이다.

(2) 분류: 재무상태표일로부터 1년 이내에 도래하는 유동부채와 1년 이상인 비유동부채로 분류된다.

유동부채	매입채무	상품 등을 매입하거나 어음을 발행한 경우 발생하는 채무
	단기차입금	타인이나 은행으로부터 현금을 빌린 경우 발생하는 채무로 상환기일이 재무상태표일로부터 1년 이내인 것
	미지급비용	당기에 발생한 비용으로서 아직 지급하지 않은 비용
	선수수익	당기에 수익으로 이미 현금으로 받은 금액 중 다음 회계기간에 속하는 부분
비유동부채	장기차입금	타인이나 은행으로부터 현금을 빌린 경우 발생하는 채무로 상환기일이 재무상태표일로부터 1년 이상인 것
	퇴직급여충당금	장래의 종업원의 퇴직 시에 지급되는 퇴직금을 대비해 설정한 준비액
	사채	주식회사가 장기자금을 조달하기 위해 계약에 따라 일정이자를 지급하며, 일정시기에 원금상환을 계약하고 차입한 채무

6 자본

(1) 정의: 자본(Capital)이란 자산총액에서 부채총액을 차감한 잔액(= 순자산)이다.

(2) 의미

① 기업의 자산 중 주주 또는 출자자에 의해 제공된 부분이다.

② 기업 자산에 공사 청구권을 뜻한다.

③ 일정시점에서 회계주체의 소유자에게 귀속되어야 하는 소유주지분(Owner's Equity) 또는 주주지분(Stockholder's Equity)을 의미한다.

(3) 분류: 소유주가 납입한 납입자본(자본금, 자본잉여금)과 영업활동의 결과로 발생한 이익을 유보시킨 이익잉여금, 회계상의 자본구조 변경인 자본조정으로 구성된다. 또한 포괄손익에 해당하는 기타 포괄손익누계액이 있다.

① **자본금**: 발행주식의 액면가액 × 발행주식 수

② **자본잉여금**

　㉠ 주주 또는 출자자에 의하여 제공된 금액 중 자본금을 초과한 부분이다.

　㉡ 기업활동으로 인해 증가한 자본금 이외의 순자산이다.

　㉢ 계정: 주식발행초과금, 감자차익, 자기주식처분이익 등이다.

③ 이익잉여금

　㉠ 영업활동이나 재무활동 등 기업의 이익창출활동에 의하여 축적된 이익으로서 주주에게 배당금을 지급하고 남은 부분이다.

　㉡ 이익잉여금의 종류

		사외배당	배당금
당기순이익	사내유보	상법	이익준비금
		기타법령	기타법정적립금
		정관 등 임의	임의적립금
		적립하지 않음	처분 전 이익잉여금

7 재무상태표의 양식

(1) 기업회계기준에서는 보고식을 원칙으로 하되, 계정식도 사용가능하다.

(2) 자산, 부채, 자본으로 구분하고 유동성원칙에 의해 배열한다.

(3) 총액에 의한 기재를 원칙으로 하고 차감항목도 기재한다.

보고식 재무상태표

XX 회사 2021년 12월 31일

자산
Ⅰ. 유동자산
　(1) 당좌자산　　　XXX
　(2) 재고자산　　　XXX
Ⅱ. 비유동자산
　(1) 투자자산　　　XXX
　(2) 유형자산　　　XXX
　(3) 무형자산　　　XXX
　(4) 기타비유동자산　XXX
　자산총계　　　　XXX

부채
Ⅰ. 유동부채　　　XXX
Ⅱ. 비유동부채　　XXX
　부채총계　　　　XXX

자본
Ⅰ. 자본금　　　　XXX
Ⅱ. 자본잉여금　　XXX
Ⅲ. 이익잉여금　　XXX

계정식 재무상태표

XX 회사 2021년 12월 31일

자산		부채	
Ⅰ. 유동자산		Ⅰ. 유동부채	XXX
(1) 당좌자산	XXX	Ⅱ. 비유동부채	XXX
(2) 재고자산	XXX	부채총계	XXX
Ⅱ. 비유동자산			
(1) 투자자산	XXX	자본	
(2) 유형자산	XXX	Ⅰ. 자본금	XXX
(3) 무형자산	XXX	Ⅱ. 자본잉여금	XXX
(4) 기타비유동자산	XXX	Ⅲ. 이익잉여금	XXX
		Ⅳ. 자본조정	XXX
		Ⅴ. 기타포괄손익누계액	XXX
자산총계	XXX	자본총계	XXX
		부채와 자본총계	XXX

IV. 자본조정	XXX
V. 기타포괄손익누계액	XXX
자본총계	XXX
부채와 자본총계	XXX

03 포괄손익계산서(I/S; Income Statement, P/L; Profit and Loss statement)

1 포괄손익계산서의 의의

포괄손익계산서란 일정 기간 동안 기업의 경영성과를 보고하는 동태적 재무제표이다. 기업의 경영성과는 이익의 크기로서 측정되는데 이익을 측정하는 목적과 용도는 다음과 같다.

(1) 투하자본과 이익을 명확히 구분하여 투하자본의 감소를 방지한다.

(2) 경영자의 경영능률을 측정한다.

(3) 주주나 채권자가 기업의 미래현금흐름을 예측하게 한다.

(4) 경영자들이 경영의사결정에 사용하게 한다.

(5) 과세당국의 과세기초자료로 사용한다.

> 포괄손익계산서 등식: 이익＝수익－비용 또는
> 손실＝비용－수익

2 수익과 비용

(1) **수익(Revenues)**

① 정의: 주요 경영활동으로서의 재화의 생산·판매, 용역의 제공 등에 따른 경제적 효익의 유입으로서, 이는 자산의 증가 또는 부채의 감소 및 그 결과에 따른 자본의 증가로 나타난다.

② 수익인식기준＝실현주의

㉠ 실현요건(＝ 측정요건): 수익이 인식되기 위해서는 수익금액이 합리적으로 측정 가능해야 한다.

㉡ 가득요건(＝ 발생요건): 수익창출 노력을 위해 결정적이며 대부분의 노력이 발생하여야 한다.

(2) **비용(Expenses)**

① 정의: 주요 경영활동으로서의 재화의 생산·판매, 용역의 제공 등에 따른 경제적 효익의 유출로서, 이는 자산의 감소 또는 부채의 증가 및 그 결과에 따른 자본의 감소로 나타난다.

② 비용인식기준＝수익·비용 대응의 원칙

㉠ 원인과 결과의 직접대응: 수익획득과 인과관계가 성립할 때 수익인식시점에서 비용을 인식하는 것이다.

예 매출－매출원가, 매출－판매비

ⓛ 합리적이고 체계적인 방법에 의한 기간배분: 특정 수익과 인과관계를 명확히 알 수 없을 때 일정 기간 동안 발생한 원가를 해당기간에 합리적이고 체계적으로 배분하는 것이다.

　　例 감가상각비의 기간배분

ⓒ 당기에 즉시 인식: ㉠, ㉡에 의한 방법으로 비용을 인식할 수 없을 때, 즉 당기에 발생한 원가가 미래에 경제적 효익을 제공하지 못하거나 미래 효익의 가능성이 불확실한 경우에 발생, 즉시 비용으로 인식하는 것이다.

　　例 일반관리비나 광고선전비의 즉시 비용 인식

(3) 수익 · 비용과 이득 · 손실의 비교

① 이득과 손실

ㄱ 이득(Gains): 주요 경영활동 이외의 부수적인 거래나 사건의 결과로 발생하는 경제적 효익의 유입으로서, 이는 자본의 증가로 나타난다.

ㄴ 손실(Losses): 주요 경영활동 이외의 부수적인 거래나 사건의 결과로 발생하는 경제적 효익의 유출로서, 이는 자본의 감소로 나타난다.

② 비교

구분		수익 · 비용	이득 · 손실
차이점	발생요인	경영활동과 관계된 거래활동	부수적인 거래활동
	보고방식	총액법	순액법
공통점		자본의 증감에 영향을 끼침	

3 포괄손익계산서 구성요소

매출액	기업의 주된 활동인 상품 · 제품 및 용역의 제공에 따른 총매출액에서 매출에누리와 환입, 매출할인 등을 차감한 금액
매출원가	매출액에 대응되는 원가로서 판매된 상품의 매입원가 또는 제품의 제조원가
판매비와 관리비	상품 · 제품의 판매활동과 기업의 관리활동에서 발생하는 비용으로서 매출원가를 제외한 모든 영업비용 例 급여, 퇴직급여, 복리후생비, 감가상각비, 광고선전비, 임차료, 대손상각비 등
영업외수익	영업활동이 아닌 재무 및 투자활동에서 발생하는 수익 · 이득 例 이자수익, 배당금수익, 임대료, 유형자산처분이익 등
영업외비용	영업활동이 아닌 재무 및 투자활동에서 발생하는 비용 例 이자비용, 임차료, 유형자산처분손실 등
계속사업손익 법인세비용	계속사업부분에 공사 법인세 등에 의해 당해연도 기준으로 부담하여야 할 법인세
계속사업손익	계속사업손익의 모든 손익항목의 반영 후 나온 당기 실제 발생성과
중단사업손익	중단사업에 해당하는 손익을 별도로 모아놓은 항목(세금효과 반영)
당기순이익	계속사업손익과 중단사업손익까지 반영된 당기의 경영성과

4 포괄손익계산서의 양식

(1) **계정식**: 포괄손익계산서를 차변과 대변으로 나누어 차변에는 그 기간에 발생한 비용을, 대변에는 그 기간에 발생한 수익을 기입하여 당기순손익을 표시하는 양식이다.

(2) **보고식**: 포괄손익계산서를 상하 차감하는 형식으로 구분별 수익에 대응되는 비용을 차례로 차감하여 당기순손익을 표시하는 양식이다.

(3) 기업회계기준에서는 포괄손익계산서를 보고식으로 표시하도록 규정하고 있으며 총수익에서 총비용을 차감하여 당기순이익만 보고하지 않고 여러 유형의 이익으로 구분하여 표시하도록 규정하고 있다.

매출총이익	매출액－매출원가
영업이익	매출총이익－판매비와 관리비
법인세비용차감전계속사업손익	영업이익＋영업외수익－영업외비용
계속사업손익	법인세비용차감전계속사업손익－법인세비용(계속사업 해당 부분)
중단사업손익	중단사업부분에 해당하는 손익(세금효과반영)
당기순이익	계속사업손익＋중단사업손익

포괄손익계산서
(제조업, 판매업, 건설업)

XX회사 2021.1.1～2021.12.31

매출액	XXX
매출원가	(XXX)
매출총이익	XXX
판매비와 관리비	(XXX)
영업이익	XXX
영업외수익	XXX
영업외비용	(XXX)
법인세비용차감전계속사업손익	XXX
계속사업손익법인세비용	(XXX)
계속사업손익	XXX
중단사업손익	(XXX)
당기순이익	(XXX)

포괄손익계산서
(금융업, 보험업, 부동산임대업)

XX회사 2021.1.1～2021.12.31

영업수익	XXX
영업비용	(XXX)
영업이익	XXX
영업외수익	XXX
영업외비용	(XXX)
법인세비용차감전계속사업손익	XXX
계속사업손익	XXX
중단사업손익	(XXX)
당기순이익	(XXX)

5 당기업적주의와 포괄주의

포괄손익계산서에 포함되는 이익의 결정요소에 대하여 이상적 · 임시적 항목을 이익계산에 포함시켜서는 안 된다는 입장과 이들을 포함시켜야 한다는 입장이 상존하며 각각 당기업적주의와 포괄주의라고 지칭한다.

(1) 당기업적주의(Current Operating Performance Concept)
① 의미: 기업의 정상적인 경영활동에서 경상적 · 반복적으로 발생하는 손익항목만을 포괄손익계산서에 포함시키고, 당해 기간의 업적과 직접 관련 없는 이상적 · 임시적 항목은 이익잉여금의 증감항목으로 표시하여 포괄손익계산서에는 포함시켜서는 안 된다는 주장이다.
② 근거
　㉠ 정상적인 영업활동에서 경상적 · 반복적으로 발생하는 손익항목만을 가지고 당기순이익을 산정하여야 정보이용자들이 기업의 이익력(Earning Power)을 올바르게 파악할 수 있다.
　㉡ 이상적 · 임시적 항목들을 포괄손익계산서에 포함시키게 되면 기간별 · 기업 간의 비교가능성이 저해된다.
　㉢ 많은 정보이용자들이 경상적 항목과 비경상적 항목의 구분에 익숙하지 못하므로 정보이용자들을 잘못된 방향으로 이끌 수 있다.

(2) 포괄주의(All-Inclusive Concept)
① 의미: 당기업적주의와 달리 기간순이익의 결정에 경상항목 · 비경상항목을 막론하고 기간 중에 발생한 모든 수익과 비용을 포함시켜야 한다는 주장이다.
② 근거
　㉠ 기업이 존속하는 전 기간에 걸쳐 매기의 포괄손익계산서에 나타난 순이익의 합계액은 기업이 존속하는 전 기간을 한 회계기간으로 보았을 때 계산한 순이익의 금액과 일치하여야 한다.
　㉡ 현실적으로 경상항목과 비경상항목의 구분이 불명확해 이익조작가능성이 있다.
　㉢ 기업의 장기적 이익창출능력을 평가하기 위해서는 기업활동에 영향을 미치는 모든 요소가 고려되어야 한다.
　㉣ 기간 중에 모든 손익변동사항을 완전히 공시하는 것이 정보이용자의 개별적인 정보욕구에 비추어볼 때 더 적절하다.

순자산 증감원인		당기업적주의	포괄주의
자본거래		미반영	미반영
손익거래	경상항목	반영	반영
	비경상항목	미반영	반영

(3) 우리나라 기업회계기준에서는 비경상적 · 비반복적 항목을 포괄손익계산서의 특별항목으로 표시하도록 하고 있어 포괄주의를 채택하고 있다.
① 비경상성: 영업환경에 비추어 볼 때 당해 손익을 발생시키는 거래나 사건이 기업의 경상적인 활동과 명백하게 관련이 없다고 인정되는 것을 말한다.
② 비반복성: 영업환경에 비추어 볼 때 당해 사건이나 거래가 예측가능한 장래에 다시 발생될 가능성이 거의 없는 것을 말한다.

주석(이익잉여금처분계산서, Statement of Appropriation of Retained Earnings)

1 이익잉여금처분계산서의 의의

일정 기간 동안 기업의 이익잉여금의 총 변동사항을 명확히 보고하기 위하여 작성하는 재무제표를 의미한다. 영업활동으로 벌어들인 이익을 주주에게 배당금으로 분배하거나 미래의 예기치 못한 손실에 공사 대비, 시설규모 확장을 위해 유보시키기도 하는데, 이는 주주의 유보이익에 공사 사항이므로 중요하며 주주총회의 결의를 거친 이후에 처분하게 된다. 만약, 결손이 누적된 회사는 결손금처리계산서(Statement of Disposition of Deficit)를 작성하게 된다.

2 이익잉여금공식

기초이익잉여금＋당기순이익－배당금 등 처분액＝기말이익잉여금
(처분 전 이익잉여금)　　　　　　　　　　　(처분 후 이익잉여금)

3 이익잉여금처분계산서 양식

이익잉여금처분계산서
2021.1.1.~2021.12.31.

XX회사　　　　　　　　　　　　　　　　　　　　　처분확정일 2022.2.25.

Ⅰ. 처분 전 이익잉여금		
1. 전기이월이익잉여금 　　(전기이월결손금)	1,000,000	
2. 당기순이익	800,000	1,800,000
Ⅱ. 임의적립금이입액		200,000
합계		2,000,000
Ⅲ. 이익잉여금처분액		
1. 이익준비금	100,000	
2. 현금배당	1,000,000	
3. 임의적립금	400,000	1,500,000
Ⅳ. 차기이월이익잉여금		500,000

05 현금흐름표(Cash Flow Statement)

1 현금흐름표의 의의

일정 기간 동안 기업의 영업활동 및 투자와 재무활동으로 인한 현금의 변동내용을 나타내는 동태적 보고서이다. 포괄손익계산서의 기능을 보완(현금주의에 입각)하며, 기업의 자산, 부채 및 자본의 변동을 가져오는 자금흐름에 관한 정보를 제공해 줌으로써 재무상태표의 기능도 보완한다.

2 현금흐름표의 기능

현금흐름표를 작성하는 목적은 일정 기간 동안 현금의 수입과 지출을 나타내 줌으로써 기업의 영업, 투자 및 재무활동에 관한 정보를 제공해주며 다음과 같은 의문점에 대한 해답을 제공한다.

(1) 현금은 어디에서 얼마만큼 조달되었는가?(현금의 조달원천)

(2) 현금은 어디에 얼마만큼 사용되었는가?(현금의 사용내역)

(3) 현금은 기중에 얼마만큼 변동하였는가?(현금의 증감액)

3 현금흐름표의 양식

현금흐름표

XX회사		2021.1.1.~2021.12.31.
Ⅰ. 영업활동으로 인한 현금흐름		XXX
Ⅱ. 투자활동으로 인한 현금흐름		
1. 투자활동으로 인한 현금유입액	XXX	
2. 투자활동으로 인한 현금유출액	XXX	XXX
Ⅲ. 재무활동으로 인한 현금흐름		
1. 재무활동으로 인한 현금유입액	XXX	
2. 재무활동으로 인한 현금유출액	XXX	XXX
Ⅳ. 현금의 증가(감소)		XXX
Ⅴ. 기초의 현금		XXX
Ⅵ. 기말의 현금		XXX

06 자본변동표

1 자본변동표의 의의

자본변동표는 자본의 크기와 그 변동에 관한 정보를 제공하는 재무보고서로서, 자본을 구성하고 있는 자본금, 자본잉여금, 자본조정, 기타포괄손익누계액, 이익잉여금(또는 결손금)의 변동에 공사 포괄적인 정보를 제공한다.

2 자본변동표의 구조

자본변동표에는 자본금, 자본잉여금, 자본조정, 기타포괄손익누계액, 이익잉여금(또는 결손금)의 각 항목별로 기초잔액, 변동사항, 기말잔액을 표시한다.

3 자본변동표의 양식

자본변동표

제×기 20××년×월×일부터 20××년×월×일까지
제×기 20××년×월×일부터 20××년×월×일까지
회사명   (단위: 원)

구 분	자본금	자본잉여금	자본조정	기타포괄손익누계액	이익잉여금	총 계
20××.×.×(보고금액)	×××	×××	×××	×××	×××	×××
회계정책변경누적효과					(×××)	(×××)
전기오류수정					(×××)	(×××)
수정후이익잉여금					×××	×××
연차배당					×××	×××
처분후이익잉여금					×××	×××
중간배당					(×××)	(×××)
유상증자(감자)	×××	×××				×××
당기순이익(손실)					×××	×××
자기주식 취득			(×××)			(×××)
해외사업환산손익				(×××)		(×××)
20××.×.×	×××	×××	×××	×××	×××	×××
20××.×.×(보고금액)	×××	×××	×××	×××	×××	×××
회계정책변경누적효과					(×××)	(×××)
전기오류수정					(×××)	(×××)
수정후이익잉여금					×××	×××
연차배당					(×××)	(×××)
처분후이익잉여금					×××	×××
중간배당					(×××)	(×××)
유상증자(감자)	×××	×××				×××

당기순이익(손실)					×××	×××
자기주식취득			(×××)			(×××)
매도가능증권평가손익				×××		×××
20××.×.×	×××	×××	×××	×××	×××	×××

07 기타의 재무정보

1 주기(Parenthetical Disclosure)

재무제표상의 해당 과목 다음에 그 회계 사실의 내용을 간단한 문자 또는 숫자로 괄호 안에 표시하여 설명하는 방법이다.

예 포괄손익계산서상의 당기순이익에 1주당 경상이익과 1주당 순이익을 주기표시

    XII. 당기순이익   <u>XXX</u>

       (주당경상이익: xxx원)

       (주당순이익: xxx원)

2 주석(Foot Note) - IFRS에서는 재무제표(잉여금계산서 내역 포함하는 F/S)

재무제표상의 해당 과목 또는 금액에 기호나 번호를 붙이고 난외 또는 별지에 동일한 기호나 번호를 표시하여 그 내용을 간결하게 설명하는 방법이다. 기업회계기준에서는 주석으로 기재할 사항에 대해서 필수적 주석사항과 보충적 주석사항으로 구분하여 자세히 규정하고 있다.

3 부속명세서(Supplementary Schedules)

재무제표에 첨부되는 서류로서 재무상태표나 포괄손익계산서에 기재된 항목 중에서 중요한 항목에 공사 보조적인 자료를 내용으로 한다. 주기와 주석이 재무제표의 일부인 데 반해 부속명세서는 재무제표의 일부는 아니다.

04 자산

01 자산의 화폐성에 따른 분류(화폐성 자산, 비화폐성 자산)

구분	화폐성 자산	비화폐성 자산
정의	시간의 경과, 화폐가치의 변동에 무관하게 항상 일정한 화폐액으로 표시되는 자산	시간의 경과, 화폐가치의 변동에 따라 화폐평가액이 변동되는 자산
종류	• 대부분의 당좌자산 • 투자자산	• 재고자산 • 유형자산 • 무형자산

02 당좌자산

유동자산 중 판매과정을 거치지 않고 현금화 할 수 있는 자산을 뜻한다.

1 현금 및 현금성자산(Cash and Cash Equivalent)

현금 및 현금성자산＝현금＋요구불예금＋현금성자산

(1) **현금(Cash):** 현금이란 유동성이 가장 높은 자산으로서 재화나 용역을 구입하는 데 사용하는 교환의 대표적인 수단이며, 현재의 채무를 상환하는 데 쉽게 이용할 수 있는 지불수단으로 무수익자산(Non-Profit Assets)이다. 회계상 현금으로 취급되는 것은 통화뿐만 아니라 통화와 언제든지 교환 가능한 통화대용증권을 포함한다.

개념더하기 통화와 통화대용증권

• 통화: 지폐, 동전
• 통화대용증권: 자기앞수표, 타인발행 당좌수표, 가계수표, 여행자수표, 송금환, 우편환, 만기가 도래한 공사채이자표, 기한이 도래한 약속어음·환어음, 정부의 지급통지서, 배당이 결정된 주식의 배당권 등

(2) 요구불예금(Demand Deposit: 입출금이 자유로운 예금)

① 당좌예금: 기업과 은행이 당좌계약을 맺고 은행에 현금을 예입한 후 필요에 따라 수표를 발행함으로써 현금을 인출할 수 있는 예금을 말한다. 일정한 한도 내에서 예금잔액을 초과하여 수표나 어음을 발행해도 은행이 지급 가능하도록 당좌차월계약을 맺는 것이 일반적이다.

② 보통예금: 은행에 통장으로 자유롭게 인출 가능한 예금이다.

(3) 현금성자산(Cash Equivalent): 현금성자산이란 큰 거래비용 없이 현금으로 전환이 용이하고 이자율 변동에 따른 가치변동의 위험이 중요하지 않은 유가증권 및 단기금융상품으로서 취득 당시 만기(또는 상환일)가 3개월 이내에 도래하는 것을 의미한다.

① 취득당시 만기가 3개월 이내에 도래하는 국공채 및 사채

② 취득당시 상환일까지의 기간이 3개월 이내인 상환우선주

③ 취득당시 만기가 3개월 이내에 도래하는 양도성예금증서(CD; Certificate of Deposit)

④ 3개월 이내의 환매조건을 가지는 환매채(RP; Repurchase Agreement)

⑤ 초단기 수익증권(MMF; Money Market Fund)

> **개념더하기** ▷ 현금 및 현금성자산에 포함되지 않는 자산
>
> • 우표와 인지: 현금으로의 전환을 위해 보유하는 것이 아니라 요금이나 대금이라는 비용을 선급한 것이므로 선급비용으로 분류하거나 소모품 또는 소모품비로 분류
> • 선일자수표(Postdated Check): 수표에 표시된 발행일이 실제 발행일보다 앞선 수표로 지급기일 전까지 은행에 제시하여 현금화하지 않는 것이 관례이므로 미수금이나 매출채권 등으로 분류
> • 보통주 등의 주식: 매일매일 가격변동이 심하기 때문에 현금성자산에 포함되지 않고 유가증권으로 분류
> • 만기까지 남은 기간이 3개월 이상인 자산: 단기금융상품으로 분류
> • 가불증: 종업원에게 급여를 선급한 경우 종업원단기대여금으로 분류

2 단기금융상품(Short-Term Financial Instruments)

(1) 의미: 단기금융상품이란 금융기관이 취급하는 정기예금·정기적금과 사용이 제한되어 있는 예금 및 기타 정형화된 금융상품 등으로 단기적 자금운용목적으로 소유하거나 기한이 1년 내에 도래하는 당좌자산을 의미한다(사용이 제한되어 있는 예금에 대해서는 그 내용을 주석으로 기재).

> 단기금융상품＝정기예금, 정기적금＋사용제한 예금＋정형화된 금융상품(3개월 이상 1년 미만)

(2) 단기금융상품의 종류

① 정기예금, 정기적금: 당초에 정해진 만기일이 1년이 넘는 경우 장기금융상품으로 분류되지만, 만기가 재무상태표일 현재 1년 이내에 도래하면 단기금융상품으로 재분류한다.

  예 불입기간이 3년인 정기적금

• 가입 시

| (차) 장기금융상품(만기 1년 이상) | ××× | (대) 현금 | ××× |

• 재무상태표일 이후 1년 이내 만기 도래 시 – 단기금융상품으로 재분류

| (차) 단기금융상품 | ××× | (대) 장기금융상품 | ××× |

② **사용이 제한된 예금**: 양도예금, 감채기금

③ **기타 정형화된 금융상품**

　㉠ 양도성예금증서(CD): 은행이 정기예금에 대해 발행하는 무기명의 예금증서로 자유로운 양도가 가능하다.

　㉡ 어음관리구좌(CMA; Cash Management Account): 투자금융회사나 종합금융회사가 고객으로부터 받은 예탁금을 어음이나 양도성예금증서, 국공채 등에 투자하고 관리하여 고객에게 실적배당을 하는 금융상품이다. 만기는 180일 이내이고, 입출금이 자유로우며, 이자 후불지급조건을 가진다.

　㉢ 기업어음(CP; Commercial Paper): 신종기업어음이라고도 하며, 신용도가 높은 우량기업이 종합금융회사에 발행하는 어음으로서 금융회사가 할인하여 매입한 후 고객에게 매출하는 금융상품이다. 어음기간은 180일 이내이며, 변동금리가 적용된다.

　㉣ 환매조건부 채권(RP): 금융기관이 일정기간 후 확정금리를 보태어 되사는 조건으로 발행하는 채권이다. 주로 금융기관이 보유한 국공채나 특수채, 신용우량채권 등을 담보로 발행되므로 환금성이 보장된다.

　㉤ 기업금전신탁: 금융기관이 금전을 신탁받아 유가증권투자나 신탁대출 등으로 운용하고, 그 신탁이익과 원금을 금전신탁자에게 지급하는 금융상품이다.

재무상태표일	취득일	계정분류
만기 1년 이내	3개월 이내	현금성자산
	3개월 이후	단기금융상품
만기 1년 초과	—	장기금융상품
당좌예금, 보통예금	—	현금

3 유가증권

(1) 의미: 현금은 기업의 영업활동을 위해 항상 적정량을 보유하고 있어야 하는 자산이지만, 무수익자산이기 때문에 효율적인 관리가 요구된다. 기업은 초과현금을 주식이나 국채, 공채, 사채 등의 유가증권에 투자해 단기투자수익을 얻고자 하는데, 이때 재산적 가치를 가지고 있는 증권을 유가증권이라 한다(지분증권과 채무증권).

구분	의미	예시
지분증권	타기업의 자본, 기금에 공사 소유지분	보통주, 우선주, 수익증권, 자산유동화증권
	소유지분을 취득할 수 있는 권리	신주인수권, 콜옵션
	소유지분을 처분할 수 있는 권리	풋옵션
채무증권	발행자에 대하여 금전을 청구할 수 있는 권리를 표시한 증권	국채, 공채, 사채, 자산유동화채권

(2) 유가증권의 분류

투자의 목적	시장성 유무	회계상 분류
단기투자	시장성 유관	단기매매증권(당기손익인식 금융자산: 시장성 상실시 매도가능증권으로 분류
장기투자	시장성 무관	• 만기보유증권(상각후원가측정 금융자산): 채무증권에 대해서만 • 매도가능증권(기타포괄손익인식 금융자산) • 지분법 적용투자주식

① 단기매매증권(당기손익인식 금융자산): 단기간 내의 매매차익을 목적으로 취득한 유가증권으로서 매수와 매도가 적극적이고 빈번하게 이루어지는 유가증권이다.

② 만기보유증권(상각후원가측정 금융자산): 만기가 확정된 채무증권으로서 상환금액이 확장되었거나 확정가능한 채무증권을 만기까지 보유할 적극적인 의도와 능력이 있는 유가증권이다.

③ 매도가능증권(기타포괄손익인식 금융자산): 단기매매증권이나 만기보유증권으로 분류되지 않는 유가증권을 뜻한다.

④ 지분법적용투자주식: 피투자회사에 중대한 영향력을 행사할 수 있는 투자주식을 의미한다.

→ 이 중 당좌자산으로 분류되는 유가증권은 ① 단기매매증권만 해당, 나머지 ②, ③, ④는 투자자산(비유동자산)으로 분류

(3) 단기매매증권(당기손익인식 금융자산)의 취득

> 단기매매증권(당기손익인식 금융자산)의 취득원가 = 매입가액 + 부대비용

① 매입가액: 단기매매증권(당기손익인식 금융자산)의 시장가격이다.

② 부대비용: 취득하는 과정에서 발생하는 매입수수료, 이전비용, 증권거래세 등의 매입부대비용을 뜻한다.

③ 동일종목의 단기매매증권(당기손익인식 금융자산)을 수차에 걸쳐 구입단가가 다르게 취득하는 경우 개별법, 총평균법, 이동평균법 또는 기타 합리적인 방법을 적용하되 동일한 방법을 일관성 있게 적용해 단가를 산정한다.

(4) 단기매매증권(당기손익인식 금융자산)의 보유

① 지분증권(주식)보유로 인한 배당금 수취 시: 배당금수익(영업외수익)

② 채무증권(채권)보유로 인한 이자 수취 시: 이자수익(영업외수익)

(5) 단기매매증권(당기손익인식 금융자산)의 평가 – 공정가액법(시가법): 기업회계기준에서는 재무상태표상 단기매매증권 금액을 표시할 때 주식과 채권 모두를 회계연도 말의 공정가액으로 표시하도록 규정하고 있다. 공정가액은 합리적인 판단력과 거래의사가 있는 독립된 당사자 간에 거래될 수 있는 교환가격을 의미한다(강매나 출혈판매, 비정상적인 시가는 공정가액으로 간주하지 않음).

① 공정가액 > 취득가액(장부가액): 단기매매증권 평가이익(영업외수익) 발생

② 공정가액 < 취득가액(장부가액): 단기매매증권 평가손실(영업외비용) 발생

(6) 단기매매증권(당기손익인식 금융자산)의 처분

> 단기매매증권 처분손익 = 단기매매증권 처분가액 – 처분시점의 단기매매증권 장부가액

4 수취채권과 지급채무

(1) 의미

① **수취채권:** 기업이 재화와 용역을 외상으로 판매, 제공하거나 자금을 대여해주고 그 대가로 미래의 현금을 수취하기로 하는 권리를 가지는 채권으로 발생원천에 따라 매출채권과 기타채권으로 분류한다.

② **지급채무:** 기업이 재화와 용역을 외상으로 구매, 제공받거나 자금을 차입하고 그 대가로 미래의 현금을 지급하기로 하는 의무를 가지는 채무로 발생원천에 따라 매입채무와 기타채무로 분류한다.

구분	수취채권		지급채무	
	유동자산	비유동자산	유동부채	비유동부채
일상적 상거래	매출채권	장기매출채권	매입채무	장기매입채무
현금의 대여·차입	단기대여금	장기대여금	단기차입금	장기차입금
일상적 상거래 이외	미수금	장기미수금	미지급금	장기미지급금

(2) 종류

매출채권	일반적 상거래에서 발생한 외상매출금과 받을 어음
단기대여금	회수기간이 1년 내에 도래하는 대여금
미수금	일반적 상거래 이외에서 발생한 미수채권
미수수익	당기에 속하는 수익 중 미수액
선급금	상품·원재료 등의 매입을 위해 선지불한 금액
선급비용	선급된 비용 중 1년 내에 비용으로 되는 것
매입채무	일반적 상거래에서 발생한 외상매입금과 지급어음
단기차입금	금융기관으로부터의 당좌차월액과 1년 내에 상환될 차입금
미지급금	일반적 상거래 이외에서 발생한 채무
미지급비용	발생된 비용으로서 아직 지급되지 않은 것
선수금	수주공사·수주품 및 기타 일반적 상거래에서 발생한 선수액
선수수익	받은 수익 중 차기 이후에 속하는 금액
예수금	일반적 상거래 이외에서 발생한 일시적 제예수액

03 재고자산(Inventories)

1 재고자산의 의미

재고자산이란 정상적인 영업활동과정에서 판매목적으로 보유하고 있는 자산(제품, 상품)과 판매를 목적으로 생산과정에 있는 자산(재공품) 및 판매할 자산을 생산하는 데 사용되거나 소모될 자산(원재료, 저장품)을 지칭하고, 기업이 영위하는 영업활동에 따라 재고자산으로 분류될지를 결정한다.

예 토지 – 일반적으로 유형자산, 부동산매매기업은 재고자산으로 분류

주식 – 일반적으로 유가증권, 증권회사는 재고자산으로 분류

2 재고자산의 분류 – 기업회계기준

상품	판매를 목적으로 구입한 상품, 미착상품, 적송품 등(부동산매매업에 있어서 판매목적으로 소유하는 토지·건물 등도 포함)
제품	판매를 목적으로 제조한 생산품·부산물 등
반제품	자가 제조한 중간제품과 부분품 등으로 판매가 가능한 것
재공품	제품의 제조를 위해 재공과정에 있는 것으로 판매가 불가능한 것
원재료	제품의 제조를 위해 투입하는 원료·재료·미착원재료 등
저장품	소모품·소모공구기구비품·수선용부분품 등

3 재고자산 취득원가의 결정

자산의 취득원가에는 그 자산을 취득하여 자산이 목적하는 활동에 사용되기까지 소요된 모든 현금지출액 또는 현금등가액이 포함되어야 한다. 따라서 재고자산의 취득원가는 재고자산을 판매 가능한 상태로 만들기까지 소요된 모든 지출액이어야 하므로 매입가액뿐만 아니라 매입부대비용(매입수수료, 운반비, 하역비 등)까지 포함되어야 한다.

(1) **매입운임**: 매입운임은 매입부대비용이므로 재고자산의 취득원가에 포함시키는데, 매입운임을 누가 부담해야 할 것인지에 관해서는 선적지 인도기준과 도착지 인도기준에 따라 달라질 수 있다.

F.O.B 선적지 조건 (Shipping Point)	자산의 소유권이 선적지에서 이전됨(매출완료)	구매자의 재고자산
F.O.B 도착지 조건 (Destination Point)	자산의 소유권이 도착지에서 이전됨(매입미완)	판매자의 재고자산

(2) **매입에누리와 매입환출(Purchase Allowance and Purchase Returns)**: 매입에누리와 매입환출은 당기매입액에서 차감되므로 재고자산의 취득원가에서는 차감하지 않는다.

① 매입에누리: 판매자가 값을 깎아 주는 것이다.

② 매입환출: 매입한 상품이나 제품에 파손·결함으로 판매자에게 반환하는 것이다.

(3) 매입할인(Purcase Discounts): 구입자가 외상매입금을 조기에 지급한 경우 판매자가 현금할인을 해주는 것을 의미하며, 순액법과 총액법 모두 기업회계기준에서 인정된다. 당기매입액에서 차감하며 취득원가에서는 차감하지 않는다.

(4) 이연지급계약(Deferred Payment Contracts): 자산을 구입하고 그 대금은 장기성지급어음 등을 발행해 줌으로써 자산에 공사대금지급을 이연시키는 자산구입방법을 의미하며, 이때 재고자산의 취득원가는 공정가치 혹은 지급할 부채의 현재가치로 평가해야 한다.

(5) 건설자금이자: 일반적으로는 수익 · 비용 대응 원칙에 의해 이자비용을 당기간에 비용으로 처리하지만 기업이 장기간에 걸쳐 재고자산을 제조하는 경우에는 재고자산으로부터 수익이 발생하지 않으므로 기업회계기준에서는 다음과 같이 규정하고 있다.

> "재고자산의 제조, 매입 또는 건설에 장기간이 소요되는 경우에 당해 자산의 제조 등에 사용된 차입금에 대하여 당해 자산의 제조, 매입 또는 취득완료 시까지 발생한 이자비용, 기타 유사한 금융비용은 당해 자산의 취득원가에 산입하고 그 금액과 내용을 주석으로 기재한다."

(6) 취득원가 결정 시 주요항목

구분	매입액에서 차감	재고자산 취득원가에 가산
매입운임		O
매입에누리와 매입환출	O	
매입할인	O	
건설자금이자	특수한 경우에 한해 취득원가에 가산	

4 재고자산에 포함될 항목의 결정

일반적으로 자산으로 보고할 수 있으려면 기업이 해당 재화를 자신의 위험부담하에 보유하고 그 가치를 향유할 수 있는 통제권을 가져야 하는데 재고자산의 경우 실물의 보유여부가 통제권의 존재여부와 일치하지 않는 경우가 발생할 수 있다.

(1) 미착상품(Goods in Transit): 상품을 주문하였으나 현재 운송 중에 있어 아직 주문한 회사에 도착하지 않은 상품으로 판매자와 매입자 중 실물에 공사 통제권을 누가 행사하느냐에 따라 재고자산의 귀속을 결정한다.

선적지 조건 (Shipping Point)	자산의 소유권이 선적지에서 이전됨	구매자의 재고자산
도착지 조건 (Destination Point)	자산의 소유권이 도착지에서 이전됨	판매자의 재고자산

(2) 위탁상품(Consignment Goods, 적송품): 자신(위탁자)의 상품을 타인(수탁자)에게 위탁하여 판매하는 것을 의미하며 위탁품은 수탁자가 점유하게 되지만 수탁자가 고객에게 위탁품을 판매하기 전까지는 위탁품의 공사 소유권이 위탁자에게 있다. 왜냐하면 적송비용 · 판매비용 · 기타위험을 위탁자가 부담하며, 수탁자는 소유권을 이전받은 것은 아니기 때문이다.

→ 판매되지 않은 위탁품은 기말재고에 포함되며, 수탁자가 위탁품을 판매한 날에 수익이 인식된다.

(3) 시용품(Sales on Approval): 주문을 받지 않고 상품을 고객에게 인도하여 고객이 그 상품을 보고 매입하겠다는 의사표시를 함으로써 판매가 성립되는 특수한 판매방식을 의미한다.

→ 매입의사표시가 없는 시용품은 창고에 없다 하더라도 기말재고에 포함되며 구매자가 매입의사표시를 한 날에 수익이 인식된다.

(4) 할부판매상품(Installment Sales): 매입대금을 일정한 기간에 걸쳐 나누어 지급하는 상품을 판매하는 경우를 의미한다.

→ 장단기 구분 없이 인도시점(판매시점)에 매출이 인식된다.

5 재고자산의 원가배분

재고자산의 취득원가(판매가능상품＝기초재고액＋당기순매입액)는 기간손익을 결정하기 위해서 판매된 부분(매출원가)과 미판매된 부분(기말재고)으로 배분하여야 한다.

> 기초재고액   ×××
> 당기순매입액   ×××
> 판매가능상품   ××× → 판매된 부분: 매출원가   ××× → 포괄손익계산서
>   미판매된 부분: 기말재고   ××× → 재무상태표
> ※ 매출원가와 기말재고액은 "수량×단가"로 결정됨

(1) 재고자산의 수량결정 방법

① 계속기록법(Perpetual Inventory Method)

㉠ 의미: 상품의 입 · 출고 시마다 수량을 계속적으로 기록하는 방법이다.

> 기초재고수량＋당기매입수량−매출원가＝기말재고수량
> (계속기록에 의해 산출)

㉡ 장점

- 어느 시점에서나 쉽게 매출원가와 재고자산가액을 구할 수 있다.
- 기말에 따로 분개할 필요가 없다.
- 회계기간 중의 재고자산 통제에 유용하다.

ⓒ 단점
  • 판매시점마다 상품의 원가를 일일이 파악해야 하는 번거로움이 존재한다.
  • 부패나 도난에 의한 재고자산감모손실이 발생해도 재고자산에 남아있는 것으로 과대계상된다.
② 실지재고조사법(Periodic Inventory Method)
  ㉠ 의미: 회계기간 중에는 매출원가와 재고자산을 파악하기 위한 기록을 하지 않고, 회계기간 말에
     재고실사를 실시하여 보유하고 있는 재고자산수량을 결정하는 방법이다.

> 기초재고수량+당기매입수량−기말재고수량=매출원가
> (기말재고실사로 확정)

  ㉡ 장점: 매출원가를 간접적으로 계산하므로 회계정보의 처리비용이 적고 비교적 간단한 방법이다.
  ㉢ 단점: 도난, 분실 등으로 인한 재고자산감모손실을 파악하지 못하고 이는 모두 매출원가에 포함
     되어 매출이 과대계상된다.
③ 혼합법: 계속기록법과 실지재고조사법을 병행하는 방법으로서 계속기록법에 의해 상품재고장의 기
   록을 유지하고, 일정시점에서 실지재고조사도 실시하는 방법이다.

> 기초재고수량 100개, 당기매입수량 1,000개, 매출원가(당기판매수량) 800개, 기말실지재고수량이 250개일 경우 각 방
> 법에 따른 수량 파악
> • 계속기록법: 기초재고(100)+당기매입(1,000)−당기판매(800)=기말재고(300)
> • 실지재고조사법: 기초재고(100)+당기매입(1,000)−기말실지재고(250)=당기판매(850)
> • 혼합법: 기초재고(100)+당기매입(1,000)−당기판매(800)=재고자산감모손실(50)+기말재고(250)

(2) 재고자산의 단가결정방법

개념더하기 원가흐름의 가정(Cost Flow Assumption)

구입시점마다 다른 단위원가로 재고자산을 구입했을 때 기말재고자산 전체에 적용할 수 있는 단위당 원가를 구하는 것이 어려우
므로 재고자산의 물리적 흐름(Physical Flow)과 무관하게 원가흐름에 대해 별도로 하는 가정이다.

① 개별법(Specific Identification Method)
  ㉠ 의미: 재고자산에 가격표 등을 붙여 매입상품별로 매입가격을 알 수 있도록 함으로써 매입가격별
     로 판매된 것과 재고로 남은 것을 구별하여 매출원가와 기말재고로 구분하는 방법이다.
  ㉡ 장점
    • 원가흐름과 실제물량흐름이 일치하므로 가장 이상적인 방법이다.
    • 실제수익에 실제원가가 대응되어 수익 · 비용 대응의 원칙과 부합한다.
  ㉢ 단점
    • 재고자산의 종류와 수량이 많고 거래가 빈번한 경우 실무적용이 불가능하다.
    • 매출원가에 포함시킬 항목을 임의로 선택해 이익을 조작할 가능성이 존재한다.

② 선입선출법(FIFO; First-In First-Out Method)

　㉠ 의미: 실제물량의 흐름과는 관계없이 먼저 취득한 자산이 먼저 판매된 것으로 가정하여 매출원가와 기말재고로 구분하는 방법이다. 매출원가는 오래전에 구입한 상품의 원가로 구성되고, 기말재고는 최근에 구입한 상품의 원가로 구성된다.

　㉡ 장점
　　• 원가흐름의 가정이 실제물량흐름과 대체로 부합된다.
　　• 기말재고는 최근에 구입한 상품이 되므로 재무상태표상 재고자산가액은 시가에 가까운 공정가액이다.

　㉢ 단점
　　• 물가상승 시(Inflation) 현재수익에 과거원가가 대응되므로 수익·비용 대응의 원칙과 어긋나고 매출원가가 과소계상된다.
　　• 이익의 과대평가(매출원가의 과소계상)로 인해 이 이익에 근거한 법인세와 배당금지급은 실물자본유지를 불가능하게 한다.

③ 후입선출법(LIFO; Last-In First-Out Method)

　㉠ 의미: 실제물량흐름과는 무관하게 가장 최근에 매입한 상품이 먼저 판매된 것으로 가정하여 매출원가와 기말재고로 구분하는 방법이다. 매출원가는 최근에 구입한 상품의 원가로 구성되고, 기말재고는 오래 전에 구입한 상품의 원가로 구성된다.

　㉡ 장점
　　• 현재의 수익에 현재의 원가가 대응되므로 수익·비용 대응의 원칙에 부합한다.
　　• 물가상승 시 기말재고수량이 기초재고수량과 같거나 증가하는 한 다른 방법보다 이익을 적게 계상하므로 법인세이연효과 혜택이 발생한다.
　　• 보수주의 회계와 일맥상통한다.

　㉢ 단점
　　• 기말재고자산이 오래 전에 구입한 원가로 구성되므로 현재가치를 표시하지 못한다.
　　• 원가흐름과 실제물량흐름이 불일치한다.
　　• 물가상승 시 재고자산의 수량이 감소하게 되면(기말재고수량＜기초재고수량) 오래된 재고가 매출원가로 계상되어 이익을 과대계상하게 되므로 과다한 법인세 및 배당을 부담하는 역효과(LIFE Liquidation: 후입선출법 청산)가 발생한다.

④ 평균법(Average Cost Method)

　㉠ 의미: 일정 기간 동안의 재고자산원가를 평균한 평균원가로 판매가능상품을 매출원가와 기말재고에 배분하는 방법으로 이동평균법(계속단가기록법)과 총평균법(기말실지재고조사법)으로 구분 가능하다.

　㉡ 이동평균법: 구입이 이루어질 때마다 가중평균단가를 구하고 상품출고 시마다 출고단가를 계속 기록하는 방법으로 화폐가치의 변동을 단가에 민감하게 반영시킨다는 장점이 있으나, 거래가 빈번할 경우 계산이 복잡하다는 단점이 있다.

$$\text{이동평균단가} = \frac{\text{매입직전 재고금액} + \text{매입금액}}{\text{매입직전 재고수량} + \text{매입수량}}$$

ⓒ 총평균법: 일정 기간 동안의 판매가능상품총액을 판매가능상품수량으로 나눈 단가를 매출원가와 기말재고에 배분하는 방법이다. 기말에 가서야 평균단가를 산출할 수 있으므로 기중에는 상품의 출고 시마다 출고단가를 기록할 수 없으나 간편하다는 장점이 있다.

$$총평균단가 = \frac{기초재고금액 + 당기순매입액}{기초재고수량 + 당기순매입수량}$$

개념더하기 ▷ 개별법, 선입선출법(FIFO), 후입선출법(LIFO), 평균법

일단 채택한 방법은 정당한 사유가 없는 한 계속적으로 적용해야 한다. 만약 부득이하게 방법을 변경하였다면 그 사유와 내용 및 변경의 정당성에 관한 사항을 충분히 공시해 회계정보이용자들의 주의를 환기시킬 것을 기업회계기준은 명시하고 있다. 덧붙여 후입선출법 사용 시 재고자산의 재무상태표가액과 시가 또는 순실현가능가액의 차이와 그 내용을 주석으로 기재토록 규정하고 있다.

⑤ 단가결정방법의 비교

ㄱ) 계속단가기록법과 실지재고조사법에 의한 단가차이

구분	계속단가기록법		실지재고조사법
개별법		=	
FIFO		=	
LIFO		≠	
평균법	이동평균법	≠	총평균법

ㄴ) 당기순이익에 끼치는 영향(일반적인 인플레이션 상황하에서)

기말재고자산	FIFO > 이동평균법 > 총평균법 > LIFO
매출원가	FIFO < 이동평균법 < 총평균법 < LIFO
매출총이익	FIFO > 이동평균법 > 총평균법 > LIFO
당기순이익	FIFO > 이동평균법 > 총평균법 > LIFO
법인세	FIFO > 이동평균법 > 총평균법 > LIFO

※ 개별법은 상황에 따라 결과가 상이하며 디플레이션 상황하에서는 효과가 반대로 나타난다.

⑥ 기타 단가결정방법(특수한 방법으로 추정에 의한 배분)

ㄱ) 기준재고법(Base Stock Method): 정상적인 영업활동을 위해 항상 일정한 재고량을 유지한다는 가정하에 이 기준재고량에 대하여는 항상 일정한 금액으로 평가하는 방법이다. 초과분에 대해서는 FIFO, LIFO, 평균법 등을 적용해 평가한다.

ㄴ) 화폐가치 후입선출법(Dollar-Value LIFO Method): 여러 종류의 재고자산을 한데 묶어서 하나의 재고자산으로 보고, 이 재고자산 집합의 기말현행원가를 구한 다음 물가지수로 수정하여 LIFO의 가정과 동일한 결과를 가져오게 하는 방법이다.

ㄷ) 매출총이익률법(Gross Margin Method): 과거의 매출총이익률을 이용하여 판매가능상품을 매출원가와 기말재고에 배분하는 방법으로 검증가능성이 떨어지기 때문에 기업회계기준에서 인정하지 않으나 내부통제와 재고자산의 타당성 검증 시, 화재나 도난으로 인해 정상적인 정보의 이용이 불가능할 때에 한하여 사용가능하다.

ⓔ 소매재고법(Retail Inventory Method): 소매가(판매가)로 표시된 기말재고액에 당기원가율을 곱하여 기말재고(원가)를 구하는 방법으로 매출가격환원법이라고도 한다. 백화점이나 슈퍼마켓 등 재고자산의 종류가 다양하고 단가가 낮으며, 거래의 발생 빈도수가 높아 상품재고장의 기록과 기말재고실사가 불가능할 경우에 사용하는 방법이다.

04 투자자산

1 투자자산의 의미

투자자산은 다른 기업을 지배·통제하거나 영향력을 행사할 목적, 또는 장기간의 이자수익이나 배당수익을 얻을 목적으로 취득한 자산으로 여기서의 장기간이란 1년 이상의 기간을 의미한다.

2 투자자산의 종류

기업회계기준상의 투자자산은 다음과 같으며, 이 중 유가증권 회계(만기보유증권, 매도가능증권, 지분법적용투자주식)가 핵심이라고 할 수 있다.

장기금융상품	유동자산에 속하지 않는 금융상품
만기보유증권 (상각후원가측정 금융자산)	만기가 확정된 채무증권으로서 만기까지 보유할 적극적인 의도와 능력이 있는 경우
매도가능증권 (기타포괄손익인식 금융자산)	유가증권 중에서 단기매매증권과 만기보유증권으로 분류되지 않는 경우
지분법적용투자주식	피투자회사에 중대한 영향력 행사를 목적으로 취득한 지분증권
투자부동산	투자의 목적 또는 비영업용으로 소유하는 토지와 건물 등

3 유가증권의 분류

투자의 목적	유가증권의 종류	회계상 분류
단기투자	지분증권, 채무증권	단기매매증권(당기손익인식 금융자산): 유동자산 중 당좌자산에 해당
장기투자	지분증권	• 매도가능증권(기타포괄손익인식 금융자산) • 지분법 적용투자주식
	채무증권	• 매도가능증권(기타포괄손익인식 금융자산) • 만기보유증권(상각후원가측정 금융자산)

- 단기매매증권
  - 1년 내에 매매차익을 얻을 목적으로 취득한 상장회사 A의 주식
  - 6개월 후에 처분할 목적으로 취득한 상장회사 E의 주식
- 매도가능증권
  - 만기까지 보유할 의도가 없는 만기 2년의 B회사 발행 회사채
  - 단기간 내에 처분할 의도가 없는 코스닥 등록회사 C의 주식
- 만기보유증권
  - 만기까지 보유할 의도와 능력이 있는 D회사가 발행한 만기 3년의 회사채
- 지분법 적용투자주식
  - M&A를 목적으로 취득한 상장회사 F의 주식

4 지분증권(매도가능증권, 지분법 적용투자주식)의 회계처리

(1) 매도가능증권

① 취득 시: 취득원가(매입가액+취득부대비용)로 기록

② 현금배당 시: 배당수익(영업외수익)으로 기록

→ 무상증자나 주식배당 시 수익인식을 하지 않는다.

③ 기말평가 시

목적	단기매매	장기보유		중대한 영향력	
지분율	20% 미만	20% 미만		20% 이상	
시장성	유	유	무	유	무
평가방법	공정가액법	공정가액법	원가법	지분법	
기초와 기말의 차액 (매도가능증권평가 손익)	당기순이익	자본조정	무	당기순이익	

④ 처분 시: 매도가능증권처분손익(영업외손익)으로 기록한다. 처분하는 주식의 장부가액을 산정하는 방법에는 개별법, 총평균법, 이동평균법이 있다.

(2) 지분법 적용투자주식

① 중대한 영향력: 피투자회사의 재무 및 영업에 관한 의사결정에 실질적인 영향을 미칠 수 있는 능력이다. 단, 지분율이 20% 이상일 때에는 명백한 반증이 없는 한 중대한 영향력이 있는 것으로 간주한다.

② 지배력: 지분율이 50% 이상일 경우 지배-피지배의 관계를 가지며 두 회사의 재무제표를 합산해 연결재무제표(Consolidated Financial Statements)를 작성한다.

③ 피투자회사의 당기순손익 발표 시: 지분율에 해당되는 부분만큼 투자주식을 증감시키고 지분법평가손익계정을 사용해 당기영업외손익에 반영한다.

예 피투자회사가 당기순이익 보고 시 투자회사의 회계처리

(차) 지분법 적용투자주식 ×××	(대) 지분법 평가이익 ×××

④ 피투자회사의 현금배당 시: 배당수익의 발생으로 처리하지 않고 지분법 적용투자주식을 감소시킨다 (이익조작의 가능성 배제 목적).

예 피투자회사가 현금배당 시 투자회사의 회계처리

(차) 현금	×× ×	(대) 지분법 적용투자주식	×× ×

05 유형자산

1 유형자산의 의의

유형자산은 기업의 영업활동에 사용할 목적으로 취득한 형체가 있는 물적 자산으로 토지, 건물, 구축물, 기계장치, 비품 및 차량운반구 등을 의미한다.

2 유형자산의 특징

(1) **정상적인 영업활동에 사용할 목적으로 취득**: 투기목적으로 취득 시 투자자산으로 분류하고, 판매목적으로 취득 시(**예** 부동산매매업) 재고자산으로 분류한다.

(2) **여러 회계기간에 걸쳐 용역잠재력(service power)을 지닌 자산**: 내용연수 동안 수익창출활동에 이용됨에 따라 당기에 소모된 용역잠재력을 감가상각비로 비용인식한다.

(3) **물리적 실체가 있는 유형의 자산**: 무형자산(**예** 상표권, 특허권)과의 차이가 있다.

3 유형자산의 종류

분류	내용	감가상각 여부
토지	대지, 임야, 전답 등	×
건물	건물, 냉난방, 전기, 통신 및 기타 건물부속설비	○
구축물	교량, 궤도, 갱도, 정원설비 및 기타의 토목설비 또는 공작물 등	○
기계장치	기계장치, 운반설비 및 기타의 부속설비	○
건설 중인 자산	유형자산의 건설을 위한 재료비, 노무비 및 경비로 하되, 건설을 위하여 지출한 도급금액 또는 취득한 기계 등을 포함	×
기타자산	차량운반구, 선박, 비품, 공기구 등	○

※ 업종의 특성을 감안해 계정을 신설하거나 통합가능

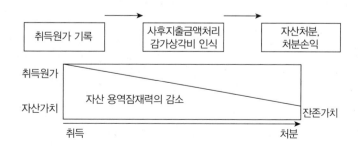

4 취득원가의 결정

취득원가=구입원가 혹은 제작원가+취득부대비용－매입할인 등

> **개념더하기** 취득부대비용
>
> - 설치장소를 위한 지출
> - 외부운송 및 취급비
> - 설치비
> - 설계와 관련해 전문가에게 지급하는 수수료
> - 자본화 대상인 금융비용
> - 취득세, 등록세 등 유형자산의 취득과 직접 관련된 제세공과금
> - 유형자산의 사용이 종료된 경우 부지 등을 복구하는 데 소요되는 복구비용
> - 유형자산의 취득과 관련하여 국·공채 등을 매입하는 경우 매입가액과 공정가액의 차이

5 자본적 지출과 수익적 지출

(1) 의미

자본적 지출	가장 최근에 평가된 성능수준을 초과하여 미래 경제적 효익을 증가시키는 지출	새로운 생산공정의 채택, 기계장치의 생산능력 증대, 내용연수 연장, 원가절감이나 품질향상을 가져오는 지출
수익적 지출	해당 자산의 성능수준을 회복하거나 유지하기 위한 수선·유지를 위한 지출	공장설비에 공사 유지·보수, 수리를 위한 지출

(2) 회계처리

① 자본적 지출: 해당 유형자산의 가액이 증가한다.
② 수익적 지출: 당기의 비용으로 처리한다.

6 감가상각

(1) 의미
유형자산의 취득원가는 자산을 사용함으로써 얻을 수 있는 미래의 효익에 대해 선지급한 원가이다. 따라서 수익·비용 대응 원칙에 따라 유형자산의 사용에 따라 수익을 창출하는 기간 동안에 걸쳐 자산의 취득원가를 비용으로 전환하여야 할 필요성이 뒤따른다. 이때 유형자산의 사용으로 인해 감소된 가치를 정확히 측정하기는 불가능하므로 이를 직접 측정하는 것이 아니라 유형자산의 사용기간 동안 인위적인 배분기준을 선택, 적용해서 그 기간 동안 비용으로 인식한다.

> **개념더하기** 감가상각(Depreciation)
>
> 유형자산의 자산가치에 대한 감소 또는 취득원가의 소멸을 나타내는 것으로서 어떤 자산으로부터 효익을 얻는 기간 동안 그 취득원가를 체계적이고 합리적인 방법을 사용해 비용으로 배분하는 과정을 말한다.

(2) 감가상각의 원인

물리적 퇴화 (Physical Deterioration)	자산을 사용하거나 시간의 경과에 따른 마모, 손상, 훼손, 부식 등이 발생해 가치가 감소하는 것
미래 요구에 대한 부적응 (Inadequacy of Future Needs)	규모의 확장이나 생산방법의 변경, 시장상황의 변화 등으로 자산이 본래의 사용목적에 맞지 않거나 계속 사용하는 것이 부적절한 경우
진부화 (Obsolescence)	새로운 발명이나 기술적인 진보로 인해 종전에 사용하던 자산의 유용성이 저하되는 것

(3) 감가상각비의 계산요소 – 취득원가, 내용연수, 잔존가액, 감가상각방법

① 감가상각기준액(Depreciation Base): 내용연수 기간 동안 인식할 감가상각비의 총액을 뜻한다.

$$감가상각기준액 = 취득원가 - 잔존가액$$

② 내용연수(Useful Life): 수리유지노력이나 생산기술변화 등을 고려할 때 해당 유형자산을 경제적으로 사용할 수 있다고 판단되는 기간을 말한다. 감가상각의 대상기간으로 일반적으로 물리적 수명보다 짧다.

③ 잔존가액(Scrap Value or Salvage Value): 내용연수가 종료되는 시점에서 자산을 처분할 때 회수될 것으로 추정되는 금액에서 그 자산의 철거비나 판매비 등을 차감한 금액이다.

④ 감가상각방법(Depreciation Methods): 유형자산의 원가배분방법으로, 우리나라 기업회계기준에서는 정액법, 정률법, 이중체감법, 연수합계법, 생산량비례법을 인정한다.

(4) 감가상각의 회계처리

· 감가상각비의 인식

(차) 감가상각비	10,000	(대) 감가상각누계액(기계)	10,000

→ 유형자산의 가치감소분은 감가상각비라는 계정의 비용으로 기록
유형자산의 가치감소분 누적액은 감가상각누계액으로 유형자산에서 차감

· 재무상태표상의 표시
기계장치   50,000 (취득원가)
감가상각누계액   (10,000) (가치감소분 누적액)
장부가액   40,000 (미상각잔액)

(5) 감가상각방법

① 정액법(Straight–Line Method)

㉠ 유형자산의 가치감소가 시간의 경과와 비례해 발생한다는 가정에 의한다.

㉡ 감가상각기준액을 내용연수 기간 동안 균등하게 할당해 감가상각비로 인식한다.

$$감가상각비 = \frac{감가상각기준액}{내용연수} = \frac{취득원가 - 잔존가액}{내용연수}$$

② 정률법(Fixed Percentage Method): 매 회계기간의 기초장부가액(미상각잔액)에 일정한 상각률(정률)을 곱해 각 회계기간의 감가상각비를 계산한다.

$$감가상각비 = 기초장부가액 \times 상각률$$
$$= (취득원가 - 감가상각누계액) \times 상각률$$
$$※ \ 상각률 = 1 - \sqrt[n]{\frac{잔존가액}{취득원가}} \ (n = 내용연수)$$

③ 이중체감법(DDB; Double Beclining Balance Method): 정률법 계산과 동일하며 상각률을 정액법에 의한 상각률의 두 배로 산정한다.

$$감가상각비 = 기초장부가액 \times 상각률$$
$$= (취득원가 - 감가상각누계액) \times 상각률$$
$$※ \ 상각률 = \left(\frac{1}{내용연수}\right) \times 2$$

④ 연수합계법(SYD; Sum of the Year's Digits Method): 감가상각기준액에 상각률을 곱해 매기 감가상각비를 구하되 상각률의 분모는 내용연수의 합계를, 분자는 내용연수의 역순으로 표시하여 상각하는 방법이다.

$$감가상각비 = 감가상각기준액 \times \frac{잔여내용연수}{내용연수의 \ 합계}$$

⑤ 생산량비례법(Units of Production Method): 유형자산으로부터 발생하는 효익이 생산량 또는 조업도에 비례하여 발생하므로 그에 맞게 가치가 감소한다는 가정이다.

$$감가상각비 = 감가상각기준액 \times \frac{당기 \ 실제 \ 생산량}{추정 \ 총예정 \ 생산량}$$

7 유형자산의 평가와 처분

(1) 유형자산의 평가

① 기본적으로 원가법에 의한 평가가 이루어진다.

② 진부화 또는 시장가치의 하락으로 인한 미래 경제적 효익의 급감 예상 시 유형자산감액손실(영업외손실), 감액손실누계액 차감을 통해 장부가액을 회수가능가액으로 조정한다.

(2) 유형자산의 처분: 유형자산처분손익(영업외손익)은 처분가액과 장부가액의 차이다.

1 무형자산의 의의

무형자산이란 영업활동을 위한 목적으로 기업이 장기간 보유하고 있으며 물리적인 형체가 없지만 식별가능하고, 기업이 통제하고 있는 미래 경제적 효익이 있는 비화폐성자산을 의미한다(예외적으로 식별 불가능한 무형자산인 영업권이 존재하고, 우리나라 기업회계기준에서는 매수영업권만을 인정).

2 무형자산의 특징

(1) 물리적 실체(Physical Substance)가 없는 자산이다.

(2) 법률상의 권리 또는 경제적인 권리를 나타내는 자산이다.

(3) 불완전 경쟁하에서 나타나는 자산으로서 독점적 권리나 초과이익의 원천이 된다.

(4) 특정한 기업에만 가치가 있는 자산으로서 기업과 분리가 불가능한 자산이다.

(5) 미래의 경제적 효익의 크기와 지속기간이 불확실한 자산이다.

3 무형자산의 종류

분류	식별가능 무형자산		식별불가능 무형자산
	법률적, 계약적 권리	경제적 실질	
종류	• 산업재산권 • 라이선스, 프랜차이즈 • 저작권 • 임차권리금 • 광업권, 어업권	• 개발비 • 소프트웨어	영업권

산업재산권	일정 기간 독점적 · 배타적으로 이용할 수 있는 권리로서 특허권, 실용신안권, 의장권, 상표권, 상호권 및 상품명 등
라이선스, 프랜차이즈	기술이나 특허 등을 사용하거나 체인가맹점에 가입하여 영업하기 위해 지출한 금액
저작권	학술, 문학, 예술 등의 생산과 관련된 권리
임차권리금	건물임차 시 보증금 이외에 추가적으로 지급하는 권리금
광업권, 어업권	광구에서 광물을 채굴하여 취득할 수 있는 권리와 수면에서 어업을 독점적 · 배타적으로 경영할 수 있는 권리
개발비	신제품, 신기술 등의 개발과 관련하여 발생한 비용으로서 개별적으로 식별가능하고 미래의 효익을 확실하게 기대할 수 있는 것
소프트웨어	외부에서 구입하여 사용하는 소프트웨어의 구입비
영업권	합병이나 영업양수 등의 경우에 유상으로 취득한 것

4 무형자산의 상각

(1) 상각(Amortization)의 원인

무형자산을 자산으로 계상한 이유는 미래에 경제적 효익을 제공하거나 미래에 발생할 비용을 감소시킬 것으로 예상되기 때문이므로, 시간의 흐름에 따라 경제적 예상 효익이 감소하게 되면 자본화한 무형자산의 원가를 상각처리한다.

(2) 상각의 계산요소

① 상각기간

  ㉠ 독점적이고 배타적인 권리를 부여하고 있는 관계법령이나 계약에 의해 정해진 경우 그 기간으로 결정한다.

  ㉡ 관련계약이 있을 경우 계약기간으로 결정한다.

  ㉢ 사용가능한 시점부터 20년을 초과할 수 없다.

  ㉣ 법률상 내용연수와 경제적 내용연수 중 짧은 것으로 결정된다.

② 잔존가액

  ㉠ '잔존가액＝0'이 원칙이다.

  ㉡ 상각기간 종료 시 제3자가 구입하는 약정이 존재할 경우 잔존가액 인식이 가능하다.

③ 상각방법

  ㉠ 자산의 경제적 효익이 소비되는 형태를 반영하는 합리적인 방법 적용: 정액법, 정률법, 연수합계법, 생산량비례법 등

  ㉡ 합리적인 방법이 없을 경우 정액법을 사용한다.

  ㉢ 상각누계액계정을 사용하지 않고 관련자산에서 직접 차감한다.

  예 산업재산권의 상각 시

(차) 무형자산상각비	×××	(대) 산업재산권	×××

(3) 영업권(Goodwill)

① 정의: 식별할 수 없는 유형자산으로서 기업이 다른 기업을 매수할 때 지불한 매수대가가 취득한 피매수회사의 순자산 공정가액보다 큰 경우 그 초과액을 말한다.

> 영업권＝매수대가－피매수회사 순자산가액

  예 자산과 부채의 공정가액이 각각 100원과 50원인 회사를 60원에 매수하였을 경우 회계처리
  → 10원의 영업권 인식함

(차) 자산	100	(대) 부채	50
영업권	10	현금	60

② 영업권의 발생원천

  ㉠ 경쟁기업에 비해 초과이익을 얻을 수 있는 경쟁력이 된다.

  ㉡ 우수한 경영진, 기술적 노하우, 널리 알려진 브랜드, 양호한 입지조건, 고객 충성도, 영업상의 비밀, 특수한 생산기법 등이 있다.

1 기타비유동자산의 의의

기업회계기준서 제21호 "재무제표의 작성과 표시 I"이 공표되기 이전의 과거 기업회계기준은 이연법인세자산이나 임차보증금 같이 성격이 모호하여 다른 자산으로 분류하기가 어려운 자산들을 투자자산에 포함시키고 있었다. 이러한 분류는 투자수익을 목적으로 보유하는 것으로 볼 수 없는 자산들을 투자자산에 포함함으로써 재무정보이용자를 오도할 수 있다는 문제가 제기되었다. 이러한 문제를 해소하기 위하여 이 기준서에서는 기타비유동자산을 신설하고 비유동자산 중 투자자산, 유형자산, 무형자산으로 분류할 수 없는 항목들을 포함하도록 하였다. 기타비유동자산에 포함되는 이연법인세자산은 법인세회계에 관한 기업회계기준에 따라 유동자산으로 분류되는 이연법인세자산을 제외한 부분이다.

2 기타비유동자산의 종류

기타비유동자산 내에 별도 표시할 항목의 예는 다음과 같다.

(1) 이연법인세자산

(2) 기타: 임차보증금, 장기선급비용, 장기선급금, 장기미수금 등이 포함된다. 이들 자산은 투자 수익이 없고 다른 자산으로 분류하기 어려워 기타 통합하여 표시한다. 다만 이들 항목이 중요한 경우에는 별도 표시한다.

장기대여금	유동자산에 속하지 않는 장기의 대여금
장기성매출채권	유동자산에 속하지 않는 일반적 상거래에서 발생한 장기의 외상매출금 및 받을 어음
보증금	전세권, 전신전화가입권, 임차보증금 및 영업보증금
이연법인세자산	일시적 차이로 인해 법인세법 등의 법령에 의해 납부해야 할 금액이 법인세비용을 초과하는 경우 그 초과금과 이월결손금 등에서 발생한 법인세 효과

CHAPTER

05 부채

01 유동부채

1 유동부채의 의의

(1) **부채**: 과거의 거래나 사건의 결과로서 현재 기업실체가 부담하고 그 이행에 자원의 유출이 예상되는 의무이다. 부채는 여러 가지 기준에 따라 분류할 수 있지만, 일반적으로 각 부채가 상환될 때까지 소요되는 기간을 기준으로 유동부채와 비유동부채로 구분한다. 기업회계기준에서는 재무상태표일로부터 1년 이내 혹은 정상영업주기 내에 만기가 도래하는 부채를 유동부채로, 1년 이후 혹은 정상영업주기를 넘어 만기가 도래하는 부채를 비유동부채로 분류하도록 규정하고 있다.

(2) **유동부채**: 부채 중 재무상태표일로부터 1년 이내 혹은 정상영업주기 내에 만기가 도래하는 부채를 의미한다.

2 유동부채의 종류 – 기업회계기준상의 계정분류

매입채무	일반적인 상거래에서 발생한 외상매입금과 지급어음
단기차입금	금융기관으로부터의 당좌차월액과 1년 내에 상환될 차입금
미지급금	일반적인 상거래 이외에서 발생한 채무
선수금	수주공사 · 수주품 및 기타 일반적인 상거래에서 발생한 선수액
예수금	일반적 상거래 이외에서 발생한 일시적인 제예수액
미지급비용	당기에 발생된 비용이지만 당기에 지급되지 아니한 것
미지급법인세	법인세 등의 미지급액
미지급배당금	이익잉여금 처분계산서상의 현금배당액 등
유동성장기부채	고정부채 중 1년 내에 상환될 것
선수수익	받은 수익 중 차기 이후에 속하는 금액
단기충당부채	1년 내에 사용되는 충당금으로서, 그 사용목적을 기재
기타의 유동부채	위의 분류에 속하지 않는 유동부채

3 유동부채의 회계처리

거래	차변		대변	
① 기계를 100,000원에 외상으로 구입한다.	(차) 기계장치	100,000	(대) 미지급금	100,000
기계구입대금을 전액 현금지급한다.	(차) 미지급금	100,000	(대) 현금	100,000
② 은행으로부터 150,000원을 6개월간 연12%의 이자율로 차 입하고 만기가 되어 은행차입금을 이자와 함께 전액 현금지 급한다.	(차) 현금	150,000	(대) 단기차입금	150,000
	(차) 단기차입금	50,000	(대) 현금	159,000
	이자비용	9,000		
③ 상품매매계약을 체결하고 계약금으로 20,000을 수취한다.	(차) 현금	20,000	(대) 선수금	20,000
상품매매계약과 관련해 상품을 100,000원에 판매한다.	(차) 선수금	20,000	(대) 매출	100,000
	매출채권	80,000		
④ 출장 중인 종업원이 현금 300,000원을 송금한다. 송금액 중 200,000원은 거래처에서 회수한 외상대금이며, 100,000원 은 대여금을 회수한 것으로 밝혀진다.	(차) 현금	300,000	(대) 가수금	300,000
	(차) 가수금	300,000	(대) 매출채권	200,000
			단기대여금	100,000
⑤ 종업원 급여 500,000원 중 갑종근로소득세 원천징수액 50,000원을 차감한 잔액 450,000을 지급한다. 원천징수한 갑종근로소득세를 세무서에 납부한다.	(차) 급여	500,000	(대) 현금	450,000
			예수금	50,000
	(차) 예수금	50,000	(대) 현금	50,000
⑥ 차기분 건물임대료 5,000원을 수령한다.	(차) 현금	5,000	(대) 선수임대료	5,000
위의 건물임대료에 공사 기간이 경과한다.	(차) 선수임대료	5,000	(대) 임대료	5,000
⑦ 결산일 현재 차입금이자 미지급액은 10,000원이다. 차입금 이자액을 현금으로 지급한다.	(차) 이자비용	10,000	(대) 미지급이자	10,000
	(차) 미지급이자	10,000	(대) 현금	10,000

4 우발부채(↔ 확정유동부채)

(1) 우발상황: 미래에 어떤 사건이 발생하거나 발생하지 않음으로써 궁극적으로 확정된 손실 또는 이득으 로서 발생여부가 불확실한 현재의 상태 또는 상황을 의미한다.

(2) 우발부채(Contingent Liabilities): 현재 존재하는 부채는 아니지만 미래 상황에 따라 발생할 수 있는 우발 손실을 재무제표에 인식함에 따라 발생하는 부채다.
 예 재무상태표일 현재 계류 중인 소송사건

(3) 우발부채의 회계처리: 우발부채는 발생할 가능성도 불확실하며, 지급할 금액도 불확실하므로 그 불확실 성 정도에 따라 회계처리를 달리해야 한다.

금액의 추정가능성 / 발생가능성	금액의 합리적 추정이 가능할 경우	금액의 합리적 추정이 불가능할 경우
거의 확실(Probable)	우발채무 기록(손실인식)	주석 공시
어느 정도가능(Possible)	주석 공시	주석 공시
가능성 희박(Remote)	공시하지 않음	공시하지 않음

※ 우발이득은 그 발생가능성이 확실한 경우에만 주석으로 기재하며 재무제표에는 반영하지 않는다(보 수주의).

(4) 우발손실의 사례

    ① 제품의 품질보증과 관련된 의무

    ② 판매촉진을 위한 경품권과 관련된 의무

    ③ 계류 중인 소송사건이나 손해배상책임

    ④ 타인의 채무에 공사 지급보증

    ⑤ 수취채권을 이전할 때 부여한 상환청구권

    ⑥ 수취채권의 대손가능성 등

02   비유동부채

1 비유동부채의 의의

부채 중 재무상태표일로부터 1년 이상이 경과한 후에 만기가 도래하는 부채를 말한다.

2 비유동부채의 종류 – 기업회계기준상의 계정분류

사채	1년 후에 상환되는 사채의 가액으로 하되, 사채의 종류별로 구분하고 그 내용을 주석으로 기재함
장기차입금	1년 후에 상환되는 차입금으로 하며 차입처별 차입액, 차입용도, 이자율, 상환방법 등을 주석으로 기재함
장기성 매입채무	유동부채에 속하지 아니하는 일반적 상거래에서 발생한 장기의 외상매입금 및 지급어음
충당부채	1년 후에 사용되는 충당부채로서 그 사용목적을 표시하는 과목으로 기재함
이연법인세부채	일시적 차이로 인하여 법인세비용이 법인세법 등의 법령에 의하여 납부하여야 할 금액을 초과하는 경우 그 초과금액으로 함
기타의 비유동부채	위에 속하지 않는 비유동부채

3 사채(Bonds)

(1) 의의: 사채란 회사가 일반대중으로부터 장기간에 걸쳐 거액의 자금을 조달하기 위하여 회사의 채무임을 표시한 증권을 발행하고, 계약에 따라 일정액의 이자를 지급함과 동시에 일정 기간 후에 원금을 상환할 것을 계약하고 차입한 채무를 의미한다. 사채는 투자자의 입장에서는 기업의 영업실적과 관계없이 일정한 이자수익을 얻을 수 있고, 원금의 상환이 주식에 비하여 우선적으로 보장되기 때문에 안전한 투자대상이 되며, 기업의 입장에서는 사채이자의 감세효과 때문에 저렴한 자본비용으로 장기적이고 안정적인 자금을 조달할 수 있는 이점이 존재한다.

[주식과 사채의 비교]

구분	주식	사채
공통점	• 장기적인 자금의 조달 • 유가증권 발행 • 일반대중으로부터 자금조달	
차이점	• 자본 • 경영에 참여 가능 • 배당의 지급 • 만기가 없음	• 부채 • 경영에 참가 불가능 • 일정액의 이자 지급 • 만기가 있음

(2) 사채의 발행

① 사채는 시장이자율과 사채액면이자율에 따라 발행가액이 결정된다.

② 자본금과 준비금의 4배를 초과하지 않는 범위 내에서 1좌당 10,000원 이상의 액면으로 발행된다.

발행유형	상황	사채발행자의 이자비용
액면발행	시장이자율=액면이자율	액면이자
할인발행	시장이자율>액면이자율	액면이자+할인액
할증발행	시장이자율<액면이자율	액면이자−할증액

③ 사채발행 관련용어

ㄱ 액면가액: 만기에 사채권자에게 지급하여야 할 사채의 원금으로 사채권에 표시되어 있는 금액을 지칭한다.

ㄴ 발행가액: 사채발행 시 사채의 취득자로부터 수령하는 금액을 뜻한다.

ㄷ 액면이자율(표시이자율): 액면이자금액의 액면가액에 공사 비율을 의미한다.

예 액면가액 1,000,000, 만기 3년, 표시이자율 12%의 사채의 경우, 매년 120,000의 액면이자를 이자지급일에 사채권자에게 지급한다.

ㄹ 시장이자율: 특정시점에 자금시장에서 형성되어 있는 이자율을 의미한다.

ㅁ 액면발행: 액면가액으로 사채를 발행한 경우에 해당한다.

ㅂ 할인발행: 액면가액보다 낮은 금액으로 발행한 경우를 말한다(액면가액>발행가액).

ㅅ 할증발행: 액면가액보다 높은 금액으로 발행한 경우를 말한다(액면가액<발행가액).

④ 사채발행시의 회계처리

발행종류	회계처리			
액면발행	(차) 현금(발행가액)	×××	(대) 사채(액면가액)	×××
할인발행	(차) 현금(발행가액) 　　　사채할인발행차금 　　　(사채의 차감적 평가계정)	××× ×××	(대) 사채(액면가액)	×××
할증발행	(차) 현금(발행가액)	×××	(대) 사채(액면가액) 　　　사채할증발행차금 　　　(사채의 부가적 평가계정)	××× ×××

(3) 사채발행차금의 상각 – 유효이자율법(기업회계기준): 사채의 할인발행 또는 할증발행의 경우에 사채의 발행차금을 사채의 발행기간 동안 일정한 방법에 의해 이자비용에 가산하거나 차감해 주어야 하는데 이를 사채발행차금의 상각이라고 하며 정액법과 유효이자율법이 있다.

> 유효이자율(=시장이자율): 사채발행으로 인한 현금수령액과 미래현금흐름의 현재가치를 일치시켜주는 이자율

① 할인발행의 경우

    ㉠ 상각액=유효이자율에 의한 이자지급액－액면이자율에 의한 이자지급액

           =(사채의 기초장부가액×유효이자율)－액면이자액

    ㉡ 사채발행기업의 입장에서 현금지급 이자 이외에 추가적으로 부담하여야 하는 금융비용을 상환일까지의 기간에 분배하여야 한다.

        예 시장이자율이 연 10%인 2019년 1월 1일에 다음과 같은 조건의 사채를 1,850,766원에 발행하고 사채대금을 모두 현금으로 수령하였을 경우 사채할인발행차금 상각과정

> • 사채의 액면금액: 2,000,000원
> • 사채의 액면이자율: 연 7% (이자지급은 매년 12월 31일)
> • 사채의 만기일: 2021년 12월 31일
> • 사채할인발행차금 상각표 – 유효이자율법

일자	① 기초장부 가액	② 유효이자율에 의한 이자액	③ 액면이자율에 의한 이자액	④ 사채할인 발행 차금 상각액	⑤ 장부가액
2019. 1. 1.	0	0	0	0	1,850,766
2019.12.31.	1,850,766	185,077	140,000	45,077	1,895,843
2020.12.31.	1,895,843	189,584	140,000	49,584	1,945,427
2021.12.31.	1,945,427	194,573	140,000	54,573	2,000,000
합계		569,234	420,000	149,234	

①=전년도 기말장부액(⑤)
②=①×10%
③=2,000,000원×7%
④=②－③
⑤=①+④

② 할증발행의 경우

    ㉠ 상각액=액면이자율에 의한 이자지급액－유효이자율에 의한 이자지급액

           =액면이자액－(사채의 기초장부가액×유효이자율)

    ㉡ 사채발행기업의 입장에서 사채기간 동안에 발생하는 이자비용을 감소시켜 주는 효과를 상환일까지의 기간에 적절하게 분배하여야 한다.

4 희석증권(Dilutive Securities, 보통주 청구가능증권)

당해 증권의 소유자가 보통주 청구에 공사 권리를 행사하면 보통주가 추가로 발행되는 금융상품 또는 기타 계약이다.

(1) 전환사채(CB; Convertible Bonds)

① 의미: 처음에는 사채로 발행되었으나, 일정 기간 경과 후 사채권자가 전환을 청구하면 보통주로 전환될 수 있는 권리를 부여한 사채이다.

② 전환권가치＝전환사채의 발행가액＝전환사채의 미래현금흐름의 현재가치

③ 특징

발행회사	투자자
• 전환사채의 주식전환 시 부채감소로 재무구조가 개선됨 • 전환사채는 전환권가치로 인해 동일한 액면이자율의 일반사채보다 비싸게 발행가능	• 주가상승 시 주식으로 전환하여 지분이득(배당금, 매매차익)을 획득 • 주가하락 시 사채로부터의 이자수익을 획득할 수 있으므로 안정적

(2) 신주인수권부사채(BW; Bonds with stock Warrant)

① 의미: 신주청약의 권리를 표시하는 신주인수권이 부여된 사채를 의미하며, 전환사채와 마찬가지로 소유자가 일정한 조건하에서 권리를 행사하면 신주를 우선적으로 매입할 수 있게 된다.

② 신주인수권가치＝신주인수권부사채의 발행가액－신주인수권부사채의 미래현금흐름의 현재가치

③ 전환사채와의 비교

구분	전환사채(CB)	신주인수권부사채(BW)
발행 시	한 장의 채권에 사채권과 전환권 함께 발행	사채와 신주인수권증권을 별도로 발행가능
권리행사시	사채권은 소멸, 주주가 됨	• 사채권은 만기까지 존속 • 주금납입 시 주주가 됨
주금액 납입	불필요	필요

5 충당부채(Allowance)

(1) 의의: 충당부채는 당기의 수익에 대응하는 비용으로서 장래에 지출될 것이 확실하여 당기의 수익에서 차감되는 부채를 의미한다.

(2) 종류

판매보증충당부채	당기에 판매된 상품의 보증기간 동안에 발생할 보증비용을 추정하여 판매보증비라는 당기비용(판매비와 관리비)으로 인식하고 동액만큼 판매보증충당부채라는 부채로 계상
하자보수충당부채	공사완성 후 하자보수가 예상되는 경우에는 도급금액의 일정률을 하자보수비라는 당기비용(영업비용)으로 인식하고 동액만큼 하자보수충당부채로 계상
퇴직급여충당부채	• 기업의 임직원의 퇴직 시 지급할 퇴직금을 재직기간 동안의 비용으로 인식하여 충당시키는 부채 • 전 임직원이 일시에 퇴직할 경우 지급하여야 할 퇴직금에 상당하는 금액을 퇴직급여충당부채로 계상하며 당기에 지급한 퇴직급여는 비용(제조원가 혹은 판매비와 관리비)으로 인식

CHAPTER

06 자본

01 자본

1 의의

| 자본＝자산－부채 |

(1) **소유주지분(Owners' Equity)＝주주지분(Stockholders' Equity)**: 회계주체의 소유주에게 귀속되는 부분으로서의 자본이다.

(2) **잔여지분(Residual Interest)**: 기업재산에 공사 채권자의 청구권을 제외한 잔여재산으로서의 자본을 뜻한다.

(3) **순자산(Net Assets)**: 자산과 부채가 평가에 의해 구하는 것에 반해 분류만 이루어지는 자본이다.

2 자본의 분류

Ⅰ. 자본금	주주에 의한 납입자본금	보통주 자본금		보통주 발행주식수×1주 액면가액
		우선주 자본금		우선주 발행주식수×1주 액면가액
Ⅱ. 자본잉여금	주주와의 자본거래에서 발생한 이익	주식발행 초과금		자기주식 처분이익, 전환권대가, 신주인수권대가 등
		감자차익		
		기타 자본잉여금		
Ⅲ. 이익잉여금	영업활동을 통해 발생한 이익이 축적된 부분	법정적립금	이익준비금	—
			기타법정적립금	재무구조개선적립금, 기업합리화 적립금
		임의적립금	적극적 적립금	사업확장적립금, 감채적립금, 신축적립금 등
			소극적 적립금	배당평균적립금, 결손보전적립금, 퇴직급여적립금, 별도적립금 등
		차기이월이익잉여금(결손금)		—
Ⅳ. 자본조정	자본 전체에 대해 차감, 가산할 항목	부가적 계정		미교부주식배당금
		차감적 계정		자기주식, 주식할인발행차금 등

V. 기타포괄손익 누계액	손익계산서에 계상하지 아니하는 특정포괄손익을 표시함	순액표시(예를 들어, 매도가능증권평가 이익과 매도가능증권평가손실이 같이 등장 안함) (＊ 결과만으로 평가)	매도가능증권평가손익, 현금흐름 위험회피 파생상품평가손익, 해외 사업환산차(대)

02 자본금

> 자본금＝보통주 자본금＋우선주 자본금
> ＝보통주액면가×보통주식수＋우선주액면가×우선주식수

1 주식의 종류

(1) 보통주와 우선주

보통주 (Common Stock)	의결권, 배당권, 신주인수권, 잔여재산청구권 등이 부여된 주식
우선주 (Preferred Stock)	이익배당과 잔여재산분배 등 재산상 권리가 보통주보다 우위에 있는 반면, 일반적으로 의결권이 없는 주식

(2) 우선주 – 우선권의 내용에 따라

① 이익배당우선주: 보통주주가 이익배당을 받기 전에 일정률의 배당을 우선적으로 받을 수 있는 권리가 부여된 주식이다. 누적적·비누적적, 참가적·비참가적으로 구분가능하다.

② 전환우선주(Convertible Preferred Stock): 우선주 주주의 의사에 따라 보통주로 전환될 수 있는 권리를 부여받은 주식이다.

③ 상환우선주(Callable Preferred Stock): 회사가 미래 특정시점에 약정된 조건으로 소각할 수 있는 주식이다.

2 주식의 발행

(1) 신규발행

① 액면발행: 주식의 발행가액이 액면가액과 동일한 경우에 해당한다.

② 할증발행: 주식의 발행가액이 액면가액을 초과하는 경우를 말한다.
→ 주식발행초과금(자본잉여금) 발생

③ 할인발행: 주식의 발행가액이 액면가액보다 작은 경우를 말한다.
→ 주식할인발행차금(자본조정) 발생
※ 주식의 할인발행은 원칙적으로 금지이나, 회사설립 후 2년이 지나면 주주총회의 특별결의와 법원의 인가를 얻어 가능하다.

- 상법에 의하면 정관에 회사가 발행할 주식의 총수(수권주식수), 1주의 금액, 회사의 설립 시에 발행하는 주식의 총수를 기재하도록 되어 있고, 회사의 설립 시에 발행하는 주식의 총수는 수권주식수의 1/4 이상이어야 한다고 규정되어 있다.
- 주식회사의 최저자본금은 5천만 원 이상, 1주당 액면가액은 100원 이상으로 균일하여야 한다.

(2) 증자(Capital Increase)

실질적 증자	기업의 경제적 실질에 영향을 미치는 증자	현금증자	주식발행의 대가로 현금을 납입
		현물출자	주식발행의 대가로 유형자산 등을 납입
형식적 증자	경제 실질의 변화없이 자본금만 증가시켜서 발행주식수 및 주당 가액을 변화시키는 증자	무상증자	자본잉여금과 이익준비금을 자본에 전입
		주식배당	이익배당 시 현금이 아닌 주식을 지급하는 것

(3) 자기주식(Treasury Stock)

① 의미: 이미 발행한 주식 중에서 추후에 재발행하거나 소각할 목적으로 발행한 회사가 이를 재취득한 주식을 말한다.

② 원칙적으로 금지되나, 예외적인 사유(주식의 소각, 합병이나 영업양수 목적, 회사의 권리를 실행하기 위한 목적, 주주가 주식매수청구권을 행사 시, 주식매수선택권 부여의 목적)의 경우 자기주식취득이 가능하다.

(4) 감자(Capital Reduction)

실질적 감자	자본금의 감소 시 자산의 유출이 수반되는 감자	주금액의 환급	거의 사용되지 않음
		주식소각	감자차익, 감자차손 발생
형식적 감자	회계장부상 자본금은 감소되지만 자산의 유출이 수반되지 않는 감자	주금절삭	발행주식수는 불변, 액면가액을 감소
		주식병합	주식액면가액은 불변, 발행주식수를 감소

03　자본잉여금

1 주식발행초과금

액면가액을 초과하여 주식을 발행하였을 경우(할증발행), 그 초과금액에 해당된다.

예 신주 1,000주를 발행해 증자 시 1주당 액면금액은 5,000원이고 1주당 발행가액은 6,000원일 경우의 회계처리

| (차) 현금 | 6,000,000 | (대) 자본금 | 5,000,000 |
| | | 주식발행초과금 | 1,000,000 |

2 감자차익

(1) 자본감소의 경우에 그 자본금의 감소액이 주식의 소각, 주금의 반환에 필요한 금액과 결손의 보전에 충당한 금액을 초과한 때에 그 초과액을 의미한다.

(2) 감자의 대가로 지급한 현금보다 감소한 자본의 액면가액이 클 경우에 발생한다.
　※ 감자차손(감자의 대가＞감소한 자본의 액면가액) 발생 시 자본조정으로 처리한다.

3 기타자본잉여금(자기주식처분이익 등)

(1) 주식발행초과금, 감자차익 이외의 자본잉여금을 의미한다.

(2) **자기주식처분이익**: 자기주식을 매입해서 처분할 때, 처분가액과 취득가액의 차이(처분가액＞취득가액 시)를 말한다. ※ 자기주식처분손실(처분가액＜취득가액)은 자본조정으로 처리한다.

04　이익잉여금(Retained Earnings)

1 이익잉여금의 의의

이익잉여금은 기업의 영업활동에 의해 창출된 이익 중에서 배당 등으로 사외에 유출되지 않고 사내에 유보한 이익을 의미한다.

2 이익잉여금의 분류

(1) **이익준비금(상법에 의한 법정적립금)**: 회사가 현금배당을 하는 경우 이익준비금의 잔액이 자본금의 50%에 달할 때까지 현금에 의한 이익배당의 10% 이상을 적립해야 한다.
　→ 이익준비금은 결손금 보전이나 자본금 전입의 목적으로 사용가능하다.

(2) **기타법정적립금**
　① 기업합리화적립금: 조세특례제한법에 의해 법인세를 감면받은 금액의 일부를 적립하여 이익을 내부로 유보시킨 것이다.
　② 재무구조개선적립금: 상장법인재무관리규정에 의해 재무구조가 부실한 상장법인이 자본의 충실화를 위해 적립하는 것이다. → 결손보전이나 자본금 전입의 목적으로 사용가능하다.

(3) **임의적립금**: 법률에 의해 강제적으로 적립하는 것이 아니라 정관의 규정 또는 주주총회의 결의로 적립하는 금액이다.

분류	목적	설정목적 달성 시	예
적극적 적립금	자금 또는 순자산을 증가시킬 목적으로 적립하는 것	소멸되지 않음	신축적립금, 사업확장적립금, 감채적립금
소극적 적립금	자본감소를 방지하거나 순자산의 감소를 억제할 목적으로 적립하는 것	이월이익잉여금으로 대체하여 소멸시킴	결손보전적립금, 배당평균적립금

(4) 차기이월이익잉여금 또는 차기이월결손금

① 의미: 유보이익 중에서 배당하거나 적립금으로 처분되지 않고 남은 이익잉여금을 뜻한다.

② 차기이월 이익잉여금＝전기이월이익잉여금±당기순손익－이익잉여금처분액

개념더하기 ▶ 결손금 처리순서

임의적립금 → 기타법정적립금 → 이익준비금 → 자본잉여금

05 자본조정(Capital Adjustment)

1 자본조정의 의의

(1) 자본조정이란 자본금, 자본잉여금, 이익잉여금의 어느 항목에도 속하지 않는 임시적인 자본항목으로서 자본에 차감 또는 가산되어야 하는 항목들을 의미한다.

(2) 이러한 자본조정 항목들은 일정 기간이 지남에 따라 소멸되는 특성을 가지고 있는데, 기업회계기준에 서는 주식할인발행차금, 자기주식, 감자차손, 자기주식처분손실, 미교부주식배당금, 주식매입선택권 등을 규정하고 있다.

2 자본조정의 종류

(1) 주식할인발행차금

① 주식을 할인발행할 경우 발행가액과 액면가액의 차이를 말한다.

② 원칙적으로 금지되나, 회사설립 2년 경과 후 주총의 결의를 거쳐, 법원의 허가를 받은 경우 가능하다.

③ 주식발행초과금이 있을 경우 우선상계처리하고 잔액이 남으면 자본에서 차감한다.

④ 주식발행연도로부터 3년 이내의 기간에 정액법으로 상각한다.

(2) 자기주식: 자기주식 취득 시 그 금액을 취득원가로 자본에서 차감하는 형식으로 기재하고 취득경위 · 향후처리계획 등을 주석으로 기재한다.

(3) 감자차손: 자본감소 시 소각된 주식의 액면가액보다 주주에게 환급되는 금액이 더 큰 경우에 그 차액을 의미한다. 자본에서 차감하는 형식으로 기재한다.

(4) 자기주식처분손실: 자기주식 매각 시 처분가액이 취득원가보다 적은 경우에 자기주식처분이익이 있는 경우는 먼저 상계하고 그것이 부족한 경우 그 차액을 의미한다. 자본에서 차감하는 형식으로 기재한다.

(5) 미교부주식배당금: 결산 시 이익잉여금처분계산서상의 주식배당액을 의미하며, 주주총회에서 확정된 후 주주들에게 교부될 주식을 의미하는 것으로 아직 교부되지는 않았다 하더라도 자본과 같은 성격에 해당되고 자본에 가산하는 항목이다.

1 기타포괄손익누계액의 의의

과거 자본조정으로 분류하였던 포괄손익들을 기타포괄손익누계액으로 하여, 정보이용자들에게 포괄손익에 관한 구체적이고 상세한 정보를 제공한다.

2 기타포괄손익누계액의 종류

기타포괄손익이란 기업실체가 일정기간 동안 소유주와의 자본거래를 제외한 모든 거래나 사건에서 인식한 자본의 변동액으로서 당기순이익에 기타포괄손익을 가감하여 산출한 포괄손익의 내용을 주석으로 기재한다. 여기서 기타포괄손익의 항목은 법인세비용을 차감한 순액으로 표시하는데 매도가능증권평가손익, 해외사업환산손익, 현금흐름위험회피 파생상품평가손익 등의 과목이 있으며 재무상태표일 때 현재 이러한 기타포괄손익의 잔액을 기타포괄손익누계액의 계정과목으로 재무상태표상 자본항목에 포함한다.

(1) 매도가능증권평가손익: 매도가능증권은 회사의 경영자가 피투자회사의 주식을 단기매매차익 이외의 목적으로 보유할 경우, 동 주식은 매도가능증권으로 회계처리하고 평가금액의 차이는 기타포괄손익에 반영한다.

(2) 현금흐름위험회피 파생상품평가손익: 미래 환율변동에 따라 외화매출액이 달라지는 데, 이러한 변동가능성은 경영진이 한 회계연도의 사업계획(실적계획)을 수립하고 달성하는데 예측가능성을 떨어뜨리는 요인이 된다. 이러한 변동가능성을 없애기 위해 미래 예상 외화매출액을 현재 시점의 환율로 고정시키기 위한 선물환 계약을 체결한다. 환율변동에 따라 현재 환율로 계산한 매출액보다 증가(감소)하는 금액과 선물환계약에서 발생하는 손익은 그 절대값은 같으나 부호(방향)이 서로 반대이므로 서로 금액효과가 상쇄되어, 환율이 어떻게 변동을 하는가와 무관하게 미래 매출액 및 매출채권의 현금회수액은 현재 시점의 환율로 고정된다.

(3) 해외사업환산손익: 해외지점, 해외사업소 또는 해외소재 지분법적용대상회사의 외화표시 자산·부채를 원화로 환산하는 경우에는 원칙적으로 화폐성·비화폐성법을 적용하지만, 영업·재무활동이 본점과 독립적으로 운영되는 해외지점, 해외사업소 또는 해외소재 지분법적용대상회사의 경우에는 예외적으로 현행환율법에 의해 원화로 환산할 수 있는데 이때 발생하는 환산손익은 해외사업환산손익의 과목으로 자본항목 중 기타포괄손익누계액에 포함하며 그 내용을 주석으로 기재한다.

CHAPTER 07 수익과 비용

01 수익

1 수익의 개념

기업의 주요 영업활동으로서의 재화의 생산·판매, 용역의 제공 등에 따른 경제적 효익의 유입으로서, 자산의 유입이나 증가 또는 부채의 감소를 의미한다. 즉, 순자산(Net Asset)의 증가를 의미한다. 이득은 주요 영업활동 이외의 부수적인 거래나 사건의 결과로 발생하는 순자산의 증가를 의미한다.

2 수익인식의 요건

(1) 실현주의(Realization Basis)

① 발생주의의 전제: 전통적으로 수익과 비용을 인식하는 방법에는 현금주의와 발생주의가 있으나, 현행회계에서는 기간별로 관련된 수익과 비용을 적절히 대응시켜 정확한 경영성과를 측정하는 발생주의를 따르고 있다.

② 발생주의의 한계 보완: 발생주의 적용이 실무상 어려움으로 인해 일정한 요건을 설정해 이 요건을 충족한 시점에서 수익이 발생한다고 보아 수익을 인식한다. → 실현주의(Realization Basis)

[실현주의의 수익인식 요건]

실현요건(측정요건)	실현되었거나 실현가능해야 한다. 즉, 수익금액이 합리적으로 측정가능해야 한다.
가득요건(발생요건)	수익창출활동을 위한 결정적이며 대부분의 노력이 발생하여야 한다.

(2) 수익획득과정에 따른 수익인식시점

① 제조기업이 제품을 판매하여 판매수익을 얻기 위해서는 원재료의 구입, 제품의 생산 및 대금의 회수 등 일련의 과정을 거쳐야 하고, 이러한 과정에서 수익은 제품의 가치가 증대함에 따라 점차적으로 발생한다.

② 이때 수익을 인식하는 시점을 언제로 하느냐하는 것이 중요한 과제인데, 앞서 언급한 실현주의(측정요건, 발생요건)에 부합되는 시점으로 결정하여 수익을 인식한다.

③ 현행회계기준에서는 거래형태별로 ㉠ 재화의 판매, ㉡ 용역의 제공, ㉢ 이자·배당금·로열티수익으로 구분하여 각 기준을 적용하고 있다.

구분	수익인식기준	필요조건
재화의 판매	판매기준	• 실현요건: 경제적 효익의 유입가능성과 수익금액의 측정가능성 • 가득요건: 재화의 실질적 인도와 원가의 측정가능
용역의 제공	진행기준	• 실현요건: 경제적 효익의 유입가능성과 수익금액의 측정가능성 • 가득요건: 원가의 측정가능성 • 진행요건: 진행률의 측정가능성
이자·배당금·로열티수익	발생기준	실현기준: 경제적 효익의 유입가능성과 수익금액의 측정가능성

3 수익의 분류(포괄손익계산서)

영업수익	기업의 주된 경영활동에서 발생하는 수익
	매출액
영업외수익	기업의 주된 경영활동 이외의 부수적인 활동에서 발생하는 반복적이며 경상적으로 발생하는 수익
	이자수익, 배당금수익, 임대료, 단기매매증권처분이익, 단기매매증권평가이익, 외환차익, 외화환산이익, 지분법평가이익, 매도가능증권감액손실환입, 장기투자 자산손상차손환입, 투자자산처분이익, 유형자산처분이익, 사채상환이익, 법인세환급액, 유형자산감액손실환입, 전기오류수정이익, 자산수증이익, 채무면제이익, 보험차익

4 특수한 재화판매

(1) 위탁판매(Consignment Sales)

① 의미: 자기(위탁자)의 상품을 타인(수탁자)에게 위탁하여 판매하는 형태의 판매를 말한다.

② 기업회계기준: 상품의 위탁발송 시 상품원가와 제비용을 '적송품' 계정 차변에 기입하였다가 수탁자가 위탁품을 판매한 날 수익을 인식한다(매출 또는 적송품 매출).

(2) 시용판매(Sales on Approval)

① 의미: 주문을 받지 않고 상품 등을 고객에게 인도하여 고객이 그 상품을 사용해 보고, 매입하겠다는 의사표시를 함으로써 판매가 성립되는 형태의 판매이다.

② 기업회계기준: 수익은 매입자가 매입의사표시를 한 날에 인식하도록 규정한다. 기말 현재 매입자로부터 매입의사표시가 없는 시송품은 창고에 없다고 할지라도 판매자의 기말재고에 포함시킨다.

(3) 이자·배당금·로열티수익

① 이자수익은 원칙적으로 유효이자율을 적용하여 발생기준에 따라 인식한다.

② 배당금수익은 배당금을 받을 권리와 금액이 확정되는 시점에 인식한다.

③ 로열티수익은 관련된 계약의 경제적 실질을 반영하여 발생기준에 따라 인식한다.

1 비용의 개념

기업의 주요 영업활동으로서의 재화의 생산·판매, 용역의 제공 등의 대가로 발생하는 자산의 유출 또는 부채의 증가를 의미한다. 즉, 순자산(Net Asset)의 감소를 의미한다. 손실은 주요 영업활동 이외의 부수적인 거래나 사건의 결과로 발생하는 순자산의 감소를 의미한다.

2 비용의 인식

구분	비용인식기준	예시
직접대응	동일한 거래나 사건과 직접적으로 결부되어 발생하는 수익과 비용은 동일한 회계기간에 인식	매출원가, 판매직원수수료
발생 즉시 인식	취득과 동시에 또는 취득 후 즉시 소비되는 재화 및 용역의 취득과 관련하여 발생하는 판매비와 관리비 등의 비용은 현금이 지출되거나 부채가 발생하는 회계기간에 인식	급여, 광고선전비
기간배분	상각대상자산을 사용함에 따라 발생하는 감가상각비와 여러 회계기간에 걸쳐 소비되는 비용은 체계적이고 합리적인 배분절차에 따라 당해 비용으로부터 효익이 기대되는 여러 기간에 걸쳐 인식	감가상각비, 무형자산상각비

3 비용의 분류(포괄손익계산서)

영업상 비용	매출원가	영업상 수익인 매출액에 대응되는 비용 (매출원가＝기초상품재고＋당기매입액－기말상품재고)
	판매비와 관리비	급여, 퇴직급여, 복리후생비, 임차료, 접대비, 감가상각비, 무형자산상각비, 세금과공과, 광고선전비, 연구비, 경상개발비, 대손상각비, 소모품비, 보험료, 수도광열비, 잡비, 여비교통비, 운반비
영업외비용	기업의 주요 영업활동 이외에 부수적으로 발생하는 경상적이며 반복적인 비용	
	이자비용, 기타의 대손상각비, 단기매매증권처분손실, 단기매매증권평가손실, 재고자산감모손실, 외환차손, 외화환산손실, 기부금, 지분법평가손실, 매도가능증권감액손실, 장기투자자산손상차손, 투자자산처분손실, 유형자산처분손실, 사채상환손실, 법인세추납액, 전기오류수정손실, 재해손실	
법인세비용	법인세법상의 당해 사업연도에 부담할 법인세	
	법인세±이연법인세 변동액	

08 회계변경·오류수정과 기타주제

01 회계변경(Accounting Change)

1 의의

회계변경이란, 기업이 처한 경제적 · 사회적 환경의 변화 및 새로운 정보의 입수에 따라 과거에 채택한 회계처리방법이 기업의 재무상태나 경영성과를 적절하게 표시하지 못할 경우 과거의 회계처리방법을 새로운 회계처리방법으로 변경하는 것을 의미한다.

2 회계변경의 정당한 사유

정당한 회계변경은 회계정책 및 회계추정의 변경을 통하여 회계정보의 유용성을 높이는 경우 또는 기업회계기준이 새로 제정되거나 개정됨에 따라 회계정책을 변경하는 경우로 규정하고 있다.

정당한 회계변경	의미
① 기업환경의 중대한 변화	합병, 사업부 신설, 대규모 투자, 사업의 양수 등 기업환경의 중대한 변화에 의하여 총자산이나 매출액, 제품의 구성 등이 현저히 변동됨으로써, 종전의 회계정책을 적용할 경우 재무제표가 왜곡되는 경우
② 업계의 합리적 관행 수용	동종산업에 속한 대부분의 기업이 채택한 회계정책 또는 추정방법으로 변경함에 있어서 새로운 회계정책 또는 추정방법이 종전보다 더 합리적이라고 판단되는 경우
③ 기업최초공개(IPO)	한국증권거래소나 공신력있는 외국의 증권거래시장 상장 또는 한국증권업협회중개시장(KOSDAQ) 등록을 통하여 기업을 최초로 공개하기 위하여 공개시점이 속하는 회계기간의 직전회계기간에 회계변경을 하는 경우
④ 기업회계기준의 제 · 개정	기업회계기준의 제정 · 개정 또는 기존의 기업회계기준에 공사 새로운 해석에 따라 회계변경을 하는 경우

→ ④를 제외한 ①, ②, ③의 경우에는 회계변경의 정당성을 기업이 입증해야 한다. 이때, ①~④의 사유가 없는 변경은 회계상의 오류로서 기업회계기준에 위배되며, 단순히 세법의 규정을 따르기 위한 회계변경과 이익조정을 주된 목적으로 하는 회계변경은 정당한 회계변경으로 인정하지 않는다.

3 회계변경의 유형

(1) 회계정책의 변경(Changes in Accounting Policy)

① 의미: 기업이 재무제표의 작성과 보고에 적용하던 회계정책을 다른 회계정책으로 바꾸는 것을 의미하며, 일반적으로 인정된 회계원칙(GAAP)에서 또 다른 일반적으로 인정된 회계원칙으로의 변경을 지칭한다.

※ 일반적으로 인정되지 않는 회계원칙 → 일반적으로 인정된 회계원칙(GAAP)으로의 변경 → 회계
오류수정

② 예시

회계정책	변경 전		변경 후
감가상각법	정액법		정률법
재고자산원가흐름의 가정	FIFO	→	LIFO
투자유가증권 평가방법	원가법		지분법
수익인식방법	회수기준		판매기준

(2) 회계추정의 변경(Changes in Accounting Estimate)

① 의미: 새로운 자료나 추가적인 정보의 입수에 따라 회계추정치를 변경하는 것을 의미한다. 회계추정
의 변경은 처음 추정할 당시에 이용가능한 모든 정보를 충분히 이용하여 성실히 수행한 경우에만 해
당한다.

※ 처음 추정할 당시 이용가능한 정보의 고의적인 누락 등으로 인한 변경 → 회계오류의 수정

② 예시

ⓧ 수취채권의 대손추정률을 기말채권잔액의 2%에서 1%로 변경

ⓛ 감가상각자산의 잔존가치나 내용연수추정의 변경

ⓒ 무형자산의 상각기간의 변경

ⓔ 제품보증 시에 예상보증비용의 변경

ⓜ 광산업에 있어서 광물추정매장량의 변경

(3) 보고실체의 변경(Changes in Reporting Entity)

① 의미: 회계보고서 작성에 있어서 보고대상이 되는 기업의 범위가 변경되는 것을 의미한다.

② 예시

ⓧ 연결(결합)재무제표에 포함되는 연결(결합)회사에 변동이 있는 경우

ⓛ 개별재무제표를 작성하는 대신 연결재무제표를 작성하는 경우

→ ⓛ의 경우는 개별재무제표가 주재무제표로 되어 있는 우리나라에는 해당되지 않음

4 회계변경의 회계처리

(1) 회계처리의 종류

종류	회계처리	전기의 재무제표
소급법	기초시점에서 새로운 회계방법의 채택으로 인한 누적적 영향을 계산하여 이월이익잉여금을 수정	수정
당기적 처리법	기초시점에서 새로운 회계방법의 채택으로 인한 누적적 영향을 계산하여 회계변경수정손익을 당기 손익으로 처리	불변
전진법	과거의 재무제표에 대해서는 수정하지 않고 변경된 새로운 회계처리방법을 당기와 미래기간에 반영	불변

(2) 회계변경 유형별 기업회계기준

구분	회계처리	전기 재무제표의 수정
회계정책의 변경	소급법	수정
회계추정의 변경	전진법	불변
보고실체의 변경	언급없음	언급없음

02 오류수정(Accounting Errors)

1 의의

전기 또는 그 이전 재무제표에 포함된 회계적 오류를 당기에 발견하여 이를 수정하는 것을 의미하며 기업회계기준에서는 오류로 인하여 전기 이전의 손익이 잘못되었을 경우 이를 이월이익잉여금으로 처리하지 않고 전기오류수정이익 또는 전기오류수정손실이라는 계정과목으로 하여 당기 영업외손익으로 처리하도록 규정한다.

2 오류수정의 유형

회계원칙 적용의 오류	수익·비용을 인시함에 있어서 발생주의가 아닌 현금주의를 적용한 경우
회계추정상의 오류	대손예상액을 경험부족, 부주의로 인해 잘못 추정한 경우
계정분류상의 오류	유동부채를 비유동부채로 분류하거나 영업외비용을 판관비로 분류해 공시한 경우 등
계산상의 오류	덧셈, 뺄셈 등 계산상의 오류
거래의 누락	당기에 속하는 거래를 다음 기의 거래로 분류한 경우

3 회계변경과의 차이

새로운 사건이나 정보의 입수에 따라 과거의 추정을 변경하는 경우에 발생하는 수정사항은 오류수정이 아니라 회계추정이며, 오류수정은 과거의 잘못된 정보나 경험부족, 부주의 등으로 인해 추정치를 잘못 측정한 경우에 해당된다.

03 기타의 주제

1 리스회계

(1) 리스(Lease)의 개념: 리스란 리스회사(임대인, Lessor)가 특정 자산의 사용권을 일정 기간 동안 리스이용자(임차인, Lessee)에게 이전하고, 리스이용자는 그 대가로 리스회사에 사용료를 지급하는 계약을 의미한다.

(2) 리스의 장점(리스이용자 입장)

① 자산을 직접 구입하면 일시에 많은 금액이 필요하지만 리스이용 시 소액의 리스료로 자산을 이용할 수 있다.

② 필요한 자산을 필요한 기간 동안만 이용가능하므로 자산의 진부화 위험을 회피할 수 있다.

③ 자산을 직접 구입하는 경우의 감가상각비보다 더 많은 리스료를 비용으로 인식할 수 있으므로 세금 절감효과가 발생한다.

(3) 리스의 분류: 리스자산의 소유에 따른 위험과 효익이 실질적으로 리스이용자에게 이전되는 경우에는 금융리스로 분류하고 그 이외의 경우에는 운용리스로 분류한다.

① 금융리스(Direct Financing Lease)

㉠ 일종의 선물융자로서 대여한 이후에 보수와 운영 등에 관여하지 않고 리스기간이 장기이며 중도 해약이 원칙적으로 인정되지 않는 리스방법이다.

㉡ 매기 지급할 리스료의 현재가치가 리스자산의 공정가치와 비슷할 경우에 사용한다.

㉢ 리스기간이 리스자산의 내용연수와 별 차이가 없는 경우 사용한다.

㉣ 매기 지급할 리스료의 현재가치를 자본화하여 그에 따른 감가상각비를 인식한다.

② 운용리스(Operating Lease)

㉠ 대여 후에 계속 운영수선 등 사후봉사를 하며, 기간이 비교적 단기적이고 사전통지 후에 계약을 중도 해약할 수 있는 리스방법이다.

㉡ 실질적인 소유권 이전에 공사 조항이 없는 리스계약일 경우에 해당한다.

㉢ 자본화하지 않는다.

2 연결재무제표와 결합재무제표

(1) 연결재무제표(Consolidated Financial Statement)

① 의미: 법적으로는 독립적이지만 경제적으로는 종합적·유기적 관계를 맺고 있는 기업들을 일괄해 하나의 기업으로 보고 작성한 재무제표로 연결재무상태표와 연결포괄손익계산서로 구성한다.

② 연결재무상태표: 모기업과 자회사를 중심으로 작성한 재무상태표로 4가지 연결조정(모회사 주식과 자회사 자본의 상쇄제거 → 모자회사 간의 대차의 제거 → 모자회사 간의 이익의 제거 → 모자회사 간 자산·부채·자본금의 합병·정리)을 한 뒤에 작성한다.

③ 연결포괄손익계산서: 연결관계에 있는 회사들의 총체적인 회계기간의 경영실적을 나타내는 손익계산서로 지배회사의 개별포괄손익계산서를 기초로 여기에 지배종속회사 간 및 종속회사 상호 간 거래액과 미실현 손익을 상계제거하여 작성한다.

(2) 결합재무제표: 2개 이상의 기업이 특정인에 의해 지배되고 있는 경우 회사 간 내부거래를 제거한 후 개별재무제표를 수평적으로 결합한 재무제표를 말한다. 현행 연결재무제표(Consolidated Financial Sheets)가 기업집단의 범위를 회사가 일정 지분 이상을 소유하고 있는 기업으로 한정하고 있는 데 비해 결합재무제표는 기업집단 소유자를 중심으로 한 특수관계인(친인척 및 계열회사를 포함) 모두의 지분을 합하여 종속회사의 지배여부를 판단함으로써 기업집단의 재무구조와 경영성과를 바로 파악할 수 있게 된다.

09 원가회계의 기초

01 원가의 기초개념

1 원가의 의미

원가(Cost)란 특정 목적을 달성하기 위하여 발생하거나 잠재적으로 발생할 희생(Sacrifices)을 화폐적으로 측정한 것을 의미

원가 중에서 미소멸된 부분을 자산(Asset)이라고 하고 소멸된 원가 중에서 수익의 실현에 기여한 부분은 비용(Expense), 수익의 실현에 기여하지 못한 부분은 손실(Loss)이라고 한다.

자산, 원가, 비용, 손실의 관계

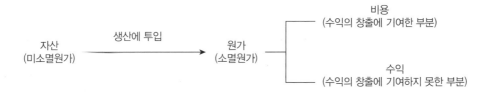

예 제품의 생산에 사용할 원재료를 구입하여 보관 중일 경우 → '원재료'(자산)

원재료를 제품생산을 위해 생산과정에 투입될 경우 → '직접재료원가'(원가)

제품이 판매되어 매출이라는 수익이 실현될 경우 → '매출원가'(비용)

제품이 판매되지 않고 도난되었을 경우 → 손실

2 원가의 분류

원가회계가 외부보고, 계획수립과 통제, 특수한 의사결정 등의 다양한 목적에 사용되기 위해서는 그 목적에 따라 각각 다른 원가정보가 필요하며, 이를 위해서 원가를 분류하는 것이다.

(1) 추적가능성에 따른 분류: 원가배부(Cost Allication)는 원가 할당, 비용부담(Cost Allocation)은 자원투자 분배 (배분)의 의미를 가지고 있다.

  ① 직접원가(Direct Cost)

    ㉠ 특정 원가 집적대상과 직접적인 관련이 있는 원가를 말한다.

    ㉡ 원가추적(Cost Tracing): 직접원가를 원가집적대상에 할당하는 것이다.

  ② 간접원가(Indirect Cost)

    ㉠ 특정 원가 집적대상과 직접적인 관련이 없는 원가를 말한다.

    ㉡ 원가배부(Cost Allication): 간접원가를 원가집적대상에 할당하는 것에 따라 분류한다.

(2) 기능에 따른 분류

① 제조원가(Manufacturing Cost): 제품을 생산하기 위해서는 원재료와 이를 가공할 노동력, 생산설비 및 기타 용역이 필요하며, 제조원가란 이와 같이 제품을 생산하는 과정에서 소요되는 모든 원가를 의미한다. 직접재료비, 직접노무비, 제조간접비로 구분이 가능하다.

　㉠ 직접재료비(Direct Materials): 제품을 생산하기 위해 사용되는 원재료의 원가로서 특정 제품에 직접 추적할 수 있는 원가를 의미한다.

　㉡ 직접노무비(Direct Labor): 생산직 근로자에게 노동의 대가로 지급되는 원가로서 특정제품에 직접 추적할 수 있는 원가를 의미한다.

　㉢ 제조간접비(Factory Overhead): 직접재료비와 직접노무비 이외의 모든 제조원가를 의미하며, 특정제품에 추적이 불가능하므로 합리적인 배분절차가 필요하다.

② 비제조원가(Non-Manufacturing Costs): 비제조원가는 제조활동과 관계없이 판매 및 관리활동과 관련하여 발생하는 원가를 의미하며 판매비와 관리비로 나눌 수 있다.

　㉠ 판매비(Marketing Costs): 고객의 주문을 받아 제품을 인도하는 과정에서 소요되는 원가

　　예 판매수수료, 광고선전비, 판매원의 급여, 판매부서의 운영비, 판매운송비

　㉡ 관리비(Administrative Costs): 기업조직을 유지하고 관리하기 위해 소요되는 원가

　　예 사무용 건물의 임차료, 감가상각비, 보험료, 재산세, 수선유지비, 전력비, 경영자나 사무원의 급여, 관리부서의 운영비, 사무용 소모품비

　㉢ 판매비와 관리비는 제조간접비와 유사한 면이 있으나 서로 다른 면이 있으므로 명확히 구별해야 한다.

제조간접비	판매관리비
기계장치나 공장건물에 공사 감가상각비, 보험료, 수선유지비	사무실(본사)건물에 공사 감가상각비, 보험료, 수선유지비
생산직관리자의 급여	판매원의 급여
공장사무실의 운영비	판매부서의 운영비
공장소모품비	사무용 소모품비
공장의 전력비, 동력비 등	사무실건물의 전력비, 동력비 등

(3) 원가의 행태에 따른 분류: 원가행태(Cost Behavior)란 제품의 생산량이나 작업시간으로 표시되는 조업도의 수준이 변화함에 따라 총원가가 변화하는 양상을 의미하며 조업도(Volume)는 기업이 보유하고 있는 자원의 이용정도를 나타내는 개념으로서 상황에 따라서 생산량, 판매량, 매출액, 직접노동시간, 기계시간 등 원가와 논리적인 인과관계가 있는 여러 가지의 척도로 측정된다.

① 변동비(Variable Cost): 조업도의 변동에 따라 총액이 비례적으로 변화하는 원가, 단위당 변동비는 총변동비의 기울기로서 조업도에 관계없이 일정하다.

② 고정비(Fixed Cost): 조업도의 변동에 관계없이 총액이 일정한 원가, 단위당 고정비는 조업도가 증가함에 따라 점점 낮아진다.

③ 준변동비(Semi-Variable Cost): 변동비와 고정비의 두 요소를 모두 가지고 있는 원가, 혼합원가(Mixed Cost)라고도 한다. 조업도가 0일 때 고정비처럼 일정한 값을 갖고 조업도가 증가함에 따라 변동비처럼 증가한다.

　예 전력비, 수선유지비

④ 준고정비(Semi-Fised Cost): 일정한 범위의 조업도 내에서는 일정하지만 그 범위를 벗어나면 총액이 달라지는 원가, 계단원가(Step Cost)라고도 한다.

　예 일정 수준의 근로자 당 생산감독자 파견문제

(4) 의사결정과의 관련성에 따른 분류

① 매몰원가(Sunken Cost): 경영자가 통제할 수 없는 과거의 의사결정으로부터 발생한 역사적 원가로서 현재 또는 미래에 어떤 의사결정을 하더라도 회수할 수 없는 원가를 의미한다. 의사결정에 고려할 필요가 없다.

② 관련원가와 비관련원가: 관련원가(Relevant Cost)란 여러 대안 사이에 차이가 있는 미래원가로서 의사결정에 직접적으로 관련되는 원가를 의미하며, 비관련원가(Irrelevant Cost)는 여러 대안 사이에 차이가 없는 원가로서 의사결정에 영향을 미치지 않는 원가를 의미한다.

③ 기회비용과 지출원가: 기회비용(Opportunity Cost)이란 재화, 용역, 생산설비 등의 자원을 현재의 용도 이외의 다른 대체적인 용도에 사용할 경우 얻을 수 있는 최대금액을 의미한다. 기회비용은 실제 현금이나 다른 자원의 지출을 필요로 하지 않으며 회계장부에도 기록되지 않지만 의사결정 시 반드시 고려해야 한다. 지출원가(Outlay Cost)란 현재 또는 미래에 현금이나 기타 다른 자원의 지출을 필요로 하는 원가를 의미한다.

④ 회피가능원가와 회피불가능원가: 회피가능원가(Avoidable Cost)란 특정한 대체안을 선택함으로써 절약되거나 발생하지 않는 원가를 의미하며 회피불가능원가(Unavoidable Cost)란 특정한 대체안을 선택하는 것과 관계없이 계속해서 발생하는 원가를 의미한다.

⑤ 차액원가(Differential Cost): 여러 대체안 사이에 차이가 나는 원가를 의미하며 증분원가(Incremental Cost)라고도 한다.

⑥ 부가원가(Imputed Cost): 현금지출을 수반하지 않으며 회계장부에 기록되지도 않지만 가치의 희생으로 계상할 수 있는 원가를 의미하며 내재원가라고도 한다.

　예 자금을 시장이자율보다 낮은 이자율로 빌려준 대가로 시장가격보다 낮은 가격으로 원재료의 구매계약을 맺은 경우 의사결정과 관련하여 원재료의 구입원가로 인식해야 할 금액은 다음과 같다. 원재료의 구입원가=계약가격+빌려준 자금의 이자율과 시장이자율의 차이에 해당하는 이자액(부가원가)

1 기본원가(Prime Cost)=제 1원가

기초원가, 주요원가라고도 하며 제품을 제조하는 데 직접적으로 관련된 원가로 직접재료비와 직접노무비의 합으로 구성된다.

> 기본원가=직접재료비+직접노무비

2 제조원가(Manufacturing cost)=제 2원가

제품을 생산하는 과정에서 소비된 원가로 기본원가에 제조간접비를 가산한 원가이다.

> 제조원가=기본원가+제조간접비

3 총원가(Total Cost)

> 총원가=제조원가+판매비와 관리비

4 판매가격(selling price)

> 판매가격=총원가(판매원가)+판매이익

[원가구성도]

			판매이익	
		판매비와 관리비		
	제조간접비			
직접재료비		제조원가	총원가 (판매원가)	판매가격
직접노무비	기본원가			

10 제품제조의 원가흐름

01 제조원가의 흐름

제조기업은 상기업과 달리 제조과정을 통하여 이익을 얻으므로 보통 다음과 같은 세 가지 종류의 재고자산계정을 설정한다.

원재료 (Raw Materials)	제조과정에 투입하기 위하여 보유하고 있는 재고자산
재공품 (Work-in-Process)	제조과정이 진행 중에 있는 재고자산
제품 (Finished Goods)	제조과정을 종료하여 판매를 위해 보관하고 있는 재고자산

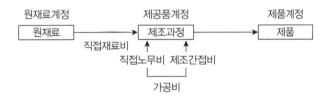

제조과정에 투입된 모든 원가는 일단 재공품계정에 집계되며, 이중 완성된 제품의 원가는 제품계정에 대체된다. 제품이 판매되면 판매된 제품의 원가는 매출원가 계정으로 다시 대체된다.

02 원가계산절차명세서

1 당기총제조원가(Current Manufacturing Costs)

(1) 의미: 당기에 제조과정에 투입된 모든 제조원가를 의미하며 직접재료비, 직접노무비, 제조간접비의 합계로 표시한다.

> 당기총제조원가=직접재료비+직접노무비+제조간접비

(2) 구성요소

① **직접재료비:** 당기에 제조과정에 투입된 원재료의 원가를 말한다.

> 직접재료비=기초원재료재고액+당기원재료매입액−기말원재료재고액

② **직접노무비**: 당기에 제조과정에 투입된 생산직 근로자의 급여를 말한다.

③ **제조간접비**: 직접재료비와 직접노무비를 제외하고 당기에 제조과정에 투입된 모든 제조원가로서 공장건물이나 기 계장치의 임차료, 감가상각비, 보험료, 재산세, 수선유지비, 전력비, 생산감독자의 급여 등을 의미한다.

2 당기제품제조원가(Cost of Goods Manufactured)

당기에 완성된 제품의 제조원가를 의미한다.

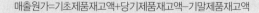

당기제품제조원가=기초재공품 재고액+당기총제조원가−기말재공품재고액

※ 당기총제조원가는 당기에 제조과정에 투입된 제조원가

당기제품제조원가는 당기에 완성된 제품의 제조원가

3 매출원가(Cost of Goods Sold)

당기에 판매된 제품의 원가를 의미한다.

매출원가=기초제품재고액+당기제품재고액−기말제품재고액

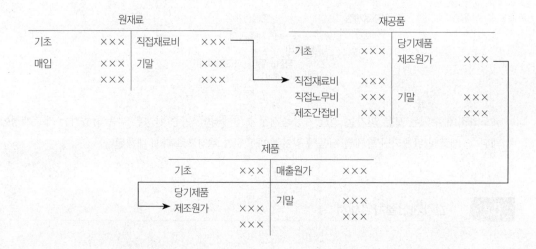

1 포괄손익계산서

제조기업은 상기업과 달리 제품을 제조하여 판매함으로써 이익을 얻는다. 따라서 제조기업은 상기업과는 다른 양식의 포괄손익계산서를 사용한다.

상기업			제조기업		
매출액		XXX	매출액		XXX
매출원가			매출원가		
기초상품재고액	XXX		기초제품재고액	XXX	
당기상품매입액	XXX		당기제품제조원가	XXX	
계	XXX		계	XXX	
기말상품재고액	XXX	XXX	기말제품재고액	XXX	XXX
매출총이익		XXX	매출총이익		XXX
판매비와 관리비		XXX	판매비와 관리비		XXX
영업이익		XXX	영업이익		XXX

2 제조원가명세서

제조원가 명세서		
Ⅰ. 직접재료비		
1. 기초원재료재고액	XXX	
2. 당기원재료매입액	XXX	
계	XXX	
3. 기말원재료재고액	XXX	XXX
Ⅱ. 직접노무비		
1. 기본급	XXX	
2. 제수당등	XXX	
…	…	XXX
Ⅲ. 제조간접비		
1. 감가상각비	XXX	
2. 동력비	XXX	
3. 보험료	XXX	
4. 수선유지비등	XXX	
…	…	XXX
Ⅳ. 당기총제조원가		XXX
Ⅴ. 기초재공품재고액		XXX
합계		XXX

Ⅵ. 기말재공품재고액	XXX
Ⅶ. 당기제품제조원가	XXX

제조기업의 당기제품제조원가는 상기업의 당기상품매입액에 해당하는 개념임을 알 수 있으며, 기업회계기준에 의하면 제조기업의 경우 위와 같은 양식의 제조원가명세서를 작성하여 당기제품제조원가의 계산근거를 나타내도록 하고 있다. 제조원가명세서는 재무제표의 부속명세서로서 재공품계정의 변동사항을 요약한 것이다.

04 제조원가의 회계처리

1 직접재료비

기업에서 직접재료비를 산정하기 위해 사용하는 계정은 원재료계정이므로 원재료를 구입하면 구입 시에 그 금액을 원재료계정의 차변과 매입채무계정의 대변에 기록한다. 기말에 당기의 원재료 사용액, 즉 직접재료비를 재공품계정의 차변과 원재료계정의 대변에 기록한다.

원재료 구입 시

(차) 원재료	×××	(대) 매입채무	×××

원재료 구입 시

(차) 재공품	×××	(대) 원재료	×××

2 직접노무비

당기에 제조과정에 투입된 생산직 근로자의 임금, 즉 직접노무비를 산정하기 위하여 사용하는 계정은 노무비계정이다. 임금을 지급하면 그 금액을 노무비계정의 차변과 현금계정의 대변에 기입하고, 당기에 발생하였으나 기말 현재까지 지급하지 않은 미지급임금은 기말에 노무비계정의 차변과 미지급임금계정의 대변에 기입한다. 그리고 기말에 당기의 직접노무비가 확정되면 이를 노무비계정에서 재공품계정으로 대체한다.

※ 제품별로 직접 추적할 수 없는 노무비(생산감독자의 급여, 수선작업자의 급여)→간접노무비(제조간접비로 분류)

노무비 발생 시

(차) 노무비	×××	(대) 현금	×××
		미지급임금	×××

제조간접비 발생

(차) 제조간접비	×××	(대) 수선유지비	×××
		감가상각비	×××
		전력비	×××

제조간접비 대체

(차) 제공품	×××	(대) 제조간접비	×××

3 제조간접비

직접재료비나 직접노무비 이외의 모든 제조원가를 의미하며, 공장건물이나 기계장치의 감가상각비, 수선유지비, 전력비, 생산감독자의 급여 등을 포함한다. 제조간접비가 발생하면 기중이나 기말에 각 계정에 기록하고 기말에 제조간접비계정에 집계한 후 재공품계정으로 대체한다.

제조간접비 발생

(차) 수선유지비	×××	(대) 현금	×××
감가상각비	×××	감가상각누계액	×××
전력비	×××	미지급비용	×××

제조간접비 집계

(차) 제조간접비	×××	(대) 수선유지비	×××
		감가상각비	×××
		전력비	×××

제조간접비 대체

(차) 재공품	×××	(대) 제조간접비	×××

4 당기제품제조원가와 매출원가

당기에 완성된 제품의 원가, 즉 당기제품제조원가가 확정되면 이를 재공품계정에서 제품계정으로 대체한다. 그리고 당기에 판매된 제품의 원가, 즉 매출원가를 산정하여 이를 제품계정에서 매출원가계정으로 대체한다.

제품의 완성

(차) 제품	×××	(대) 재공품	×××

제품의 판매

(차) 매출원가	×××	(대) 제품	×××

01

다음 중 재고자산의 종류가 아닌 것은?

① 제품
② 재공품
③ 비품
④ 상품

02

다음 중 회계상의 거래가 아닌 것은?

① 수탁상에게 매입을 위탁하다.
② 상품일부를 도난당하다.
③ 화재로 인하여 점포가 소실되다.
④ 판매를 위탁하기 위하여 상품을 발송하다.

03

역사적 원가의 원칙의 한계점으로 틀린 것은?

① 자산을 취득한 시점에서의 가치이므로 과거원
   가를 나타낸다.
② 현행판매가격에 과거원가가 대응되어 수익과
   비용이 적절하게 대응되지 못한다.
③ 객관적이며, 적시성 있는 정보를 제공한다.
④ 자산의 가치변동이 심한 경우 역사적 원가의
   의미를 상실한다.

04

다음 단기매매증권을 기말에 기업회계기준에 의한
공정가액법으로 평가할 경우 옳은 것은?

구분	취득원가	공정원가
A회사 주식	₩300,000	₩340,000
B회사 주식	₩430,000	₩370,000

① (차) 단기매매증권평가손실 40,000
   (대) 단기매매증권 40,000
② (차) 단기매매증권평가손실 30,000
   (대) 단기매매증권 30,000
③ (차) 단기매매증권평가손실 20,000
   (대) 단기매매증권 20,000
④ (차) 단기매매증권평가손실 10,000
   (대) 단기매매증권 10,000

05

자산에 속하는 계정과목끼리 연결되어 있는 것은?

① 소모품 - 선대금 - 미수금 - 선수금
② 미결산 - 차입금 - 미지급금 - 어음대여금
③ 대여금 - 매출채권 - 단기매매증권 - 미착상품
④ 미수금 - 가수금 - 매출채권 - 어음차입금

06

회계의 사회적 역할이 아닌 것은?

① 사회적 통제의 합리화
② 사회적 자원(social resource)의 효율적 배분
③ 수탁책임(stewardship responsibilities)에 대한 보고
④ 경영자와 주주 사이의 대리비용 절감

01 　정답 ③

비품은 내용연수가 1년 이상으로 그 금액이 상당액 이상인 책상, 의자 등 고정시켜 사용하는 물품으로서 유형자산의 하나이며 이를 취득했을 때는 비품계정 차변에 기입한다.

02 　정답 ①

회계상의 거래는 상식적인 거래이나 회계상의 거래가 아닌 것은 임대차계약, 상품의 매매계약, 상품 주문서 발송, 건물·토지 등의 담보설정이며 장부에 기록하지 않는다. 상식적인 거래는 아니라도 회계상의 거래인 것은 상품의 화재, 도난, 기부, 파손, 상품가격의 하락 등이며 장부에 기록해야 한다.

03 　정답 ③

역사적 원가의 원칙은 원가가 객관적으로 결정된다는 점, 원가의 결정이 확실하고 용이하다는 점, 검증 가능하다는 점에서 지지를 받고 있으나 현재가치를 반영하지 못한다는 점에서 비판을 받고 있다.

04 　정답 ③

구분	취득원가	공정원가
A회사 주식	₩300,000	₩340,000
B회사 주식	₩430,000	₩370,000
합계	₩730,000	₩710,000

주식의 취득원가의 합은 730,000원인데 공정원가(시가)는 710,000원이므로 20,000원 만큼 가치가 하락하여 평가손실이 발생한다.

05 　정답 ③

자산(Assets)이란 과거의 거래나 사건의 결과로서 현재 기업실체에 의해 지배되고 미래에 경제적 효익을 창출할 것으로 기대되는 자원이다. 자산의 분류에서 유동자산에는 당좌자산과 재고자산이 있고 비유동자산에는 투자자산, 유형자산, 무형자산, 기타비유동자산이 있다.

06 　정답 ④

회계의 사회적 역할은 사회적 자원의 효율적 배분으로 투자의사결정과 신용의사결정 시 생산성이 높은 기업에 투자하도록 유도함으로써 사회적 자원을 효율적으로 배분하는 것이다.

07

거래가 발생하여 재무제표 작성까지의 과정을 바르게 설명한 것은?

① 분개 - 전기 - 시산표 - 정산표 - 장부마감 - 재무제표 공시
② 전기 - 분개 - 시산표 - 정산표 - 장부마감 - 재무제표 공시
③ 분개 - 시산표 - 전기 - 정산표 - 장부마감 - 재무제표 공시
④ 시산표 - 분개 - 전기 - 정산표 - 장부마감 - 재무제표 공시

09

다음 거래요소의 결합관계를 나타낸 것 중 옳은 것은?

현금 ₩50,000을 대여하다.

① 비용의 발생 - 자본의 감소
② 비용의 발생 - 자산의 감소
③ 자산의 증가 - 자본의 증가
④ 자산의 증가 - 자산의 감소

08

다음 포괄손익계산서 구분계산 중 틀린 것은?

① 판매관리비＋영업이익＝매출총이익
② 영업외비용＋경상이익＝영업외수익＋영업이익
③ 법인세비용＋당기순이익＝법인세비용차감전순이익
④ 계속사업이익＋법인세비용차감전순이익＝중단사업손익＋경상이익

10

다음 중 재무회계와 관리회계의 차이점이 아닌 것은?

① 재무회계는 경영자가 주로 이용하고, 관리회계는 투자자가 주로 이용한다.
② 재무회계는 화폐적 정보를 제공하고, 관리회계는 화폐적, 비화폐적 정보를 제공한다.
③ 재무회계는 재무기법을 이용하고, 관리회계는 경영기법을 이용한다.
④ 재무회계는 외부이용자를 위한 정보이고, 관리회계는 내부이용자를 위한 정보이다.

11

다음 중 회계정보의 질적 특성은 어느 것인가?

① 중요성과 비교가능성
② 목적적합성과 신뢰성
③ 예측가치와 피드백가치
④ 보수주의와 역사적 원가주의

12

회계처리에서 둘 이상의 회계처리가 가능할 때 가능한 한 순자산과 이익을 낮게 계상하려는 회계처리 방식을 무엇이라 하는가?

① 계속성의 원칙
② 실현주의
③ 보수주의(안전성)
④ 중요성의 원칙

07 정답 ①

'분개-전기-시산표-정산표-장부마감-재무제표 공시'의 과정으로 진행된다.

08 정답 ④

기업회계기준에서는 포괄손익계산서를 보고식으로 표시하도록 규정하고 있으며 총수익에서 총비용을 차감하여 당기순이익만을 보고하지 않고 여러 유형의 이익으로 구분하여 표시하도록 규정하고 있다.
- 매출총이익＝매출액－매출원가
- 영업이익＝매출총이익－판매비와 관리비
- 법인세비용차감전계속사업손익＝영업이익＋영업외수익－영업외비용
- 계속사업손익＝법인세비용차감전계속사업손익－법인세비용(계속사업해당부분)
- 중단사업손익＝중단사업부분에 해당하는 손익(세금효과반영)
- 당기순이익＝계속사업손익＋중단사업손익

09 정답 ④

문제의 분개는 다음과 같다.
차변 대여금(자산의 증가) ₩50,000 / 대변 현금(자산의 감소) ₩50,000

10 정답 ①

재무회계는 외부이용자(주주, 투자자 및 정부)가 주사용자이며, 관리회계는 내부이용자(경영자)가 주사용자이다.

11 정답 ②

회계정보의 질적 특성에서 목적적합성은 회계정보는 정보이용자가 의도하고 있는 의사결정목적과 관련이 있어야 하며, 정보를 이용할 경우와 그렇지 않을 경우에 의사결정 차이를 발생시킨다. 신뢰성은 회계정보가 오류나 편의에서 벗어나 표현하고자 하는 바를 충실히 표현하고 있음을 보증하는 정보의 자질이다.

12 정답 ③

인식 및 측정의 수정원칙에서 보수주의(Conservatism)는 어떤 거래에 대해 두 개의 측정치가 있을 때 재무적 기초를 견고히 하는 관점에서 이익을 낮게 보고하는 방법을 선택하는 것이다.

13

유형자산에 해당하는 항목을 모두 고른 것은?

> ㄱ. 특허권 ㄴ. 건물 ㄷ. 비품 ㄹ. 라이선스

① ㄱ, ㄴ
② ㄴ, ㄷ
③ ㄱ, ㄴ, ㄷ
④ ㄴ, ㄷ, ㄹ

15

자본항목의 분류가 다른 것은?

① 주식할인발행차금
② 감자차손
③ 자기주식
④ 자기주식처분이익

14

재무상태표의 부채에 해당하지 않는 것은?

① 매입채무
② 선급비용
③ 선수금
④ 사채

16

재무상태표와 관련되는 것을 모두 고른 것은?

> ㄱ. 수익·비용대응의 원칙
> ㄴ. 일정 시점의 재무상태
> ㄷ. 유동성배열법
> ㄹ. 일정 기간의 경영성과
> ㅁ. 자산, 부채 및 자본

① ㄱ, ㄴ
② ㄱ, ㄹ
③ ㄴ, ㄷ, ㄹ
④ ㄴ, ㄷ, ㅁ

17

다음 중 우선주에 대한 설명으로 옳은 것은?

① 회사의 이익과 관계없이 미리 배당금이 정해져 있다.

② 이자가 미리 정해져 있다.

③ 세금 감면 혜택이 있다.

④ 우선주에 대해서 비용을 공제하기 전이라도 우선 배당이 이루어진다.

13 　정답 ②

유형자산에 해당하는 항목은 건물과 비품이다. 특허권과 라이선스는 무형자산에 해당한다.

14 　정답 ②

매입채무, 선수금 및 예수금은 유동부채, 사채는 비유동부채에 해당하고, 선급비용은 자산에 해당한다.

15 　정답 ④

자기주식처분이익은 자본잉여금에 해당한다.

16 　정답 ④

재무제표는 기업의 재무상태, 경성과 및 현금흐름·자본의 변동을 일정한 형식에 맞추어 작성한 회계 보고서로서 재무상태를 표시하는 재무상태표, 경성과를 표시하는 포괄손익계산서, 각각 현금흐름의 변동과 자본의 변동을 표시하는 현금흐름표 및 자본변동표로 구성된다. 수익·비용대응의 원칙과 일정 기간의 경영성과는 포괄손익계산서와 관련되는 것이다.

17 　정답 ①

사전에 결정된 기간마다 배당이 재조정되는 우선주의 한 형태. 분기별로 고정배당이 지급되는 통상의 우선주에 대조되는 개념이다.

재무관리

01 재무관리의 기초개념

01 재무관리의 의의와 기능

1 재무관리의 의의

(1) 좁은 의미의 재무관리: 기업재무(Corporate Finance)라고 하며, 기업의 재무관리자 관점에서 자금조달과 운영 흐름을 다루는 학문이다. 즉, 기업의 자금흐름과 관련된 활동으로 재무의사결정을 보다 효율적으로 집행하기 위해 자금을 운용하고 관련된 업무를 계획하고 통제하는 활동을 말한다.

(2) 넓은 의미의 재무관리: 기업재무론 외에 투자론(Investment Theory)과 금융론(Financial Market Theory) 등을 포함하는 개념을 재무학이라고 한다. 여기서 투자론이란 채권이나 주식 등의 금융자산에 대한 가격결정모형과 위험관리를 연구대상으로 하는 학문을 말하며, 금융론이란 금융기관의 경영활동을 연구대상으로 하는 학문을 뜻한다.

(3) 일반적 의미의 재무관리는 좁은 의미의 재무관리를 뜻하며, 기업이 수행하는 여러 활동 중 자금과 관련된 기업활동을 다루는 학문으로 크게 정의될 수 있다.

2 재무관리의 기능

특정 시점에서 기업의 재무상태를 나타내 주는 지표로 재무상태표(Balance Sheet)가 있는데, 기업의 자산과 부채 및 자본의 구성을 나타내는 표로 다음과 같은 형태를 갖는다.

××co.   재무상태표   ××년 ××일 현재

차변	대변
자산 (Asset)	부채 (Liability)
	자본 (Equity)

기업의 자산은 재무상태표 왼쪽에 위치하며 현금과 재고자산처럼 단기간 동안 보유하는 유동자산과 건물, 기계 등과 같이 장기간 보유하는 비유동자산으로 나뉘어진다. 즉, 유동자산은 1년 이내에 현금화되는 자산이며, 비유동자산은 1년 이상 비교적 오랜 기간 동안 기업이 사용하는 자산을 뜻한다.

위와 같은 자산을 구입하기 위해서는 자산의 금액만큼의 자금이 필요하다. 자금을 빌리는 방법에 따라 부채와 자기자본으로 나뉘어진다. 타인으로부터 빌려온 자금을 부채라 하며 1년 이내에 갚아야 하는 부채를 유동부채, 1년 이내에 갚을 필요가 없는 부채를 비유동부채라 한다. 반면 자기자본은 주식을 발행하여 조달한

자금과 과거에 벌어들인 이익을 유보한 것으로 갚아야 할 의무가 없는 자금을 말한다.

지금까지 살펴본 재무상태표의 세 가지 항목(자산, 부채, 자본)을 어떻게 어떤 방법으로 구성하느냐에 관한 것을 재무관리에서 다루며 그 기능은 다음과 같다.

(1) **투자 결정(Investment Decision)**:기업의 자산취득에 관한 의사결정으로 재무상태표 왼쪽(차변)에 나타난다. 자산을 가장 이상적인 형태로 가지기 위해 자산의 최적 구성을 찾으려는 노력으로, 이와 같은 투자결정에 의해 기업자산 규모의 구성이 결정된다.

(2) **자본 조달 결정(Financing Decision)**: 투자 결정에 의해서 구성된 자산을 취득하기 위해 필요한 자금을 조달하는 의사결정을 자본 조달 결정이라고 한다. 재무상태표 오른쪽(대변)과 관계되는 것으로 부채 및 자기자본의 규모와 구성을 가장 이상적인 형태로 조달하려는, 즉 최적 자본구조를 찾기 위한 의사결정이다. 기업의 영업활동으로 창출되는 현금흐름을 배당과 유보이익으로 나누는 배당결정(Dividend Decision) 또한 자본 조달 결정에 포함된다.

(3) **유동성 관리(Liquidity Management)**: 기업이 영업활동을 하는 과정에서 발생하는 현금의 유입과 유출은 시간적인 면에서 크게 다를 수 있다. 재무상태표에서 유동자산과 유동부채의 차이인 순운전자본(Net Working) 관리를 통해 단기적 관점에서 자금을 운용하는 것을 유동성 관리라고 한다. 1997년 발생한 IMF위기는 유동성 관리에 실패한 경우라고 볼 수 있다.

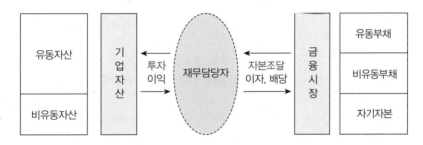

재무관리를 보다 효율적으로 수행하기 위해서는 재무관리의 목표를 분명히 설정하여야 한다. 재무관리의 목표는 재무담당자가 투자 결정과 자본 조달 결정을 내릴 때 중요한 기준이 된다. 재무관리의 목표가 무엇이냐에 대해서는 다양한 의견이 있지만 가장 자주 거론되는 것은 이윤의 극대화와 기업 가치의 극대화 그리고 경영자 이익의 극대화이다.

1 이윤의 극대화

(1) **의미**: 재무관리의 목표로 이윤의 극대화를 가장 먼저 생각하는데, 이는 기업이 영리를 목적으로 하는 단체라는 것에 기인한다. 이는 과거부터 전통적으로 재무관리의 목표로 간주되어 왔으며, 현재에도 이윤의 극대화를 재무관리의 목표로 인식하는 경우가 있다. 그러나 다음의 문제점으로 인해 적합하지 않다는 의견이 많다.

(2) **이윤 극대화 목표의 문제점**
    ① 이윤의 개념이 모호하다.
    ② 화폐의 시간 가치를 반영하지 못한다.
    ③ 미래의 불확실성을 반영하지 못한다.

2 기업 가치의 극대화

이윤 극대화는 위와 같은 문제로 재무관리의 목표로 적절하지 못한 측면이 있다. 따라서 현대 재무관리에서는 기업 가치의 극대화(Firm Value Maximization)를 보다 적절한 재무관리의 목표로 본다.

(1) **의미**: 기업의 가치는 그 기업이 투자한 자산들이 앞으로 그 기업에 얼마나 공헌할 것인가에 달려있다. 구체적으로 기업의 가치는 기업이 보유자산을 사용하여 벌어들일 미래수익의 크기와 미래수익의 불확실성에 따라 결정된다. 기업이 벌어들일 미래수익이 클수록 기업의 가치는 커지며 미래수익의 불확실성, 즉 위험이 클수록 기업 가치는 작아진다. 이러한 기업 가치를 수식으로 나타내면 다음과 같다.

$$V(\text{기업 가치}) = \frac{C_1}{(1+k)} + \frac{C_2}{(1+k)^2} + \frac{C_3}{(1+k)^3} + \cdots\cdots = \sum_{k=1}^{\infty} \frac{C_t}{(1+k)^t}$$

(단, $Ct = t$ 시점의 현금흐름, k = 불확실성을 반영한 할인율(자본비용))

(2) **기업 가치 극대화 목표의 문제점**: 기업 가치 극대화를 목표로 할 경우, 현금흐름으로 그 가치를 결정하기에 이익 개념의 모호성이 해결된다. 또한 할인율을 적용하여 화폐의 시간가치와 현금흐름의 불확실성을 반영할 수 있다.

그러나 기업의 가장 일반적인 형태인 주식회사는 소유와 경영이 분리되어 있다. 이러한 상황에서 기업의 경영자는 기업 가치를 극대화하기보다는 개인의 이익을 극대화하도록 의사결정을 하는 경우가 생긴다. 이는 일종의 대리인 문제로 경영자로 하여금 기업 가치를 극대화하는 방향으로 의사결정을 유도할 수 있는 제도적 장치가 필요하다는 문제가 발생한다.

> **개념더하기** ▶ 대리인 문제
>
> 경영자, 주주, 채권자, 소비자 등 기업과 관련된 이해관계자들은 수없이 많다. 이러한 여러 이해관계자 사이에는 본인(Principal)이 대리인(Agent)에게 자신을 대신하여 의사결정을 할 수 있도록 의사결정을 위임한 계약관계인 대리관계(Agency Relationship)가 존재한다. 주식회사 형태의 기업에서 소유주인 주주가 그들을 대신하여 경영자에게 경영권 전반을 위임하는 것이 대리관계의 대표적 예이다. 대리인은 본인의 이해관계를 생각하여 의사결정을 내려야 하지만 대리인이 자신의 이익을 추구할 경우 두 집단 간에 갈등이 발생하는데 이를 대리인 문제(Agency Problem)라 한다.

3 경영자 이익의 극대화

(1) **의미**: 주식회사의 경우 일반적으로 소유와 경영이 분리된다. 이 경우 경영자는 자신의 이익을 극대화하는 방향으로 의사결정을 할 수 있는데 이때 재무관리의 목표는 경영자 이익의 극대화가 된다. 경영자의 이익은 기업의 규모가 더 크고, 기업이 빠르게 성장할수록 더 많이 누릴 수 있다. 따라서 기업 가치를 극대화시키려고 하기보다는 기업의 외형을 키우기 위해 노력하는 경우가 많다.

(2) **경영자 이익 극대화의 문제점**: 경영자 이익의 극대화가 주주의 목표와 일치하지 않는 경우, 기업 이익에 대해 청구권을 갖는 주주의 가치를 감소시킬 우려가 있다. 따라서 현대의 주식회사제도에서 주주들은 이사회를 통해 경영자를 감시하고, 주요 사안에 대해 의결권을 행사하거나 비효율적 경영진에 대한 교체를 통해 경영자를 확실히 지배할 수 있다. 이 경우 경영자는 주주의 이익을 극대화함으로써 경영자 자신의 이익도 증가시킬 수 있다. 따라서 주주들이 경영자를 확실하게 지배할 수 있는 상황에서는 경영자 이익의 극대화는 곧 기업가치의 극대화와 일치하게 되므로 굳이 구분할 필요가 없게 된다.

재무관리 환경을 구성하는 3대 요소는 증권, 금융시장, 금융중개기관이다. 금융시장과 금융중개기관을 합쳐 넓은 의미의 금융기관(Financial Institution)이라 부른다. 좁은 의미에서 금융기관은 금융중개기관만을 의미한다.

1 증권(Securities)

기업이 투자와 자본 조달을 위해 이용할 수 있는 자산은 크게 실물자산과 금융자산으로 구분되는데, 금융자산을 흔히 증권이라고 하며 주식과 채권이 대표적인 예이다. 기업은 주식, 채권 같은 금융자산을 발행하여 실물자산에 투자하므로 금융자산이 얻게 될 미래 수익은 실물자산의 수익에 달려 있다고 할 수 있다.

(1) 실물자산(Real Asset)
① 유형자산: 토지, 건물, 기계, 재고자산 등과 같이 재화와 용역을 생산하는 데 이용할 수 있는 자산이다.
② 무형자산: 재화와 용역의 생산에 동원되는 인적자원의 지식, 기술, 숙련도 등이다.

(2) 금융자산(Financial Asset): 실물자산의 이용으로부터 얻어질 소득에 대한 청구권이다. 예를 들어, A 회사의 주식을 30% 가지고 있다면 향후 기업의 순이익 중에서 30%만큼 받을 권리를 가지게 된다.

2 금융시장

주식이나 채권 같은 금융자산 혹은 증권이 발행, 거래되고 가격이 형성되는 시장을 금융시장(Financial Markets) 혹은 증권시장(Securities Markets)이라 한다. 금융시장은 자금 공급자인 투자자가 증권을 매입함으로써 증권을 발행한 자금의 수요자에게로 자금이 직접 흘러가는 직접 금융이 일어나는 곳이다. 금융시장은 거래되는 금융자산들의 만기에 따라서 화폐시장과 자본시장으로 분류된다.

(1) 화폐시장(Money Markets): 1년 이하의 만기를 가진 유동성이 높고 현금화가 쉬운 단기채권이 거래되는 곳이며 대표적으로 기업어음(CP)이 있다.

(2) 자본시장(Capital Markets): 장기증권이 거래되는 곳으로 만기 1년 이상의 채권이 거래되는 채권시장(Bond Markets)과 기업의 소유지분을 나타내는 보통주와 우선주의 주식이 거래되는 주식시장(Stock Markets)이 있다.

3 금융중개기관

(1) 금융중개기관의 정의: 금융자산의 거래는 자금의 공급자와 수요자가 직접 만나 거래조건을 정하고 그에 따라 금융자산과 자금을 교환하는 것이 가장 기본적인 방법일 것이다. 그러나 자금의 공급자와 수요자가 직접 만나서 거래를 한다면 여러 문제가 발생할 수 있다. 이와 같이, 자금의 수요자와 공급자가 직접 거래하기 힘든 경우 금융에 관한 전문성을 갖춘 제3자가 자금의 공급자로부터 자금을 예치받아 이를 자금의 수요자에게 공급해주는 중개인 역할을 하는 기관을 금융중개기관(Financial Intermediaries)이라 한다.

(2) 금융중개기관의 유형

　① 예금기관: 시중은행, 특수은행, 협동조합 등이 있다.

　② 계약형 저축기관: 연금기관, 생명 보험 회사, 손해 보험 회사 등이 있다.

　③ 투자기관: 투자 신탁 회사, 종합 금융 회사, 투자 회사 등이 있다.

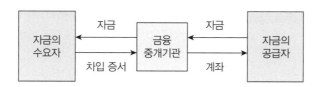

CHAPTER 02 화폐의 시간가치

01 유동성 선호와 화폐의 시간가치

1 유동성 선호

사람들은 같은 금액의 현금이라도 오늘 받는 것을 일 년 뒤에 받는 것보다 가치있게 생각한다. 이와 같이 미래의 금액보다 동일한 크기의 현재의 금액을 선호하는 현상을 유동성 선호(Liquidity Preference)라고 한다.

2 화폐의 시간가치

기업의 현금흐름은 한 시점에만 발생하는 것이 아니라 시간 차이를 두고 여러 기간에 걸쳐 발생하는 것이 보통이다. 같은 금액이라고 하더라도 현금흐름이 실현되는 시간의 차이에 따라 현금흐름의 가치가 서로 다르게 평가되는데 이를 화폐의 시간가치(Time Value of Money)라고 한다.

3 유동성 선호의 근거

(1) **시차 선호:** 다른 조건이 동일할 때, 미래에 소비하는 것보다 현재 소비하는 것을 선호하는 것을 말한다.

(2) **인플레이션:** 물가상승으로 인해 미래에 소비하는 것이 실질구매력이 떨어질 가능성이 높다.

(3) **투자기회:** 현재 선택할 수 있는 투자기회를 통해서 미래에 더 큰 흐름을 창출할 수 있으므로, 현재 현금흐름을 더 선호하게 된다.

(4) **미래의 불확실성:** 미래 현금흐름은 불확실성이 높기 때문에 현재의 현금흐름을 선호한다.

1 미래가치(FV; Future Value)

(1) 미래가치: 현재의 일정금액을 미래의 특정시점으로 환산한 금액을 미래가치라고 한다. 미래가치는 복리로 계산되는데 이자가 발생하면 그것이 재투자되어 이자에 대한 이자가 반복 발생한다고 가정하는 방법이다.

(2) 미래가치의 계산: 현재의 일정금액을 PV, n기간 후의 미래가치를 FV_n, 연간 이자율을 r이라고 할 때 미래가치는 다음과 같이 계산할 수 있다.

① '1' 기간 후의 미래가치: $FV_1 = PV(1+r)$

② '2' 기간 후의 미래가치: $FV_2 = PV(1+r)(1+r) = PV(1+r)^2$

③ 'n' 기간 후의 미래가치: $FV_n = PV(1+r)(1+r)\cdots(1+r) = PV(1+r)^n$

(3) 미래가치 요소: 매 기간마다 연간 이자율 r이 다른 것이 보통이지만, 위와 같이 매기간 이자율 r이 일정할 경우 현재의 1원은 n기간 후에는 $(1+r)^n$원이 된다. 이 $(1+r)^n$을 복리가치 요소(CVF; Compound Value Factor) 혹은 미래가치 요소(FVF; Future Value Factor)라고 하며 흔히 CVF(r, n) 혹은 FVF(r, n)으로 나타낸다.

$$FV_n = PV(1+r)(1+r)\cdots(1+r) = PV(1+r)^n = PV \cdot FVF(r, n)$$

2 현재가치(PV; Present Value)

(1) 현재가치: 현재가치란 미래에 발생하게 될 현금흐름을 현재시점의 가치로 환산한 금액을 말한다.

(2) 현재가치의 계산: 현재가치는 위에서 익힌 미래가치의 계산식을 통해 도출할 수 있다. 미래가치의 계산에서는 현재의 현금흐름 PV와 이자율 r을 알고 n기간 후의 미래가치 FV_n을 계산하는 데 반하여, 현재가치의 계산에서는 미래의 현금흐름과 이자율을 아는 경우 그것의 현재가치를 계산하는 것이므로 역으로 적용하면 된다.

$$PV = \frac{FV_n}{(1+r)^n}$$

(3) 현가요소: 위에서 $\frac{1}{(1+r)^n}$은 n기간 후의 1원이 현재 얼마의 가치가 있는지를 나타내는 값으로 현가요소(PVF; Present Value Factor)라 하며, 흔히 DCF(r, n) 혹은 PVF(r, n)으로 나타낸다. 이것을 적용하여 위의 식을 나타내면 다음과 같다.

$$PV = \frac{FV_n}{(1+r)^n} = FV_n \cdot PVF(r, n)$$

(4) 미래가치요소와 현가요소의 관계: 미래가치 계산에 사용되는 미래가치요소(FVF)와 현재가치 계산에 사용되는 현가요소(PVF) 사이에는 다음과 같이 역수의 관계가 성립한다.

$$PVF = \frac{1}{FVF}$$

03 여러 시점의 현금흐름의 시간가치

1 개요

지금까지는 현금흐름이 단 한번 일어나는 경우를 살펴보았지만, 지금부터는 현금흐름이 여러 기간에 걸쳐 일어나는 경우를 살펴보도록 한다.

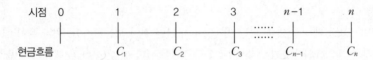

2 미래가치

위와 같은 현금흐름에 대한 n기간 후의 미래가치 FV은 각 시점의 현금흐름에 대한 미래가치의 합이 된다. 만약 매 기간 이자율이 r로 동일하다면 여러 시점에서 미래가치는 다음과 같다.

$$FV_n = C_1(1+r)^{n-1} + C_2(1+r)^{n-2} + \cdots + C_{n-1}(1+r) + C_n$$

3 현재가치

현재가치는 각 시점의 현금흐름의 현재가치의 합으로 다음과 같이 계산한다.

$$PV = \frac{C_1}{(1+r)} + \frac{C_2}{(1+r)^2} + \cdots + \frac{C_n}{(1+r)^n} = \sum_{t=1}^{n} \frac{C_t}{(1+r)^t}$$

04   **특수 형태의 현금흐름**

1 연금(Annuity)

(1) 의의: 연금이란 미래의 일정 기간 동안 동일한 금액의 현금흐름을 지속적으로 발생시키는 형태를 뜻한다.

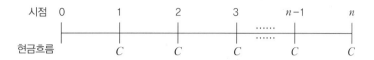

(2) 연금의 미래가치(Future Value of Annuity)

연금의 미래가치는 매 기간마다 동일한 현금흐름이 발생하므로 등비수열의 합을 이용하여 다음과 같이 구할 수 있다.

$$FV_n = C + C(1+r) + \cdots + C(1+r)^{n-2} + C(1+r)^{n-1}$$
$$= C\left[\frac{(1+r)^n - 1}{r}\right] = C \times CVFA(r, n)$$

여기서 $\frac{(1+r)^n - 1}{r}$ 을 연금의 복리가치요소(CVFA; Compound Value Factor for Annuity) 혹은 미래가치요소(FVFA; Future Value Factor for Annuity)라고 하며, n기간 동안 매기간 말에 1원씩 발생하는 연금의 미래가치를 뜻한다.

(3) 연금의 현재가치(Present Value of an Annuity): n기간 동안 동일한 금액의 현금흐름이 발생하는 경우 연금의 현재가치는 다음과 같이 구할 수 있다.

$$PV = \frac{C}{1+r} + \frac{C}{(1+r)^2} + \cdots + \frac{C}{(1+r)^{n-1}} + \frac{C}{(1+r)^n}$$
$$= C\frac{(1+r)^n - 1}{r(1+r)^n} = C \times PVFA(r, n)$$

여기서 $\frac{(1+r)^n - 1}{r(1+r)^n}$ 을 현가요소(PVFA; Present Value Factor for Annuity)라고 하며, n기간 동안 매기간 말에 1원씩 발생하는 연금의 현재가치를 나타낸다.

2 영구연금(Perpetuity)

(1) 의의: 영구연금이란, 매기간 일정금액을 영속적으로 지급하는 현금흐름을 말한다.

(2) 현재가치: 일정한 금액의 현금흐름이 다음과 같이 무한히 지속된다면 무한등비수열에 의해 다음과 같이 현재가치를 구할 수 있다.

$$PV = \frac{C}{1+r} + \frac{C}{(1+r)^2} + \cdots = \frac{초항}{1-공비} = \frac{\dfrac{C}{(1+r)}}{1 - \dfrac{1}{1+r}} = \frac{C}{r}$$

3 성장형 영구연금

현금흐름이 영구적으로 발생하는 점에서는 영구연금과 유사하나, 매 기간 지급되는 현금이 일정성장률(g)로 증가하는 점이 다르다.

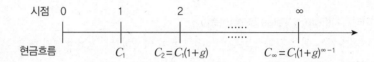

성장형 연금의 현재가치는 연금의 현재가치를 구하는 방법과 유사하며 다음과 같이 구할 수 있다.

$$PV = \frac{C_1}{1+r} + \frac{C_1(1+g)}{(1+r)^2} + \cdots + \frac{C_1(1+g)^{\infty-1}}{(1+r)\infty}$$

$$= \frac{\dfrac{C_1}{1+r}}{1 - \dfrac{1+g}{1+r}} = \frac{C_1}{r-g}$$

03 소비와 투자의 결정

01 기초개념

1 소비와 투자결정

(1) 부의 기간배분 모형: 개인에게 주어진 부를 어떻게 현재소비와 미래소비로 배분하여 소비로부터 얻는 만족을 극대화할 것인가를 다루는 것으로 부의 기간배분 모형이라고 한다.

(2) 가정

① 1기간을 가정한다. 현재의 소비와 1년 후의 소비만을 고려한다는 의미이다.

② 미래의 현금흐름은 확실하다. 즉, 미래에 대해 완전한 예측을 할 수 있어서 투자로부터 발생하는 미래의 현금흐름을 확실히 알고 있다는 것을 의미한다.

③ 금융시장은 완전하다. 자금의 차입과 대출에 있어 어떠한 거래비용도 없으며 누구나 원하는 만큼의 자금을 일정한 이자율로 차입 또는 대출할 수 있다.

2 확실성하의 선택공리

확실성하에서 소비자의 합리적 선택이론을 전개하기 위해서는 개인 행동에 대해 다음과 같은 기본적인 공리체계를 요구한다.

(1) 완전성(Completeness): 서로 다른 두 개의 대안 A, B 간에 비교를 통해서 선호관계를 정할 수 있다.

① 대안 A를 대안 B보다 선호한다: $A > B$

② 대안 B를 대안 A보다 선호한다: $A < B$

③ 대안 A와 대안 B가 서로 무차별하다: $A \sim B$

(2) 이행성(Transitivity): 세 개의 대안 A, B, C 에 대하여 $A > B$ 이고 $B > C$ 이면 $A > C$가 성립하는 것을 의미하는 것으로 일관성이 없는 선호를 배제한다는 의미이다.

(3) 불포화(Nonsatiation): 일반적으로 특정 재화에 대한 소비가 증가할수록 효용은 계속 증가하는 것을 뜻한다. 이는 소비자의 한계효용은 항상 양수(+)임을 의미한다.

(4) 한계효용체감(Decreasing Marginal Utility): 어떤 재화의 소비량이 증가할수록 그 재화의 한계효용은 감소한다는 것을 뜻한다. 즉, 소비량이 늘어날수록 1단위 추가소비로 인한 추가효용이 점점 감소하는 현상을 말한다.

02 피셔의 분리정리(Fisher's Separation Theorem)

1 의미

투자결정과 소비결정이 두 개의 독립적 단계로 이루어진다는 것을 피셔의 분리정리라고 한다. 즉, 투자결정은 개인의 주관적 선호(무차별곡선)에 관계없이 객관적인 시장이자율기준, 즉 순현가 극대화기준에 의해 결정된다는 것이다.

2 소비투자 결정의 두 단계

(1) 1단계 투자결정: 최적 투자점은 생산기회선의 기울기와 시장기회선의 기울기가 일치하는 점에서 이루어진다.

$$MRT = -(1+r)$$

투자자로부터의 현금흐름의 현가가 가장 크도록 실물투자에 대한 결정을 하여 개인의 소비기회집합을 가능한 한 최대로 확대한다.

(2) 2단계 소비결정: 최적 소비점은 무차별곡선의 기울기와 시장기회선의 기울기가 일치하는 점에서 이루어진다.

$$MRS = -(1+r)$$

개인의 현재와 미래의 소비 배분에 대한 효용에 따라 차입 혹은 대출을 통해 최적의 소비조합을 선택한다.

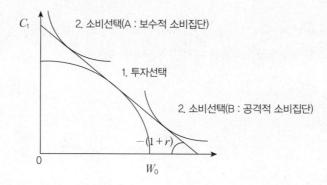

3 소유와 경영의 분리

수많은 기업의 주주들은 두 기간 소비배분에 대해 서로 다른 선호를 가지고 있다. 피셔의 분리정리가 성립하면 각 개별 주주들의 주관적인 시차선호에 관계없이 순현가의 극대화 기준을 이용하여 투자결정을 할 수 있다. 왜냐하면 주주들은 일단 기업의 현가를 극대화시켜 기업의 가치를 최대한 증대시킨 후, 각자 금융시장을 통해 차입 혹은 대출을 함으로써 그 자신의 효용을 극대화할 수 있기 때문이다. 따라서 경영자는 각 주주의 현재와 미래의 소비에 대한 선호가 어떠한가에 관계없이 기업의 목표로서 순현가법에 바탕을 둔 기업가치의 극대화에만 주력하면 되므로, 소유와 경영의 분리가 가능해진다.

CHAPTER 04 자본예산의 기초

01 자본예산의 의의와 중요성

1 자본예산의 의미

기업이 자산을 취득한다는 것은 곧 투자한다는 것을 말한다. 기업의 투자결정은 기업의 성장에 직접적인 영향을 주어 기업가치의 변화에 큰 영향을 미친다. 이와 같이 투자효과가 장기적으로 나타나는 투자의 총괄적인 계획을 자본예산이라고 한다.

2 자본예산의 절차

자본예산이 실제로 수행되는 과정은 상황마다 다르지만 대체로 다음의 그림과 같은 순서를 따른다.

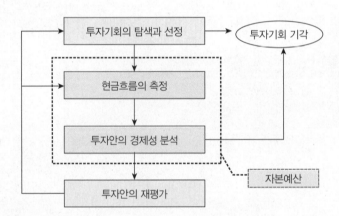

3 자본예산의 중요성

(1) 기업은 유동성을 상실할 위험이 크다. 따라서 자본예산은 기업의 장기적인 경영전략과 자금조달 계획, 그리고 미래경제상황에 대한 분석을 토대로 신중하게 이루어져야 한다.

(2) 투자대상의 사용기간이 길어짐에 따라 미래의 기업활동은 한번 내려진 투자 결정으로 인해서 큰 제약을 받게 된다.

(3) 자본예산은 자금을 적시에 조달하기 위한 면밀한 계획을 필요로 한다.

(4) 치열한 경쟁에서 경쟁사보다 앞서기 위해서는 자본예산 과정에서 경제환경의 변화, 소비자취향의 변화, 국가정책의 변화 등 여러 요인을 계획성 있게 분석해야 한다.

1 투자목적에 의한 분류

(1) 대체투자: 원가절감을 기하거나 기존의 영업상태를 유지하기 위한 투자를 말한다. 기존 설비를 대체하는 것이 대표적이다.

(2) 확장투자: 수요증가에 대처하거나 시장점유율 제고를 위하여 기존의 생산규모를 확장하는 투자를 말한다.

(3) 제품투자: 신제품을 개발하거나 기존 제품의 성능 또는 품질을 향상시키는 투자를 말한다.

(4) 전략적 투자: 기업 성장의 장기적 안목에서의 투자로, 공해방지시설 등과 같은 투자를 경영전략적 투자라고 한다.

2 상호관련성에 의한 투자안의 분류

(1) 독립적 투자(Independent Investment): 어떤 투자안으로부터 기대되는 현금흐름이 다른 투자안의 채택 여부와 관련성이 없는 투자를 말한다. 어떤 투자안들이 독립적이면 이 투자안들은 각각 별개의 투자안으로 보고 투자안에 대한 평가를 하면 된다.

(2) 종속적 투자(Dependent Investment): 한 투자안을 선택하는 것이 다른 투사안의 채택 여부에 영향을 미치는 경우를 말하는데 크게 다음의 두 가지로 분류할 수 있다.

① **상호배타적 투자**(Mutually Exclusive Investment): 투자안들이 여러 개 있을 때 특정 투자안이 채택되면 다른 투자안들은 자동적으로 기각되어 채택될 수 없는 투자를 말한다.

예 공장 제품생산 설비 교체 시: 완전자동화된 설비 vs 반자동화된 설비

② **상호인과적 투자**(Contingent Investment): 한 투자안이 결정되면 이와 더불어 다른 투자안에 대한 투자가 필연적으로 따르게 되는 경우를 말한다.

예 새로운 공장 건설 시의 투자안: 공장 건설 & 공장 근처의 포장도로 건설

3 현금흐름의 행태에 의한 분류

(1) **대출형 투자**(Lending Type Investment): 투자 초기에는 순현금 유출이 발생하고 그 이후에는 순현금 유입이 발생하는 투자이다.

(2) **차입형 투자**(Borrowing Type Investment): 투자 초기에는 순현금 유입이 발생하고 그 이후에는 순현금 유출이 발생하는 투자이다.

(3) **혼합형 투자**(Mixed Type Inestment): 대출형 투자와 차입형 투자가 혼합되어 있는 투자이다.

03 현금흐름의 측정

1 현금흐름 측정의 의의

자본예산 과정에서 무엇보다 중요한 것은 분석대상인 투자안으로부터 발생하는 현금흐름을 측정하는 것이다. 왜냐하면 투자안으로부터 발생할 미래 현금흐름의 현재가치로 투자안의 경제성을 평가하기 때문이다. 투자시점이나 투자 후에 발생하는 현금흐름을 측정할 때 재무관리자는 다음과 같은 원칙을 명심해야 한다.

(1) GAAP(Generally Accepted Accounting Principles, 회계기준)에 의해 산출되는 회계적 이익은 현금흐름과는 다른 개념이다.

(2) 투자안의 경제성분석에 이용되는 것은 회계이익이 아니라 현금흐름이다.

순현금흐름(Net Cash Flow) = 현금유입(Cash In-Flow) - 현금유출(Cash Out-Flow)

2 현금흐름 측정의 기본 원칙

(1) **감각상각비 등 비현금지출**: 감가상각비(Depreciation)는 GAAP에 따라 취득원가를 인위적으로 기간 배분하는 회계적 비용이다. 따라서 현금유출이 없는 비용항목이므로 현금유출로 보아서는 안 된다. 즉, 재무관리에서 의사결정은 투자시점에서 취득원가를 전액 현금유출로 처리하기 때문에 감가상각비를 다시 현금유출로 계상하는 것은 이중계산이 된다.

(2) **금융비용(이자비용, 배당금 등)**: 타인자본을 사용한 대가인 이자비용과 자기자본을 사용한 대가인 배당금은 감가상각비와는 달리 실제 현금지출이 발생하는 비용이다. 그러나 이와 같은 금융비용은 현금유출에 포함시키지 않는다. 왜냐하면 이자비용과 배당금은 투자안을 평가하는 과정에서 할인율이 이미 반영되어 있기 때문이다. 따라서 재무관리에서는 이자비용이 전혀 없는 상황을 가정하여 현금흐름을 측정하는 것이 보통이다.

(3) 증분기준(Incremental Basis): 현금흐름은 증분기준으로 측정하여야 한다. 증분기준이란, 어떤 투자안을 선택한 결과로 나타나는 현금흐름의 변화분만을 분석대상으로 한다. 즉, 투자안을 선택했을 때의 현금흐름과 선택하지 않았을 때의 현금흐름의 차이를 비교하는 것이다. 증분현금흐름을 측정할 때에는 다음 사항에 유의해야 한다.

① **부수적 효과(Side Effect)**: 어떤 투자안의 선택이 기존 투자안의 현금흐름을 증가시키는 효과를 말한다.

　예 신제품 커피 출시로 매출이 발생하면 기존의 커피 프리마의 매출이 더불어 증가

② **잠식비용(Erosion Cost)**: 어떤 투자안의 선택이 기존 투자안의 현금흐름을 감소시키는 경우를 말한다.

　예 신제품 커피 출시로 구제품 커피의 매출이 감소

③ **기회비용(Opportunity Cost)**: 어떤 투자안의 선택으로 기존에 다른 용도로 사용 또는 보유자산으로부터 포기되는 현금흐름을 말한다. 즉, 새로운 투자안의 선택으로 말미암아 포기할 수밖에 없는 많은 선택 투자안 중에서 가장 가치있는 것을 말한다.

　예 임대 가능한 사무실을 직접 사용하는 경우 임대수입이 기회비용

④ **매몰비용(Sunken Cost)**: 과거 의사결정에 의해 이미 발생한 비용으로 어떤 방법으로도 다시 회수할 수 없는 비용을 말한다. 따라서 자본예산의 의사결정 시점인 현재에 아무런 영향을 미치지 못한다.

　예 신제품 출시를 위한 개발비용, 시장조사비 등

(4) 순운전자본(Net Working Capital)의 증감을 고려

기업의 재무상태를 설명할 때 '자금'이라는 용어가 자주 사용된다. 이때 사용되는 자금이라는 말은 사용목적에 따라서 현금과 예금을 의미하거나 순운전자본을 의미한다. 순운전자본이 현금흐름에 영향을 주는 경우는 현금과 예금을 제외한 순운전자본(매출채권, 재고자산 등)의 크기가 전년도와 비교하여 증가하거나 감소했을 때이다. 즉, 순운전자본의 변동액만큼이 현금의 유입과 유출을 발생시켜 현금흐름에 영향을 준다.

> 순운전 자본(매출채권, 재고자산 등)의 증가 → 현금유출 처리
> 순운전 자본(매출채권, 재고자산 등)의 감소 → 현금유입 처리

CHAPTER

05 자본예산 기법 – 투자안의 경제성 분석

01 개요

1 의의

분석대상이 되는 투자안의 현금흐름이 측정되었다면, 그 다음 단계로 측정된 현금흐름이 기업가치에 어느 정도 공헌할 수 있는가를 분석하여 투자안 채택 여부를 결정해야 한다. 이러한 결정과정을 투자안의 경제성 평가라고 한다. 즉, 투자안의 채택으로 인한 기업가치의 증가분을 평가하는 과정이다.

2 평가방법

투자안의 경제성 분석방법에는 여러 가지가 있으나, 이상적인 평가방법이 되기 위해서는 다음의 조건을 갖추어야 한다.

(1) 측정된 모든 현금흐름이 고려되어야 한다.

(2) 적절한 할인율을 사용하여 화폐의 시간가치를 반영하여야 한다. 동일한 투자안에 대해서도 서로 다른 평가방법이 있지만, 화폐의 시간가치를 고려하는 DCF 방법이 전통적 기법보다 우월하며 그중에서도 순현재가치법이 가장 타당하다. 또한 현금흐름의 가치를 통일시키는 방법에는 여러 가지가 있으나, 투자안 평가가 이루어지는 현재시점을 기준으로 하는 것이 바람직하다.

① **전통적 기법**: 화폐의 시간가치를 고려하지 않고 투자가치를 평가하는 방법
예 회수기간법, 회계적 이익률법

② **현금흐름할인법(DCF; Discounted Cash Flow Method)**: 화폐의 시간가치를 고려하여 투자가치를 평가하는 방법
예 순현재가치법, 내부수익률법, 수익성지수법

(3) 주주나 경영자의 취향에 관계없이 기업의 가치를 극대화할 수 있는 투자안을 선택해야 한다.

02   회수기간법

1 의의

회수기간(Payback Period)이란 투자시점에서 발생한 비용을 회수하는 데 걸리는 기간을 말하는 것으로 회수기간법은 회수기간을 구하여 투자의사결정을 하는 기법을 말한다. 이때 현금흐름은 보통 연단위로 표시한다.

2 의사결정기준

(1) **독립적 투자안**: 각 투자안의 회수기간이 기업 자체에서 기준으로 정한 목표회수기간보다 짧으면 투자가치가 있다고 판단한다.

(2) **상호배타적 투자안**: 각 투자안의 회수기간이 목표회수기간보다 짧은 투자안 중에서 가장 짧은 투자안을 선택한다.

3 유용성

(1) 방법이 간단하고 이해하기 쉽다.

(2) 회수기간법은 경영자에게 투자위험에 대한 정보를 제공하고 있다. 즉, 회수기간이 짧을수록 미래의 현금흐름에 대한 불확실성이 빨리 제거되므로 위험이 작다.

(3) 회수기간법은 투자로 인한 기업의 유동성을 간접적으로 나타내준다. 회수기간이 짧을수록 현금유입이 일찍 이루어지는 것이므로, 이러한 투자안을 선택하면 일정 기간 동안 기업의 유동성이 높아진다.

4 문제점

(1) 회수기간 이후의 현금흐름을 고려하지 못한다.

(2) 화폐의 시간가치를 무시한다.

(3) 회수기간만 고려할 뿐 투자안의 수익성을 무시한다. 즉, 두 투자안의 회수기간이 동일하더라도 가까운 미래에 실현되는 현금흐름의 가치가 더 큰 투자안이 있다면 보다 선호되어야 하지만 회수기간법에서는 동일한 투자안으로 평가한다.

(4) 독립적 투자안에 투자결정의 기준이 되는 회수기간의 설정이 자의적이다. 즉, 기업의 목표회수기간 설정에 대한 근거가 확실하지 않다.

5 할인회수기간법(Discounted Payback Period)

할인회수기간법은 각 기간의 현금흐름에 대한 현재가치를 구한 후, 각 기간의 현재가치의 합이 최초의 투자금액과 같아지는 기간을 구하는 방법이다. 화폐의 시간가치를 고려하지 못하는 회수기간법의 문제점을 보완하기 위해 사용하는 기법이다. 그러나 모든 현금흐름을 고려하지 못한다는 점, 합리적 기준 선정이 어렵다는 점 등의 회수기간법의 문제가 그대로 존재한다.

예제 회수기간법과 할인회수기간법

두 투자안의 투자원금은 10,000원이고 투자안의 내용연수는 4년이며, 투자안에 적용되는 자본비용(k)은 10%로 동일하다고 할 때, 두 투자안의 각 연도에 대한 현금흐름은 다음과 같다.

연도	현금흐름		현금흐름의 현가(k = 10%)	
	투자안 A	투자안 B	투자안 A	투자안 B
0	−10,000원	−10,000원	−10,000원	−10,000원
1	8,000	5,000	7,273	4,545
2	2,000	5,000	1,653	4,130
3	8,000	5,000	6,011	3,755
4	2,000	5,000	1,366	3,415

(1) 회수기간
 ① 투자안 A의 투자원금 회수기간 = 2년
 ② 투자안 B의 투자원금 회수기간 = 2년
 → 두 투자안의 투자원금 회수기간이 2년으로 동일하므로 회수기간법에 의하면 두 투자안의 선호도는 동일하다. 따라서 기업이 설정한 목표회수기간이 2년 이상이라면 두 투자안 모두 채택된다. 그러나 투자안 A의 경우 가까운 연도에 상대적으로 현금흐름이 더 크다. 즉, 화폐의 시간가치를 고려한다면 투자안 A가 투자안 B보다 우월하지만 회수기간법에서는 화폐의 시간가치를 고려하지 않는다.

(2) 할인회수기간
 ① 투자안 A = $2 + \dfrac{(10,000 - 7,273 - 1,653)}{6,011} = 2.18$년
 ② 투자안 B = $2 + \dfrac{(10,000 - 4,545 - 4,130)}{3,755} = 2.35$년
 → 할인회수기간법에 의하면 할인회수기간이 다소 짧은 투자안 A가 유리하다. 화폐의 시간가치를 고려하여 의사결정에 반영하므로 회수기간법의 단점을 보완해 준다.

03 회계적 이익률법(ARR; Accounting Rate of Return Method)

1 의의

회계적 이익률법은 평균이익률법이라고도 하며, 투자로 인하며 나타나는 장부상의 연평균 순이익을 연평균 투자액으로 나눈 비율을 토대로 투자안을 평가하는 방법이다.

$$회계적\ 이익률(평균이익률) = \frac{연평균\ 순이익}{연평균\ 투자액}$$

여기서 연평균 순이익과 연평균 투자액의 계산법은 다음과 같고, 연평균 투자액의 경우 정액법으로 감가상각을 한다는 가정에 기초한다.

$$연평균\ 순이익 = \frac{순이익의\ 합}{투자\ 수명}\ ,\ 연평균\ 투자액 = \frac{초기투자비용 + 잔존가치}{2}$$

2 의사결정기준

(1) 독립적 투자안: 각 투자안의 ARR이 기업 자체에서 기준으로 정한 목표이익률보다 크면 투자가치가 있다고 판단한다.

(2) 상호배타적 투자안: 각 투자안의 ARR이 목표이익보다 큰 투자안 중에서 가장 큰 투자안을 선택한다.

3 유용성

(1) 계산이 간단하고 이해하기 쉽다.

(2) 회계장부상의 자료를 그대로 사용할 수 있으므로 편리하다.

4 문제점

(1) 투자안의 현금흐름이 아닌 회계장부상의 이익을 사용한다.

(2) 화폐의 시간가치를 고려하지 않는다.

(3) 회계처리방법에 따른 순이익 조작의 가능성이 있다.

(4) 기업의 목표이익률 설정에 대한 근거가 확실하지 않다.

[예제] 회계적 이익률법

홍길동(주)은 4000만 원을 투자하여 새 기계를 구입하기로 했다. 투자 수명은 4년이고 잔존가치는 없으며, 정액법으로 감가상각을 한다고 한다. 새 기계의 도입으로 인한 순이익은 1차 년도에 300만 원, 2차 년도에 350만 원, 3차 년도에 450만 원, 4차 년도에 500만 원이 될 것으로 예상할 때, 회계적 이익률은 얼마인가?

[해답]

- 연평균 순이익을 계산하면 다음과 같다.

$$연평균\ 순이익 = \frac{(300+350+450+500)}{4} = 400만\ 원$$

- 잔존가치가 없고, 정액법으로 감가상각하므로 연평균 투자액은 다음과 같다.

$$연평균\ 투자액 = \frac{4,000+0}{2} = 2,000만\ 원$$

- 따라서, 회계적 이익률을 구하면 20%가 나온다.

$$회계적\ 이익률 = \frac{400}{2,000} = 20\%$$

1 의의

순현재가치법은 투자로 인하여 발생할 미래의 모든 현금흐름을 적절한 할인율로 할인한 현가로 나타내어 투자결정에 이용하는 방법이다. 순현가는 다음과 같이 정의된다.

$$NPV = [\frac{C_1}{(1+r)^1} + \frac{C_2}{(1+r)^2} + \cdots + \frac{C_n}{(1+r)^n}] - C_0$$

$$= \sum_{t=1}^{n} \frac{C_t}{(1+r)^t} - C_0$$

(C_t: t 시점의 현금흐름, C_0: 최초의 투자액, r: 할인율, n: 내용연수)

2 의사결정기준

(1) 독립적 투자안: 투자안의 NPV가 0보다 큰 투자안을 채택한다.

(2) 상호배타적 투자안: 투자안의 NPV가 0보다 큰 투자안 중에서 가장 큰 투자안을 선택한다.

3 유용성

(1) 화폐의 시간가치를 고려한다.

(2) 내용연수 동안의 모든 현금흐름을 고려한다.

(3) 현금흐름과 할인율만으로 투자안을 평가하므로 자의적 요인이 배제된다.

(4) 투자안에 대한 가치가산의 원칙이 적용된다. 즉, A와 B 두 투자안에 모두 투자할 경우의 순현가는 각 투자안의 순현가를 합한 것과 동일하다.

(5) 선택된 모든 투자안의 순현가의 합으로 해당 기업의 가치를 알 수 있다.

[예제] 순현재가치법(NPV)

현금흐름이 다음과 같은 두 투자안의 할인율이 모두 10%일 때 물음에 답하라.

연도	현금흐름	
	투자안 A	투자안 B
0	−2,500만 원	−1,500만 원
1	1,500	900
2	1,600	800

1. 각 투자안의 NPV를 구하라.
2. 두 투자안이 독립적인 경우와 상호배타적인 경우 어떤 투자안을 채택해야 하는가?
3. 두 투자안 모두 투자할 때 가치가산의 원리가 성립하는지 보여라.

[해답]

1. $NPV(A) = \dfrac{1,500}{1.1} + \dfrac{1,600}{(1.1)^2} - 2,500 = 186$만 원

   $NPV(B) = \dfrac{900}{1.1} + \dfrac{800}{(1.1)^2} - 1,500 = -21$만 원

2. ① 독립적 투자안: NPV>0이면 채택해야 한다. 투자안 B의 경우 NPV<0이므로 채택할 수 없고, 투자안 A만 채택된다.

   ② 상호배타적인 투자안: NPV>0인 투자안 중에서 NPV가 가장 큰 투자안을 선택하므로 투자안 A가 채택된다.

3. ① 결합투자안의 현금흐름 분포를 구해보자.

연도	투자안 A	투자안 B	결합투자(A+B)
0	−2,500만원	−1,500만 원	−4,000만 원
1	1,500	900	2,400
2	1,600	800	2,400

   ② $NPV(A+B) = \dfrac{2,400}{1.1} + \dfrac{2,400}{(1.1)^2} - 4,000 = 165$만 원이다.

   위의 1번 항목에서 구한 NPV(A)+NPV(B)=165만 원으로 동일하다. 따라서 가치가산의 원리가 성립함을 알 수 있다. 이는 수많은 투자안 중에서 투자조합을 선택할 때 그 투자조합을 일일이 검토할 필요가 없이 개별투자안의 NPV의 크기만 고려해도 된다는 것을 보여준다.

05 내부수익률법(IRR; Internal Rate of Return)

1 의의

내부수익률이란 미래 현금흐름의 순현가(NPV)를 0으로 만드는 할인율을 말한다. 즉, 미래 현금유입의 현가와 현금유출의 현가를 같게 만드는 할인율이다.

$$\left[\frac{C_1}{(1+IRR)^1} + \frac{C_2}{(1+IRR)^2} + \cdots + \frac{C_n}{(1+IRR)^n}\right] - C_0 = 0$$

$$\sum_{t=1}^{n} \frac{C_t}{(1+IRR)^t} - C_0 = 0 \quad \text{or} \quad \sum_{t=1}^{n} \frac{C_t}{(1+IRR)^t} = C_0$$

(C_t: t 시점의 현금흐름, C_0: 최초의 투자액, n: 내용연수)

여기서 IRR은 투자안마다 서로 다른 값을 가지며, 투자자로부터 얻는 연평균 수익률을 뜻한다. NPV의 할인율 k와 달리 투자안 자체의 현금흐름에 의해서만 산출된다.

2 의사결정기준

(1) **독립적 투자안**: 투자안의 내부수익률이 할인율보다 큰 모든 투자안을 투자가치가 있는 것으로 평가한다.

(2) **상호배타적 투자안**: 내부수익률이 가장 큰 투자안을 선택한다.

3 유용성

(1) 화폐의 시간가치를 고려한다.

(2) 내용연수 동안의 모든 현금흐름을 고려한다.

4 문제점

(1) 내용연수가 2년을 초과할 경우 계산이 복잡해진다.

(2) 내부수익률이 존재하지 않거나 복수의 내부수익률이 존재할 가능성이 있다. 내부수익률이 존재하지 않으면 투자안을 평가할 수 없고, 복수의 내부수익률이 나타나면 경제적 의미가 없으므로 투자결정에 사용할 수 없다.

(3) 재투자수익률의 가정이 불합리하다. 내부수익률법은 투자안의 내부수익률을 미래의 재투자수익률로 가정하고 있는데, 미래에도 현재처럼 유리한 투자기회가 계속 존재한다는 의미가 되므로 불합리하다.

(4) 가치가산의 원리가 적용되지 않는다.

5 IRR법과 비교를 통해서 보는 NPV의 우위성

(1) 기업가치 극대화라는 재무관리의 목표에 부합한다. NPV는 그 자체가 가치의 순증가를 나타내므로 이는 곧 기업가치 극대화와 연결된다. 그러나 IRR은 개별 투자안의 투자성과를 의미하는 투자수익률이므로 기업가치의 극대화와 연관성이 없다.

(2) 재투자수익률의 가정이 현실적이다.

(3) 가치가산의 원리가 성립한다.

(4) 평가기준의 일관성이 있다. NPV에서는 투자분류에 상관없이 NPV > 0인 투자안을 선택하면 되지만, IRR에서는 현금흐름의 형태에 따라 다르게 된다.

(5) NPV에서는 복수의 해나 해의 부존재에 대한 문제가 없다.

예제 내부수익률법(IRR)

현금흐름이 다음과 같은 두 투자안의 할인율이 모두 10%일 때 물음에 답하라.

연도	현금흐름	
	투자안 A	투자안 B
0	−2,500만 원	−1,500만 원
1	1,500	900
2	1,600	800

1. 각 투자안의 IRR을 구하라.
2. 두 투자안이 독립적인 경우와 상호배타적인 경우 어떤 투자안을 채택해야 하는가?
3. 두 투자안 모두 투자할 때, IRR을 구하고 가치가산의 원리가 성립하는지 보여라.

해답

1. 시행착오법이나 계산기를 이용하여 IRR을 구하면 다음과 같다.

투자안 A: $\dfrac{1,500}{1+IRR}+\dfrac{1,600}{(1+IRR)^2}=2,500$ ∴ IRR(A) = 15%

투자안 B: $\dfrac{900}{1+IRR}+\dfrac{800}{(1+IRR)^2}=1,500$ ∴ IRR(B) = 9%

2. ① 독립적 투자안: 투자안의 IRR이 할인율 10%보다 크면 채택한다. 투자안 A의 경우 IRR = 15% > 10%이므로 채택하지만 투자안 B의 경우 IRR값이 9%로 10%보다 작으므로 채택할 수 없다.

② 상호배타적인 투자안: IRR > k인 투자안 중에서 IRR이 가장 큰 투자안을 선택하므로 투자안 A가 채택된다.

3. ① 결합투자안의 현금흐름 분포를 구해보자.

연도	투자안 A	투자안 B	결합투자(A+B)
0	−2,500만 원	−1,500만 원	−4,000만 원
1	1,500	900	2,400
2	1,600	800	2,400

② 결합투자안의 IRR을 구하면 다음과 같다

$\dfrac{2,400}{1+IRR}+\dfrac{2,400}{(1+IRR)^2}=4,000$ 만 원 ∴ IRR(A+B) = 13%

∴ IRR(A+B) ≠ IRR(A)+IRR(B)

IRR(A)+IRR(B) = 24%이므로, 결합투자안의 IRR은 개별투자안의 IRR을 단순합계한 것이 아니라는 것을 알 수 있다. 따라서 가치가산의 원리가 성립하지 않는다. 이는 수많은 투자안 중에서 투자조합을 선택할 때 그 투자조합에 대해 일일이 IRR을 산출해야 함을 뜻한다.

06 수익성지수법(PI; Profitability Index)

1 의의

수익성지수란 투자안의 선택으로 발생하는 미래 현금흐름의 현재가치를 현금유출의 현재가치로 나눈 값으로 다음과 같다.

$$PI = \frac{\text{현금유입의 현재가치}}{\text{현금유출의 현재가치}} = \frac{\sum_{t=1}^{n} \frac{C_t}{(1+k)^t}}{C_0}$$

PI는 NPV와 밀접한 관련성이 있다. PI에서 분자가 더 크다는 것은 NPV가 양수라는 의미이고, PI에서 분모가 더 크다는 것은 NPV가 음수라는 말이므로 다음과 같은 식이 성립한다. 그러나 가치가산의 원리는 성립하지 않는다.

(1) $NPV > 0 \rightarrow PI > 1$

(2) $NPV < 0 \rightarrow PI < 1$

2 의사결정기준

(1) 독립적 투자안: $PI > 1$이면 투자안을 채택한다.

(2) 상호배타적 투자안: PI가 1보다 큰 투자안 중에서 PI가 가장 큰 투자안을 선택한다.

예제 수익성지수법(PI)

현금흐름이 다음과 같은 두 투자안의 할인율이 모두 10%일 때 물음에 답하라.

연도	현금흐름	
	투자안 A	투자안 B
0	−2,500만 원	−1,500만 원
1	1,500	900
2	1,600	800

1. 각 투자안의 PI를 구하라.
2. 두 투자안이 독립적인 경우와 상호배타적인 경우 어떤 투자안을 채택해야 하는가?

해답

1. $PI(A) = \dfrac{\dfrac{1,500}{1.1} + \dfrac{1,600}{(1.1)^2}}{2,500} \fallingdotseq 1.07$

   $PI(B) = \dfrac{\dfrac{900}{1.1} + \dfrac{800}{(1.1)^2}}{1,500} \fallingdotseq 0.986$

2. ① 독립적 투자안: PI > 1이면 채택해야 한다. 따라서 투자안 A만 채택된다.
   ② 상호배타적인 투자안: PI > 1인 투자안 중에서 PI가 가장 큰 투자안을 선택하므로 투자안 A가 채택된다.

---

06 수익률과 위험

CHAPTER

01 위험(Risk)의 의미와 측정

1 의미

앞에서 살펴본 순현가법은 현금흐름의 확실성을 가정했다. 그러나 현실에서는 미래 현금흐름이 불확실한 경우가 대부분이며 미래의 현금흐름이 불확실하다는 말은 곧 위험을 내포하고 있다는 의미이다. 즉, 미래에 나올 결과가 하나로 고정되어 있지 않고 상황에 따라 두 가지 이상의 결과가 가능할 때 위험이 있다고 말한다. 재무관리에서 다루는 위험은 미래 수익 혹은 미래 수익률의 변동가능성을 의미한다.

2 위험의 측정

위험의 측정이란, 미래의 실제수익률과 현재 기대하고 있는 미래의 기대수익률이 다른 정도를 측정하는 것이다. 이러한 위험을 측정하는 방법으로는 여러 가지가 있지만 분산(Variance)을 이용하여 측정하는 것이 보통이다.

$$\sigma^2(r) \equiv E[r - E(r)]^2$$
$$= \sum_{t=1}^{r} [r_t - E(r)]^2 \times P_i$$

(단, σ^2: 분산, r_t: 수익률, P_i: 확률, $E(r)$: 기대수익률)

분산 또는 표준편차(Standard Deviation)는 확률분포가 옆으로 퍼진 정도, 즉 확률의 퍼짐성의 척도로서 사용되는 통계량이다. 분산은 각 상황이 발생했을 때 실현될 변수값과 기댓값의 차이를 제곱한 값의 기댓값으로 정의된다.

02 수익과 수익률

1 의미

(1) **수익(Return or Payoff):** 투자자가 투자에서 얻는 성과로, 제품이나 서비스의 생산 또는 이자 배당, 증권 가격의 상승 등을 수익이라고 한다. 수익은 투자에 대하여 얼마나 많은 성과를 얻었는지를 나타내는 절대액의 개념으로 사용된다.

(2) **수익률(Rate of Return)**: 수익률은 투자액 1원에 대하여 어느 정도의 성과를 얻었는지를 나타내는 상대적인 개념이다. 즉, 투자에 의해 얻은 수익과 투자한 금액의 비율로 나타난다.

2 수익률의 계산

(1) **주식수익률의 계산**: 일반적인 수익률의 개념은 증권의 경우에도 그대로 적용할 수 있다. 어느 시점에서 주식을 매수하여 일정기간 보유한 후에 이 주식을 처분했다고 했을 때, 주식수익률(Stock Return)은 주식 투자로부터 얻어진 총이익을 총 투자금액으로 나누어 계산한 비율로 정의된다. 여기서 총이익은 자본이득(Capital Gain)과 현금배당(Dividend)의 합이다.

$$주식수익률(R_t) = \frac{자본이득 + 현금배당}{기초의\ 주가} = \frac{(기말의\ 주가 - 기초의\ 주가) + 배당금}{기초의\ 주가}$$

$$= \frac{(P_t - P_{t-1}) + d_t}{P_{t-1}} = \frac{(P_t - P_{t-1})}{P_{t-1}} + \frac{d_t}{P_{t-1}}$$

(단, P_t: 기말의 주가, P_{t-1}: 기초의 주가, d_t: 배당금

위의 식은 주식을 $t-1$ 기간에 구입했다가 1 기간 후 배당금을 수령하고 t 기간에 처분한 경우의 수익률을 뜻한다. 따라서 위의 수익은 자본이득률과 배당수익률의 합으로 표현 가능하다.

(2) **여러 기간 투자의 보유기간수익률**: 앞에서는 1 기간(1년) 동안만 주식을 보유할 때의 수익률을 계산하였다. 그러나 대부분의 투자안의 경우, 여러 기간 동안의 수익률을 계산하여야 하는 경우가 빈번히 생긴다. 따라서 이제 보유기간이 2 기간 이상일 때 수익률을 계산해보자.

$$HPR(n) = [(1 + {}_0R_1)(1 + {}_1R_2)\cdots(1 + {}_{n-1}R_n)]^{\frac{1}{n}} - 1$$

(단, ${}_0R_1$: 첫 해의 수익률, ${}_1R_2$: 두 번째 해의 수익률, ${}_{n-1}R_n$: n년째 해의 수익률)

위의 식과 같이, 여러 기간의 수익률을 합산한 전체 기간 동안의 수익률을 보유기간수익률이라고 부른다.

3 수익률의 확률분포

(1) **확률분포의 의의**: 미래의 수익률은 미래 상황의 변화에 따라 달라지기 때문에 불확실하며, 그 예측이 매우 어렵다. 불확실한 수익률을 분석할 수 있는 방법은 미래에 나올 가능성이 있는 수익률 각각에 대해 그 확률을 계산하는 것이다. 수익률의 확률이 어떻게 분포되어 있는지를 알아내고 이를 분석하는 과정이 바로 투자의사결정의 요체이다.

(2) **수익률의 확률분포**: 미래의 상황에 따라 다른 값을 갖는 변수의 성질은 확률분포(Probability Distribution)로 나타낸다. 따라서 수익률의 확률분포는 미래수익률과 그 수익률의 발생확률을 나타낸 것이라고 할 수 있다.

(3) 수익률 확률분포의 전제

① 연속확률분포를 사용하여 분석: 주식수익률은 이산확률분포를 따르지만 이 방법은 불편하다. 게다가, 수익률의 경우의 수가 충분히 많아 연속확률분포로 근사하여 분석하더라도 문제가 없다.

② 정규분포를 가정: 통계학 등에서 여러 종류의 연속확률분포가 사용되지만 재무관리에서는 보통 정규분포를 가정한다. 또한, 자연과학이나 사회과학의 거의 모든 분야에서 정규분포가 쓰이고 있다.

4 기대수익률(Expected Rate of Return)

미래수익률의 확률분포에 대한 기댓값을 기대수익률이라 한다. 각 상황이 발생할 때마다 가능한 수익률에 각 상황의 발생 확률을 곱하여 합한 값으로 다음과 같이 구할 수 있다.

$$E(R) = \sum P_i \times R_i$$

(P_i: 상황의 발생확률, R_i: 각 상황의 가능 수익률)

확률분포는 그 분포의 형태를 결정짓는 통계량을 갖는데, 이를 모수(Parameter)라고 한다. 모수의 값을 알면 확률 분포의 그래프를 정확히 그릴 수 있는데, 미래수익률의 확률분포에서 모수는 기대수익률과 분산 두 가지이다.

예제 수익률의 확률분포, 기대수익률과 분산의 계산

각각의 경기 상황별 확률과 주식 (가)로부터 발생가능한 현금흐름의 추이가 다음과 같다. 현재 주가를 10,000원이라 할 때 물음에 답하여라.

상황	확률	배당금	주가
호황	0.3	600	11,400원
보통	0.4	500	11,000
불황	0.3	400	10,600

1. 주식 (가)에 대한 수익률의 확률분포를 추정하라.
2. 주식 (가)의 기대수익률, 분산, 표준편차를 구하라.

해답

1. 수익률의 확률분포란, 경기 상황에 따른 수익률과 각 상황의 확률을 나타낸 것이다. 따라서 우선 각 경기 상황별 수익률을 구해 보면 다음과 같다.

상황	주식수익률
호황	$\dfrac{(11,400-10,000)+600}{10,000} = \dfrac{2,000}{10,000} = 20\%$
보통	$\dfrac{(11,000-10,000)+500}{10,000} = \dfrac{1,500}{10,000} = 15\%$
불황	$\dfrac{(10,600-10,000)+400}{10,000} = \dfrac{1,000}{10,000} = 10\%$

따라서 수익률의 확률 분포는 다음과 같이 나타낼 수 있다.

상황	확률	수익률
호황	0.3	20%
보통	0.4	15%
불황	0.3	10%

2. ① 기대수익률은 다음과 같다.

$E(R_{7l}) = 0.3 \times 0.20 + 0.4 \times 0.15 + 0.3 \times 0.10 = 0.15(15\%)$

② 표준편차는 분산의 제곱근이므로 우선 분산을 구하면 다음과 같다.

$\sigma^2 = 0.3(0.20 - 0.15)^2 + 0.4(0.15 - 0.15)^2 + 0.3(0.10 - 0.15)^2$
$\quad = 0.0015(0.15\%)$

③ 표준편차는 다음과 같다.

$\sigma = \sqrt{\sigma^2} = \sqrt{0.0015} \approx 0.039(3.9\%)$

03 효용이론

1 기대수익 극대화와 기대효용 극대화

(1) 기대수익의 극대화

① 의의: 기대수익(Expected Value)이란 투자안으로부터 얻게 되는 수익의 미래 확률분포 평균값(기 댓값)을 말한다. 따라서 기대수익의 극대화 기준에 따르면 비교대상이 되는 투자안의 확률분포에서 평균값을 구하여 이 값이 가장 큰 투자안을 선택하게 된다. 이를 수식화하면 다음과 같다.

$$Max \; E(R) = Max \; \Sigma \, P_i \times R_i$$

② 세인트 피터스버그 역설: 이는 베르누이(N. Bernoulli)에 의해 제기된 것으로 기대가치 극대화 기준 이 위험을 고려하고 있지 않기 때문에 투자 결정 기준으로 적절하지 못하다는 것이다. 즉, 동일한 기 대가치를 갖는 투자안일지라도 위험에 따라 의사결정이 달라질 수 있기 때문이다.

(2) 기대효용의 극대화

① 의의: 기대효용(Expected Utility)이란 투자안으로부터 얻게 되는 효용의 미래 확률분포 평균값(기 댓값)을 말한다. 효용수준을 결정하는 요인에는 기대수익뿐만 아니라 위험이 포함되기 때문에 이 두 가지 요인의 특성을 고려한 효용함수를 설정하면 투자 기준이 된다. 따라서 기대효용 극대화 기준은 기대효용이 가장 큰 투자안을 선택하면 되는데, 이를 수식으로 나타내면 다음과 같다.

$$Max \; E[U(R)] = Max \; \Sigma \, P_i \times U(R_i)$$

② 합리적 투자자의 효용함수: 합리적 투자자란 위험회피적이어서 기대효용 극대화를 목표로 하는 투자 자를 말한다. 어떤 효용함수가 합리적 투자자의 효용을 나타내려면 위험회피적이어야 하는데 이를 위한 구체적인 조건은 부의 증가에 따라 효용이 증가하되 체감적으로 증가하여야 한다는 것이다. 이

를 수식으로 나타내면 다음의 두 가지 조건을 만족시키는 함수를 말한다. 이러한 조건을 만족하는 효용함수로 로그함수, 2차함수, 무리함수가 있다.

- 불포화성: $U'(R) = \dfrac{dU}{dR} > 0$

- 한계효용의 체감: $U''(R) = \dfrac{d^2U}{d^2R} < 0$

[예제] 기대가치 극대화 기준과 기대효용 극대화 기준

각각의 경기 상황별 확률과 두 가지 주식으로부터 발생가능한 현금흐름의 추이가 다음과 같다. 현재 주가는 10,000원이며 배당이 없다고 할 때, 다음의 물음에 답하여라.

상황	확률	주식(가)	주식(나)
호황	0.2	14,000원	12,500원
보통	0.5	12,000	12,000
불황	0.3	11,500	11,500

1. 기대가치 극대화 기준에 의하면 주식(가)와 주식(나)의 기대수익은 얼마인가?
2. 기대효용 극대화 기준에 의하면 주식(가)와 주식(나)의 기대수익은 얼마인가?
   (단, 투자자의 효용함수는 ln 함수로 가정한다.)

[해답]

1. 각 주식의 기대수익을 구하면 다음과 같다.
   ① 주식(가): $0.2 \times 14,000 + 0.5 \times 12,000 + 0.3 \times 11,500 = 12,250$
   ② 주식(나): $0.2 \times 12,500 + 0.5 \times 12,000 + 0.3 \times 11,500 = 11,950$

2. 각 주식의 기대효용을 구하면 다음과 같다.
   ① 주식(가): $0.2 \times ln\,14,000 + 0.5 \times ln\,12,000 + 0.3 \times ln\,11,500 = 9.41$
   ② 주식(나): $0.2 \times ln\,12,500 + 0.5 \times ln\,12,000 + 0.3 \times ln\,11,500 = 9.39$

---

2 위험에 대한 태도

투자자들의 위험에 대한 태도는 크게 세 가지로 분류할 수 있다. 일반적으로 합리적 투자자를 분석대상으로 하기 때문에 위험회피형을 주로 다루겠지만 예외적으로 상황에 따라서는 위험선호적이거나 위험중립적인 투자자도 있을 수 있다.

위험회피형(Risk Averse)	위험을 싫어하는 유형
위험선호형(Risk Lover)	위험을 추구하는 유형
위험중립형(Risk Neutral)	위험을 고려하지 않는 유형

(1) 위험회피형: 위험회피적 투자자란 위험을 싫어하는 합리적이며 이성적인 투자자를 말한다. 이들의 효용함수는 부의 증가에 따라 효용이 증가하되 체감적으로 증가한다. 이것을 그래프로 나타내면 다음과 같다.

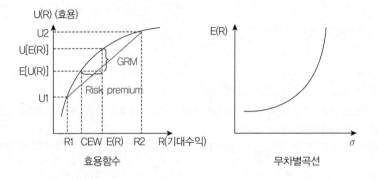

① **일반적 위험회피척도:** 일반적 위험회피척도(GRM; Measure of General Risk Aversion)란 기대수익의 효용 U[E(R)]에서 효용의 기댓값, 즉 기대효용 E[U(R)]을 차감한 값으로 정의한다.

$$GRM = U[E(R)] - E[U(R)] > 0$$

위의 그래프에서 보듯이 위험회피형 효용함수에서는 GRM이 부호가 항상 (+)인데 이 값이 클수록 위험회피적임을 의미한다.

② **위험프리미엄:** 어떤 불확실한 투자안이 주는 기대효용, E[U(R)]과 동일한 수준의 효용을 주는 확실한 부의 수준을 그 투자안의 확실성등가부(CEW; Certainty Equivalent Wealth)라고 한다. 확실성등가부는 위험프리미엄(Risk Premium)을 정의하는 데 필요한 개념으로, 위험프리미엄이란 투자자가 위험투자안(Gamble)에 직면할 때 위험을 회피하기 위하여 지불할 수 있는 최대 금액을 말한다. 이는 다음과 같이 기대부에서 확실성등가부를 차감한 값이다.

$$위험프리미엄 = E(R) - CEW > 0$$

위험프리미엄은 항상 (+)값을 가지며, 이 값이 클수록 위험회피적임을 의미한다.

③ **갬블의 비용(Gamble Cost):** 투자안을 선택한다는 것은 갬블(또는 게임)에 참여하는 것과 같은 의미이다. 투자자는 갬블에 참여함으로써 현재 부를 포기하고 갬블의 확실성등가부를 취한다는 의미가 된다. 따라서 갬블에 참여할 때 부담하는 비용은 다음과 같으며, 다음과 같이 갬블의 비용을 나타낼 수 있다.

$$갬블의 비용 = 현재의 부 - 확실성등가부(CEW)$$

위험프리미엄과 달리 갬블의 비용은 경우에 따라 0 또는 (−)값을 가질 수 있다.

ⓐ **갬블의 비용 > 0:** 공정한 갬블의 경우이며, 갬블에 참여함으로서 부의 감소를 가져온다. 따라서 갬블에 참여하지 않을 것이다. 이때 갬블의 비용은 투자자를 갬블에 참가하도록 유도하기 위해 투자자에게 지불해야 하는 최소금액을 의미한다.

ⓑ **갬블의 비용 < 0:** 갬블에 참여함으로서 부의 증가를 가져오므로 투자자는 당연히 갬블에 참여할 것이다. 이때 갬블의 비용은 투자자가 갬블에 참가하기 위해 지불할 수 있는 최대금액이 된다.

(2) 위험중립형 및 위험선호형

① 위험중립형: 위험중립형은 위험의 크기에 관계없이 기대수익에 의하여 의사결정하는 투자자를 말한다. 따라서 공정한 갬블에 대한 참가여부는 무차별하다. 즉, 갬블에 참여할 경우의 기대효용이 갬블에 참여하지 않을 때의 확실한 현재부의 효용과 동일하다는 의미이다. 이것을 위험회피척도로 나타내면 다음과 같다.

$$GRM = U[E(R)] - E[U(R)] = 0, \; U[E(R)] = E[U(R)]$$

따라서, 위험중립형의 효용함수와 무차별곡선은 다음과 같다.

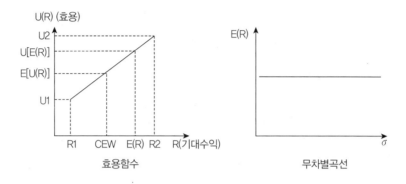

효용함수   무차별곡선

② 위험선호형: 위험선호형은 위험이 없는 주식보다 위험이 있는 주식을 선택하는데, 이들의 효용함수는 부의 증가에 따라 효용이 증가하되 체증적으로 증가하는 형태로 위험회피척도는 다음과 같다.

$$GRM = U[E(R)] - E[U(R)] < 0$$

따라서, 위험선호형의 효용함수와 무차별곡선은 다음과 같다.

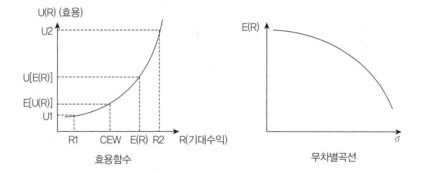

효용함수   무차별곡선

[예제] 위험프리미엄과 갬블비용

현재 $10을 가지고 있는 투자자에게 $10을 얻을 확률이 10%, $100을 얻을 확률이 90%인 게임에 참여할 기회가 주어졌다.

1. 참여할 경우의 기대되는 부와 효용의 수준은 각각 얼마인가.

   (효용함수는 ln함수로 가정한다.)

2. 이 투자자의 GRM을 산출하여 위험에 대한 태도를 판단하여라.

3. 보험료 $5를 지급하고 보험에 가입하면 위험이 완전히 제거된다고 했을 때, 보험 가입 여부를 판단하라.

4. 갬블비용을 산출하고 그 의미를 설명하라.

[해답]

1. ① 기대되는 부: $E(W) = \sum P_i \times W_i = 0.1 \times (10+10) + 0.9 \times (10+100) = 101$
   ② 효용 수준: $E[U(W)] = \sum P_i \times U(W_i) = 0.1 \times ln20 + 0.9 \times ln110 = 4.53$

2. $GRM = U[E(W)] - E[U(W)] = ln101 - 4.53 = 0.085$이므로 양수이다.
   따라서 위험회피적 투자자임을 알 수 있다.

3. 보험의 가입여부를 판단하기 위해서는 위험프리미엄과 보험료 $5를 비교해야 한다. 먼저 확실성등가부(CEW)를 구하면 다음과 같다.
   $ln\,CEW = 4.53$ $\therefore CEW = e^{4.53} = 92.76$
   따라서 Risk premium $= E(W) - CEW = 101 - 92.76 = 8.24$이다.
   즉, 보험료가 위험프리미엄보다 작으므로 보험에 가입한다.

4. 갬블비용 = 현재의 부 $- CEW = 10 - 92.76 = -82.76$
   즉, 이 게임에 참여하기 위해 투자자는 $82.76까지 지불할 용의가 있음을 의미한다.

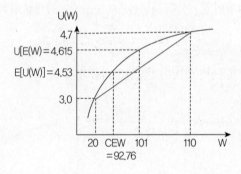

CHAPTER

07 포트폴리오 이론

01 포트폴리오 이론의 개요

1 의의

대부분의 투자자는 하나의 투자대상에 투자하기보다는 여러 자산에 나누어 투자를 할 것이다. 이러한 여러 자산들의 모임을 포트폴리오(Portfolio)라고 한다. 따라서 포트폴리오 이론에서는 다음 두 가지의 투자결정을 비교 분석하는 것을 주된 내용으로 다룬다.

(1) 단일 주식에 투자할 때 기대수익률과 위험의 관계에서의 투자 결정

(2) 여러 주식으로 구성된 포트폴리오에 투자할 때 기대수익률과 위험의 관계에서의 투자 결정

2 포트폴리오 이론의 가정

(1) **자본시장의 완전성**: 거래에 아무런 제약 또는 마찰이 없다.

(2) **위험회피성**: 위험회피적이어서 기대효용 극대화를 목표로 하며, 두 투자안의 기대수익률이 동일하다면 분산이 작은 투자안을 선택한다.

(3) **동질적 기대**: 투자자들이 투자 대상이 되는 주식들에 대해서 수익률의 확률분포를 미리 알고 있으며, 그 확률분포에 대해서 모든 투자자들이 예측하는 내용은 동일하다.

(4) **평균−분산 기준**: 투자자의 입장에서는 미래수익률의 정확한 값을 알지 못하며 오직 미래 수익률의 확률분포만을 알 수 있다. 따라서 수익률의 확률분포를 분석하기 위해서 수익률의 평균과 분산만 분석하면 된다.

(5) **단일기간**: 투자자들이 고려하고 있는 투자기간은 단일기간이다.

3 포트폴리오 이론의 전개과정

투자자들이 기대효용을 극대화하기 위해 최적 포트폴리오를 선택하는 과정은 다음과 같다.

(1) 포트폴리오의 기대수익률과 위험을 측정한다.

(2) 지배원리에 의한 효율적 포트폴리오를 도출한다.

(3) 투자자 개인의 무차별곡선에 의한 최적 포트폴리오를 선택한다.

4 개별증권의 기대수익률과 위험

(1) 개별증권의 기대수익률: 미래에 발생가능한 개별증권의 수익률을 각각의 수익률이 발생할 확률로 가중평균한 것이 기대수익률이다. 수식으로 나타내면 다음과 같다.

$$E(R_i) = \sum_{t=1}^{n} P_i \times R_i$$

(2) 개별증권 수익률의 분산과 표준편차: 개별증권 수익률의 분산은 미래의 발생가능한 수익률과 기대수익률 간의 차이인 편차를 제곱하여 각각의 수익률이 발생할 확률값으로 가중평균한 값이다. 표준편차는 분산의 제곱근으로 (−)의 값을 가질 수 없음에 유의해야 한다. 이를 수식으로 나타내면 다음과 같다.

$$Var^2(R_i) = E[R_i - E(R_i)]^2$$
$$= \sum_{t=1}^{n} [R_t - E(R_i)]^2 \times P_i$$
$$\sigma_i = \sqrt{Var(R_i)} = \sqrt{\sigma^2}$$

(Vax(or σ^2): 분산, R_i: 수익률, P_i: 확률, $E(R_i)$: 기대수익률)

[예제] 개별주식의 기대수익률과 위험

자료가 다음과 같을 때, 주식(가)와 주식(나)의 기대수익률과 표준편차를 구하라.

상황	확률	주식(가)의 수익률	주식(나)의 수익률
1	0.3	−10%	5%
2	0.4	10%	0%
3	0.3	20%	10%

[해답]

1. 기대수익률

① 주식(가): $E(R_{가}) = 0.3 \times (-0.10) + 0.4 \times 0.10 + 0.3 \times 0.20 = 0.07(7\%)$

② 주식(나): $E(R_{나}) = 0.3 \times (+0.05) + 0.4 \times 0.00 + 0.3 \times 0.10 = 0.045(4.5\%)$

2. 분산과 표준편차

　① 주식(가)

$$Var(R_가)=0.3\times(-0.10-0.07)^2+0.4\times(0.10-0.07)^2+0.3\times(0.20-0.07)^2=0.0141$$

$$\sigma_가=\sqrt{Var(R_가)}=\sqrt{0.0141}=0.1187=11.87\%$$

　② 주식(나)

$$Var(R_나)=0.3\times(0.05-0.045)^2+0.4\times(0.00-0.045)^2+0.3\times(0.10-0.045)^2=0.0017$$

$$\sigma_나=\sqrt{Var(R_나)}=\sqrt{0.0017}=0.04123=4.123\%$$

02　평균－분산 기준

1 의미

포트폴리오 이론에는 수익률의 정규분포성을 가정한 다음 자산이나 포트폴리오의 수익률의 평균과 분산을 분석하게 되는데, 이를 평균－분산분석(Mean－Variance Analysis)이라고 부른다. 즉, 자산의 확률분포가 정규분포이거나, 투자자들의 효용함수가 2차 함수라는 가정이 있으면 기대효용의 극대화 기준을 평균－분산 기준으로 단순화시킬 수 있다.

2 위험회피성과 평균－분산기준

(1) **지배원리에 의한 효율적 자산 집합의 선택**: 위험회피형 투자자의 가정하에 다음과 같은 두 가지 지배원리가 성립하는 자산을 효율적 자산이라 한다.

　① 위험수준이 같다면 기대수익률이 높은 자산을 선택한다.

　② 기대수익률이 같다면 위험이 낮은 자산을 선택한다.

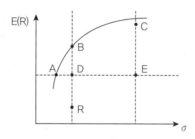

위와 같은 평균－분산 평면에서 첫 번째 지배원리를 적용할 경우, B자산은 D, R자산보다 우선하고, C자산이 E자산보다 우선한다. 두 번째 지배원리를 적용할 경우, A자산은 D, E자산보다 우선한다. 따라서 포트폴리오는 A, B, C 세 자산으로 구성된 집합이 될 것이다.

(2) 평균-분산 무차별곡선

① **무차별곡선**: 무차별곡선(Indifference Curve)이란 동일한 효용을 가져다주는 포트폴리오들의 집합을 나타내는 곡선을 뜻한다. 앞선 지배원리를 충족한 효율적 자산 중에서 어느 자산을 선택할 것인지는 투자자의 주관적인 무차별곡선에 의해 결정된다. 투자자들은 자신의 상대적 위험회피도에 따라 지배원리를 충족한 효율적 자산 중 가장 높은 기대효용을 가져다주는 자산을 선택할 것이다.

② **평균-분산 무차별곡선**: 평균-분산 무차별곡선이란 동일한 효용을 주는 기대수익과 위험의 조합을 말한다. 위험회피적 투자자는 위험이 증가하면 더 높은 기대수익률을 얻어야 비슷한 효용을 느끼므로 아래의 [그림1]과 같은 모양의 무차별곡선을 보인다.

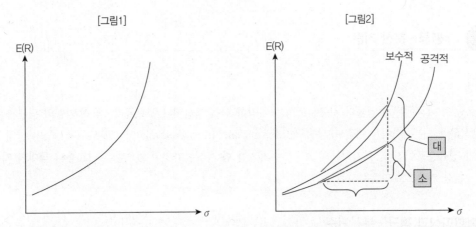

그러나, 위험회피형 투자자라고 해서 모두 같은 모양의 무차별곡선을 갖는 것은 아니다. 위험회피형이라도, 위험 증가에 대한 기대수익률 증가의 보상 정도가 다를 수 있다. 위의 [그림 2]에서 보는 것과 같이, 위험회피정도가 강한 보수적 투자자들은 같은 단위의 위험증가에 대해 보다 높은 보상으로 높은 기대수익률 요구한다. 반면 공격적인 위험회피형 투자자들은 같은 단위의 위험 증가에 대해 상대적으로 낮은 기대수익률을 요구한다. 따라서 보수적 투자자의 기울기가 보다 가파르다는 것을 알 수 있다.

(3) 개별자산의 최적 선택

앞에서 살펴본 바와 같이, 지배원리에 의하면 누구나 동일하게 A, B, C 세 가지 자산으로 포트폴리오를 구성한다. 그러나 이 세 자산 중에 누가 A를 선택하고 B를 선택하는지는 위험회피도의 정도에 따라 다르다. 즉, 위험회피도에 있어서 가장 보수적인 투자자가 자산 A를 선택하고, 가장 공격적인 투자자가 자산 C를 선택할 것이다.

---

03 포트폴리오의 기대수익률과 위험

1 포트폴리오의 기대수익률

포트폴리오를 구성하고 있는 n개의 개별 투자안의 기대수익률($E(R_i)$)을 각각의 구성비율(w_i)에 따라 가중평균한 값으로 계산식은 다음과 같다.

$$E(R_p)=w_1E(R_1)+w_2E(R_2)+\cdots+w_nE(R_n)=\sum_{i=1}^{n}w_iE(R_i)$$

2 포트폴리오의 위험의 측정

(1) 공분산

① 의미: 포트폴리오를 구성하는 개별자산 수익률의 상호관련성의 정도를 측정해주는 척도로, 각 주식의 실현가능한 수익률(R_i)과 기대수익률($E(R_i)$)의 차이인 편차의 곱을 발생확률로 곱하여 모두 더한 값이다.

② 두 자산 포트폴리오의 공분산: 포트폴리오를 두 개의 개별자산으로 구성했을 경우, 공분산은 다음과 같다.

$$Cov=(R_i,\ R_j)=\sigma_{ij}=E[[R_i-E(R_i)][R_j-E(R_j)]]$$

③ 공분산의 해석: 앞에서 구한 공분산의 부호에 따라 두 자산의 상호관련성은 달리 해석된다.

- $Cov(R_i,\ R_j)>0$: 두 개별증권의 수익률이 평균적으로 같은 방향으로 움직인다.
- $Cov(R_i,\ R_j)<0$: 두 개별증권의 수익률이 평균적으로 다른 방향으로 움직인다.
- 주의: 공분산은 변화의 방향성만 나타낼 뿐, 그 정도는 알려주지 못한다.

(2) 상관계수

① 의미: 포트폴리오를 구성하는 개별자산 수익률의 상호관련성의 정도를 보다 분명하게 측정할 수 있도록 나타낸 것으로, 공분산(σ_{ij})을 각 투자안의 표준편차(σ_i)로 나누어 구한다.

② 두 자산 포트폴리오의 상관계수: 포트폴리오를 두 개의 개별자산으로 구성했을 경우, 상관계수는 다음과 같다.

$$\rho_{ij}=\frac{\sigma_{ij}}{\sigma_i\sigma_j}$$

③ 상관계수의 해석: 상관계수는 개별증권수익률 간의 선형관계의 정도만을 나타내는 수치로, 그 값에 따라 두 자산의 상호관련성은 달리 해석된다.

- 상관계수의 범위: $-1\le\rho_{ij}\le1$
- $\rho_{ij}=1$: 완전 정($+$)의 상관관계
- $\rho_{ij}=-1$: 완전 부($-$)의 상관관계
- $\rho_{ij}=0$: 상관관계가 없음
- $0<\rho_{ij}<1$: 정($+$)의 상관관계
- $-1<\rho_{ij}<0$: 부($-$)의 상관관계

④ 공분산과 상관계수의 구별: 공분산과 상관계수는 모두 개별증권 수익률의 상관관계를 나타내는 척도이다. 그러나 공분산은 절대적 척도로서 측정단위가 무엇이냐에 따라 영향을 받지만, 상관계수는 상대직 척도로서 측정난위에 영향을 받지 않는다.

(3) 포트폴리오의 분산

① **의미**: 포트폴리오 위험의 측정은 포트폴리오 분산의 측정과 동일하다. 따라서 개별자산의 분산과 각각의 구성비율(w_i)을 통해 다음과 같이 구할 수 있다.

$$\sigma^2_p = \sum_{i=1}^{n} \sum_{j=1}^{n} w_i w_j \sigma_{ij}$$

$$= \sum_{i=1}^{n} \sum_{j=1}^{n} w_i w_j \rho_{ij} \sigma_i \sigma_j \quad (\because \sigma_{ij} = \rho_{ij} \sigma_i \sigma_j)$$

$$= \sum_{i=1}^{n} w^2_i \sigma^2_i + \sum_{i=1}^{n} \sum_{j=1}^{n} w_i w_j \sigma_{ij} \quad (i \neq j)$$

② **포트폴리오 분산의 해석**: $i = j$인 경우, $\sigma_{ij} = \sigma^2_i$이므로, $w_i w_j \sigma_{ij}$ 값은 $w^2_i \sigma^2_i$과 동일하다. 즉, 각 개별자산끼리의 공분산은 각 개별자산의 분산과 같으므로 위의 포트폴리오 분산에서 세 번째 식이 도출될 수 있다. 따라서, 위의 식처럼 n개의 자산으로 이루어진 포트폴리오의 위험은 개별자산의 수익률의 분산의 합과 각 개별자산 수익률 간의 공분산의 합으로 나누어 표시할 수 있다. 이는 향후, 위험 분산 분석에 중요한 의미를 지닌다.

3 포트폴리오의 위험 분산 효과

(1) 위험 분산 효과

① **의미**: 둘 이상의 자산(혹은 주식)을 결합하여 포트폴리오를 구성함으로써 위험이 줄어들어 기대효용이 증가하는 현상을 분산 효과(Diversification Effect) 혹은 포트폴리오 효과(Portfolio Effect)라고 한다. 이때, 기대수익률은 감소하지 않으면서 위험만 감소시킬 수 있다.

② **위험 분산 효과의 측정**: 위험 분산 효과는 상관계수가 작은 주식으로 포트폴리오를 구성할수록 더욱 커지게 된다. 즉, 상관계수가 −1일 때 분산 효과가 가장 크며, 상관계수가 1일 때 분산 효과는 발생하지 않는다.

(2) 분산 투자 이득: 분산 투자 이득(Gain from Diversification)이란, 개별주식 간의 상관계수가 1이 아닌 주식에 분산투자하여 얻어지는 위험 감소 효과의 정도를 말한다.

4 체계적 위험과 비체계적 위험

(1) 위험 분산 효과의 한계: 포트폴리오의 위험은 일반적으로 포트폴리오를 구성하는 투자종목 수가 많을수록 평균적으로 감소하는 현상을 보인다. 그러나 항상 위험을 완전히 제거할 수 있는 것은 아니기 때문에 포트폴리오의 위험 분산 효과에는 한계가 있다.

(2) 등가중 포트폴리오의 가정: n개의 자산에 균등투자하여 구성한 포트폴리오의 위험은 다음과 같다. 즉, n개의 주식에 균등투자하여 구성한 포트폴리오의 위험은 분산의 평균과 공분산의 평균의 가중평균값으로 표현된다.

$$\sigma^2_p = \sum_{i=1}^{n}(\frac{1}{n})^2\sigma^2_i + \sum_{i=1}^{n}\sum_{j=1}^{n}(\frac{1}{n})(\frac{1}{n})\sigma_{ij} \ (i \neq j)$$

$$= \frac{1}{n}\sum_{i=1}^{n}\frac{\sigma^2_i}{n} + (1-\frac{1}{n})\sum_{i=1}^{n}\sum_{j=1}^{n}\frac{\sigma_{ij}}{n(n-1)} \ (i \neq j)$$

여기서 포트폴리오의 구성주식 수를 무한히 증가시키면 다음과 같이 개별증권의 분산은 완전히 없어지지만 공분산은 남게 된다.

$$\lim_{n \to \infty} \sigma^2_p = \sum_{i=1}^{n}\sum_{j=1}^{n}\frac{\sigma_{ij}}{n(n-1)} \ (i \neq j)$$

즉, 여러 증권을 결합하여 포트폴리오를 구성할 때, 포트폴리오의 위험은 분산으로 측정되는 개별증권의 위험보다는 증권들 간의 공분산 위험이 중요한 역할을 한다는 것을 알 수 있다.

(3) 체계적 위험: 위에서 설명한 바와 같이, 구성종목 수(n)를 무한히 증가시키면 공분산의 평균만이 포트폴리오의 위험의 척도로 남는다. 이와 같이 분산투자로 제거되지 않는 위험을 체계적 위험(Systematic Risk) 또는 분산 불가능한 위험(Non-Diversifiable risk)이라고 한다. 이는 시장의 전반적인 상황과 관련된 것으로 시장 위험(Market Risk)이라고도 하며, 인플레이션이라든지 이자율의 변화 등과 관련된 요인이다.

(4) 비체계적 위험: 분산투자를 통해서 제거되는 위험을 분산 가능한 위험(Diverisifiable Risk) 혹은 비체계적 위험(Unsystematic Risk)이라고 한다. 이는 종업원의 파업, 법적 문제, 판매의 부진 등 기업의 특수한 상황과 관련된 것으로 기업 고유의 위험(Firm-Specific risk)이라고도 하며, 포트폴리오를 구성하여 분산투자를 할 경우 제거할 수 있는 위험이다.

[구성종목수에 따른 위험 분산 효과]

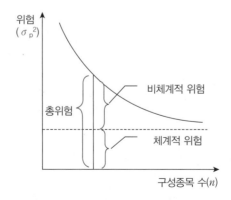

1 효율적 투자선

(1) **투자기회집합**: 시장에 존재하는 모든 투자대상들과 이들로 구성 가능한 포트폴리오의 기대수익률과 위험의 조합을 투자기회집합(Investment Opportunity Set)이라 한다.

(2) **효율적 투자선**: 투자기회집합 전체에서 지배원리를 충족시키는 포트폴리오의 집합을 효율적 프런티어(Efficient Frontier) 혹은 효율적 투자선이라고 부른다.

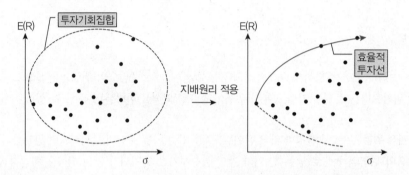

2 최적 포트폴리오의 선택

(1) **무위험자산이 없는 경우**: 투자자는 자신의 무차별곡선과 효율적 투자선이 접하는 점에 있는 포트폴리오를 선택함으로써 기대효용을 극대화할 수 있다. 따라서 이 접점이 최적 포트폴리오가 되는데, 투자자의 무차별곡선의 기울기(MRS)와 효율적 투자선의 기울기(MRT)가 일치한다는 것을 알 수 있다.

$$MRS = MRT$$

즉, 같은 효율적 투자선에서 각 투자자의 위험 성향을 반영하는 무차별곡선의 차이로 최적 포트폴리오 선택이 달라진다. 위험회피성향이 비교적 강한 투자자 a는 아래 그림의 포트폴리오 A를 선택하고, 위험회피성향이 비교적 약한 투자자 b는 아래 그림의 포트폴리오 B를 선택하게 된다.

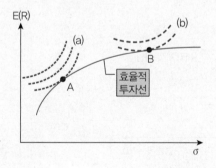

(a): 위험회피성향이 강한 투자자의 무차별곡선(보수적)
(b): 위험회피성향이 약한 투자자의 무차별곡선(공격적)

(2) 무위험자산이 있는 경우

① **무위험자산**: 무위험자산(Risk-Free Asset)이란, 미래의 현금흐름에 불확실성이 없고 이자율 변동이나 인플레이션의 변화에도 영향을 받지 않는 자산을 뜻한다. 즉, 확실한 투자수익을 얻을 수 있는 자산을 말한다.

② **접점포트폴리오**: 무위험자산과 결합될 수 있는 효율적 투자선상의 모든 포트폴리오들 중 가장 우월한 포트폴리오를 접점포트폴리오(Tangent Portfolio)라고 한다.

③ **자본배분선**: 자본배분선(CAL; Capital Allocation Line)이란, 무위험자산과 접점포트폴리오를 연결한 선을 말하며, 이는 무위험자산이 있는 경우의 효율적 투자선이다.

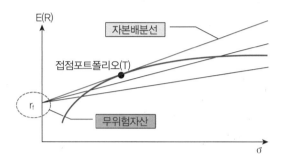

④ **최적 포트폴리오의 선택**: 위험회피성향에 따라 자본배분선의 각기 다른 점이 최적 포트폴리오가 된다. 그러나 투자자의 무차별곡선이 어떻든지 간에 위험자산에 관해서는 접점포트폴리오 T에만 투자한다.

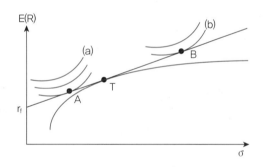

(3) 포트폴리오 분리정리(Portfolio Separation Theorem)

① **의미**: 포트폴리오 분리정리란, 평균-분산 모형에 의한 효율적 투자선의 구성단계와 투자자의 기대효용을 극대화시키는 최적 포트폴리오의 선택단계가 분리되어 이루어지는 것을 말한다.

　㉠ [1단계] 효율적 투자선: 위험회피성향과 관계없이 투자기회집합에 지배원리 적용

　㉡ [2단계] 기대효용 극대화: 투자자의 무차별곡선과 효율적 투자선이 접점

② **두 자산 분리정리**: 최적 포트폴리오는 임의의 두 개의 효율적 포트폴리오를 결합하여 구성할 수 있다. 즉, 두 개의 개별자산을 투자대상으로 하여 얻은 최적 포트폴리오와 두 개의 효율적 포트폴리오를 투자대상으로 하여 얻은 포트폴리오가 일치하게 된다. 이런 의미에서 포트폴리오 분리정리를 두 자산 분리정리(Two-Fund Separation Theorem)라고도 한다.

CHAPTER

08 CAPM, 요인모형, APT

01 자본자산가격결정모형(CAPM)

1 자본자산가격결정모형(CAPM)의 기초

(1) 의미: 자본자산가격결정모형(CAPM; Capital Asset Pricing Model)은 자산의 위험에 따라 기대수익률이 어떻게 결정되는지를 보여주는 균형이론으로 마코위츠의 포트폴리오 이론을 바탕으로 한다. 즉, 자본시장이 균형 상태에서 자본자산(주식, 회사채 등의 유가증권)의 가격이 어떻게 결정되는지 설명하는 모형이다. 넓은 의미로는 자본시장선과 증권시장선을 포함하지만 대부분은 증권시장선만을 의미한다.

(2) CAPM의 가정
① 투자자들은 위험회피형 투자자이다.
② 투자자들은 평균−분산 모형에 따라 포트폴리오를 선택한다.
③ 모든 투자자들은 무위험 이자율로 제한없이 차입 또는 대출할 수 있다.
④ 투자기간은 1기간이다.
⑤ 증권시장은 완전경쟁시장이며, 증권의 공급은 고정되어 있다.
⑥ 모든 투자자들은 자산의 기대수익률, 분산, 공분산에 대해 같은 기대를 한다.

(3) 시장균형과 시장포트폴리오
① **시장균형**: 투자자들은 동질적 기대를 하기 때문에 접점포트폴리오(T)는 동일하다. 즉, 위험자산에 관해서 모든 투자자들은 똑같은 포트폴리오를 보유한다. 따라서 모든 투자자가 똑같은 비율로 각각의 위험자산을 보유하고 또 모든 주식에 대해 초과수요나 초과공급이 존재하지 않기 위해서는 접점포트폴리오의 주식수의 구성이 전체주식시장 주식수의 구성과 같아야 시장이 균형을 이룬다.
② **시장포트폴리오**: 자본시장에서 거래되는 모든 위험자산을 그 시장가치비율에 따라 구성한 포트폴리오를 시장포트폴리오(Market Portfolio)라 하며 M으로 나타낸다. 즉, 동질적 기대가정하에서 모든 투자자의 접점포트폴리오(T)는 시장포트폴리오(M)와 같은 구성비율을 갖게 된다. 따라서 시장포트폴리오는 다음과 같은 특징을 가진다.
　㉠ 모든 위험자산을 포함하는 완전분산 투자된 포트폴리오이다.
　㉡ 시장포트폴리오의 특성을 잘 표현하는 대체물은 종합주가지수이다.
　㉢ 균형상태에서 투자자들은 시장전체주식의 시가총액에 대한 개별자산의 시가총액의 비율대로 투자한다(동일한 금액 투자가 아님에 주의).

2 자본시장선(CML)

(1) 의미: 자본시장선(CML; Capital Market Line)이란, 시장포트폴리오와 무위험자산에 효율적으로 분산투자를 할 경우에 얻어지는 포트폴리오의 위험과 기대수익률 간의 선형관계를 말한다.

(2) 자본시장선의 도출: 무위험자산과 위험자산을 결합하여 구성한 포트폴리오의 집합을 나타내는 직선을 자본배분선(CAL; Capital Allocation Line)이라 함을 이미 배웠다. 무위험자산을 투자대상에 포함시키고, 무위험자산과 결합하는 위험자산이 시장포트폴리오일 경우에는 자본배분선을 특히 자본시장선이라고 부른다.

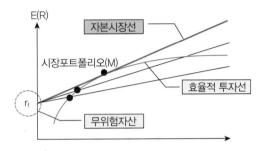

자본시장선은 시장포트폴리오와 무위험자산에 대한 자산배분을 통하여 구성가능한 투자기회들의 기대수익률과 위험과의 관계를 나타내주는데 수식으로 표현하면 다음과 같다.

$$E(R_P) = r_f + \left[\frac{E(R_m - r_f)}{\sigma_m}\right] \times \sigma_p$$

자본배분선의 기울기가 클수록 투자자의 효용이 높아지기 때문에 접선이 가장 우월한 것이다. 여기서 기울기 $\left[\frac{E(R_m - r_f)}{\sigma_m}\right]$를 위험보상비율이라 하며, 이는 위험의 시장가격(Market Price)이다.

(3) 대출포트폴리오와 차입포트폴리오: 모든 투자자들이 동일한 포트폴리오를 선택하는 것이 아니다. 투자자의 무차별곡선이 서로 다르기 때문에 위험회피도가 낮은 투자자일수록 더욱 오른쪽에 있는 포트폴리오를 선택할 것이다.

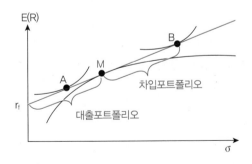

① 대출포트폴리오(Lending Portfolio): 위험회피정도가 커서 투자자금을 무위험자산과 위험자산으로 나누어 투자한 포트폴리오

② 차입포트폴리오(Borrowing Portfolio): 무위험이자율로 자금을 차입하여 자신의 투자자금과 합친 금액을 위험자산에 투자한 포트폴리오이다.

(4) **토빈의 분리정리(Tobin's Separation Theorem):** 무위험자산이 존재하는 경우, 투자자들의 최적 포트폴리오 선택과정은 두 단계로 분리되어 이루어지는데, 이를 토빈의 분리정리라고 한다.

① [1단계] 위험자산의 최적 포트폴리오: 투자자의 위험회피성향에 관계없이 시장포트폴리오 M을 선택한다.

② [2단계] 투자비율의 조정: 투자자의 위험회피성향에 따라 무위험자산과 시장포트폴리오에 대한 투자비율을 결정하여 최적 포트폴리오를 구성한다.

3 증권시장선(SML; Security Market Line)

(1) **자본시장선의 한계:** 자본시장선은 무위험자산을 투자대상에 포함하여 완전히 분산된 포트폴리오, 즉 효율적 포트폴리오를 구성하였을 때의 위험과 기대수익률의 관계를 나타내준다. 그러나 비효율적인 포트폴리오 혹은 개별증권들에 대한 위험과 수익률에 대해서는 해답을 제시하지 못한다.

(2) **증권시장선의 의미:** 증권시장선이란, 시장이 균형을 이루는 경우의 효율적 포트폴리오뿐만 아니라 비효율적 포트폴리오나 개별자산을 포함하는 모든 자산의 기대수익률과 체계적 위험 간의 관계를 설명해주는 것이다.

$$E(R_i)=r_f+[E(R_m-r_f)]\times\beta_i$$

① 자산의 기대수익률=무위험이자율+위험프리미엄

② 위험프리미엄=시장 위험프리미엄×베타

③ 시장 위험프리미엄$[E(R_m-r_f)]$은 항상 양(+)의 일정한 값을 갖는다.

④ 증권의 기대수익률은 베타와 선형관계를 가진다.

⑤ 증권의 기대수익률을 결정함에 있어서 오직 베타만이 중요한 역할을 한다.

(3) **체계적 위험(β_i 베타):** 체계적 위험은 앞에서 배운 것과 같이 개별 주식들이 시장포트폴리오를 구성하여도 제거되지 않는 위험을 말한다. 따라서 증권시장선에서는 시장포트폴리오 수익률의 변화에 대한 개별주식의 수익률이 얼마나 민감하게 변화하는가를 보기 때문에 측정치로 β_i를 사용한다.

$$\beta_i=\frac{\sigma_{im}}{\sigma_m^2}=\frac{Cov(r_i,\,r_m)}{Var(r_m)}$$

① 베타는 시장 전체의 위험을 1로 보았을 때 개별주식이 갖는 위험의 크기이다.

② 시장포트폴리오의 베타는 1이다.

③ 베타>1이면 공격적 주식이라 하고, 베타<1이면 방어적 주식이라 한다.

④ 무위험자산의 베타는 0이다.

(4) 자본시장선과 증권시장선의 비교

구분	자본시장선(CML)	증권시장선(SML)
평가대상	완전분산투자된 효율적 포트폴리오	모든 개별자산
매개변수	총위험(σ_p)	체계적 위험(β_i)
수식	$E(R_p)=r_f+\left[\dfrac{E(R_m-r_f)}{\sigma_m}\right]\times\sigma_p$	$E(R_i)=r_f+[E(R_m-r_f)]\times\beta_i$

02 요인모형과 시장모형

1 요인모형(Factor Model or Index Model)

(1) 의미: 요인모형이란 자산의 수익률을 어떤 공통요인에 의해 설명하고자 하는 것이다. 즉, 증권의 가격들은 제멋대로 움직이는 것이 아니라 공통요인을 중심으로 움직인다고 보고 공통요인을 통해 수익률 변동을 예측할 수 있다고 가정한다.

(2) 공통요인

① 공통요인이 하나뿐인 경우를 단일요인모형(One-Factor Model)이라고 하며, 공통요인이 여러 개일 경우 다요인모형(Multi-Factor Model)이라고 한다.

② 공통요인으로는 GNP증가율, 이자율, 인플레이션율 등 모든 주식에 공통적으로 영향을 미칠 수 있는 경제변수들이다.

③ 시장모형이란 여러 공통요인 중에서 시장포트폴리오의 수익률(R_m)을 공통요인으로 하는 모형을 말한다.

(3) 단일요인모형의 기본가정

① 모든 증권들의 수익률에 공통적으로 영향을 미치는 공통요인은 하나이다.

② 개별증권들 간의 모든 공통적인 움직임은 시장전체의 움직임을 나타내는 시장포트폴리오의 변동에 의해서만 설명가능하고, 설명되지 않는 나머지 부분은 개별증권의 특유요인에 의해 발생한다.

③ 개별증권의 수익률 변동은 시장전체와 관련된 수익률 변동(체계적위험)과 개별기업에 특유한 요인과 관련된 수익률 변동(비체계적위험)으로 구분된다.

2 시장모형(Market Model)

(1) 의미: 시장모형은 개별주식의 수익률(R_i)은 시장포트폴리오의 수익률(R_m)과 선형관계를 갖는다는 모형으로 다음과 같이 나타낼 수 있다.

$$R_i = \alpha + \beta_i R_m + \epsilon_i$$

(단, ϵ_i는 개별주식의 특유한 요인, R_m은 독립변수, β_i: 주식 i 수익률에 미치는 민감도)

(2) 결정계수(R^2): 결정계수는 분석대상 주식의 위험 중에서 체계적 위험이 차지하는 비중을 말해주는 비율로 수식으로 나타내면 다음과 같다.

$$\frac{체계적\ 위험}{총위험} = \frac{\beta_i^2 Var(R_m)}{Var(R_i)} = \frac{\rho_{im}^2 Var(R_i)}{Var(R_i)} = \rho_{im}^2$$

즉, $R^2 = 0.7$이라면, 시장포트폴리오수익률의 변화가 개별증권 i의 수익률의 변화를 70% 설명할 수 있음을 의미한다.

---

03   차익거래이론(APT)

1 차익거래이론의 기초

(1) 차익거래(Arbitrage): 차익거래란 투자자금과 위험을 전혀 부담하지 않고 이익을 얻을 수 있는 투자전략을 말한다. 즉, 미래에 어떠한 상황이 발생하더라도 이익을 얻을 수 있는 무투자-무위험 포트폴리오(Zero-Investment Zero-Risk Portfolio)를 구성할 수 있을 때, 차익거래의 기회가 있다고 말한다.

(2) 무차익조건: 합리적인 투자자들이 서로 경쟁하는 시장에서는 차익거래의 기회가 존재할 수 없다는 원리를 무차익조건(No Arbitrage Condition)이라 부르며, 경제학에서 말하는 일물일가의 법칙(Law of One Price)과 사실상 같은 말이다.

(3) 차익거래이론(APT; Arbitrage Pricing Theory)의 가정
① 자본시장은 완전하다.
② 무수히 많은 자산이 존재한다.
③ 요인모형(Factor Model)이 성립한다.
④ 무차익조건이 성립한다.

2 CAPM과 APT의 비교

(1) APT의 우위성

① 모형의 가정이 CAPM보다 단순하며 현실적이다. APT는 투자자의 위험회피성, 수익률의 정규분포성, 무위험자산의 존재 등을 전제로 하지 않는다. 그 대신, 요인모형이 성립하는 시장을 가정하고, 시장이 균형상태에 있을 때 차익거래의 기회가 존재하지 않는다는 가정을 두고 있다.

② CAPM은 시장포트폴리오의 존재를 전제로 하지만 APT는 특정한 기준포트폴리오의 존재나 측정가능성을 요구하지 않는다. CAPM에서 말하는 시장포트폴리오는 엄밀한 의미에서 관찰 가능하지 않고, 제대로 측정할 수 없다. 반면 APT는 거시적인 요인과 상관관계가 높은 잘 분산된 포트폴리오를 구성할 수 있으면 성립한다.

③ CAPM은 단일기간을 가정하지만 APT는 다기간으로 쉽게 확장할 수 있다.

(2) APT의 한계점

① CAPM이 성립하면 모든 자산과 포트폴리오들이 예외없이 증권시장선상에 있게 된다. 그러나 APT는 모든 자산들에 대해 항상 성립하는 것은 아니다. APT로 설명할 수 없는 일부 자산들이 존재할 수도 있다.

② CAPM은 시장포트폴리오가 체계적 위험의 유일한 원천임을 명확히 보이고 있으나, APT는 거시적인 요인의 본질이 무엇인지를 말해주고 있지 않다.

③ 자산수익률에 영향을 주는 공통요인의 수를 파악하기 어렵고 공통요인 상호 간에 관련성이 존재할 수 있으며, 적용자에 따라서 요인의 수가 다를 수 있다.

09 주식과 채권의 평가

01 주식의 가치 평가

1 배당평가모형

(1) 배당평가모형의 기초

① 주식의 가치: 주식을 보유함으로써 기대되는 미래 현금흐름을 적절한 할인율로 할인하여 산출한 현재가치를 말한다.

② 기대되는 미래 현금흐름: 보유기간 동안 수령하게 되는 배당금과 주식 처분 시점에서 얻게 되는 처분가격을 말한다.

③ 적절한 할인율: 향후 자본예산에서 자세하게 배우고, 여기에서는 주어져 있다고 가정한다.

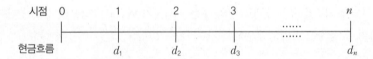

(2) 배당평가모형의 도출: 배당평가모형에서 현재주가를 결정하는 현금흐름은 어느 시점에서 얼마의 가격으로 처분하는가와는 무관하게 그 주식을 보유함으로써 기대되는 배당이다. 이러한 주가결정모형을 배당평가모형이라고 하며 유도 과정은 다음과 같다.

$$P_0 = \frac{d_1}{(1+k)^1} + \frac{d_2}{(1+k)^2} + \cdots + \frac{d_n}{(1+k)^n} + \frac{P_n}{(1+k)^n}$$
$$= \sum_{t=1}^{n} \frac{d_t}{(1+k)^t} + \frac{P_n}{(1+k)^n}$$

(단, k: 할인율, d_i: i년도의 배당금, P_n: n년도의 주식가격)

여기서, n년도 말의 주식가격(P_n)은 다음과 같이 계산할 수 있다.

$$Pn = \frac{d_{n+1}}{(1+k)^1} + \frac{d_{n+2}}{(1+k)^2} + \cdots + \frac{d_\infty}{(1+k)^\infty}$$

따라서, 이를 정리하면 현재 주식의 가격은 다음과 같이 미래에 예상되는 배당금의 현재가치의 합이 된다.

$$P_0 = \sum_{t=1}^{\infty} \frac{d_t}{(1+k)^t}$$

(3) 배당평가모형의 유형

① 제로성장모형(Zero-Growth Model or Nongrowth Model): 매년 배당금이 일정하여 증가하지 않는 경우에 적용되는 주가결정식을 제로성장모형이라고 한다. 계속기업을 가정하기 때문에 기업은 영원히 존재하므로 배당도 영원히 계속된다고 본다. 따라서 영구연금 계산공식을 적용하면 다음과 같은 식이 도출된다.

$$P_0 = \frac{d_1}{(1+k)^1} + \frac{d_1}{(1+k)^2} + \cdots + \frac{d_1}{(1+k)^\infty}$$

$$= \frac{\text{초항}}{1-\text{공비}} = \frac{\dfrac{d_1}{1+k}}{1-\dfrac{1}{1+k}} = \frac{\dfrac{d_1}{1+k}}{\dfrac{(1+k)-1}{1+k}} = \frac{d_1}{k}$$

여기서, 배당금에 일정한 수를 곱하여 주식가격이 산출될 때 그 수를 배당승수라고 하는데, 여기서는 $(1/k)$이 배당승수이다.

② 항상성장모형(Constant Growth Model): 기업이 지속적으로 성장하여 매기간 지급되는 배당이 일정한 비율로 증가하는 경우의 주식평가모형을 항상성장모형 혹은 고든모형(Gordon Model)이라고 한다. 첫해말 배당액이 d_1이고 증가율을 g라고 하면, 다음 배당액은 $d_2 = d_1(1+g)$, $d_3 = d_2(1+g) = d_1(1+g)^2$으로 계산될 수 있다. 이를 반영하여 현재의 주식가격을 산출하면 다음과 같다.

$$P_0 = \frac{d_1}{(1+k)^1} + \frac{d_1(1+g)}{(1+k)^2} + \cdots + \frac{d_1(1+g)^{\infty-1}}{(1+k)^\infty}$$

$$= \frac{\text{초항}}{1-\text{공비}} = \frac{\dfrac{d_1}{1+k}}{1-\dfrac{1+g}{1+k}} = \frac{\dfrac{d_1}{1+k}}{\dfrac{(1+k)-(1+g)}{1+k}} = \frac{d_1}{k-g}$$

[예제] 배당평가모형

'가나'기업에 대한 주주들의 요구수익률이 12%일 때, 다음 기업의 주식가격을 산출하라.

1. 주당배당금이 매년 1,200으로 일정할 때
2. 이번 해 주당배당금은 1,200으로 예상되고, 매년 2%씩 성장할 때

[해답]

1. 제로성장모형에서 주식가격은 다음과 같다.

$$P_0 = \frac{d_1}{k} = \frac{1,200}{0.12} = 10,000원$$

2. 항상성장모형에서 주식가격은 다음과 같다.

$$P_0 = \frac{d_1}{k-g} = \frac{1,200}{0.12-0.02} = 12,000원$$

2 이익평가모형

배당평가모형에서는 주주가치에 대한 미래 현금흐름을 배당금으로 보았다. 그러나 일반적으로 매년 배당금이 일정한 경우는 매우 예외적이다. 따라서 주주가치에 대한 미래 현금흐름을 배당금과 유보이익을 합한 순이익으로 보고 주식가격을 평가할 수 있다. 이를 이익평가모형이라 하며, 배당금 대신에 주당순이익(EPS; Earning Per Share)으로 주식가격을 산정한다.

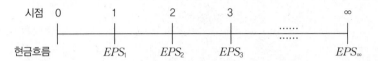

$$P_0 = \frac{EPS_1}{(1+k)^1} + \frac{EPS_2}{(1+k)^2} + \cdots + \frac{EPS_\infty}{(1+k)^\infty} = \sum_{t=1}^{\infty} \frac{EPS_t}{(1+k)^t}$$

여기서 제로성장배당모형처럼 주당순이익이 매기간 동일하다면 주식가격은 다음과 같이 나타낼 수 있다.

$$P_0 = \frac{EPS_1}{(1+k)^1} + \frac{EPS_1}{(1+k)^2} + \cdots + \frac{EPS_1}{(1+k)^\infty} = \frac{EPS_1}{k}$$

또한 이익평가모형에서는 항상성장모형에서 d_1 대신에 EPS_1을 적용하여 일정한 비율로 순이익이 증가할 경우에 다음과 같이 구할 수 있다.

$$P_0 = \frac{EPS_1}{(1+k)^1} + \frac{EPS_1(1+g)}{(1+k)^2} + \cdots + \frac{EPS_1(1+g)^{\infty-1}}{(1+k)^\infty} = \frac{EPS_1}{k-g}$$

(단, $g = b \times ROE$, b: 이익유보율, ROE: 자기자본순이익률)

3 성장기회평가모형

성장기회가 있는 경우, 기업이 한 해 동안 벌어들인 순이익을 전액 배당하지 않고 일부를 유보하여 재투자하면 미래의 배당액은 증가할 것이다. 이때, 성장이 전혀없음을 가정했을 때의 주식가치와 성장기회를 가짐으로써 얻을 수 있는 가치의 증가분으로 나누어 주식가치를 평가하는 모형을 성장기회평가모형이라 한다.

$$P_0 = \frac{EPS_1}{k} + NPVGO$$

(단, $NPVGO$ = Net Present Value of Growth Opportunity 성장기회의 순현재가치)

4 주가배수모형

앞에서 배운 배당평가모형과 이익평가모형으로 주식가치를 평가하기 위해서는 주주들의 요구수익률과 성장률, 미래배당의 순이익을 알아야 한다. 그러나 현실적으로 이러한 값을 정확히 예측하기란 상당히 힘들다. 이러한 문제점을 해결하기 위해 실무에서 보다 편리하게 적용할 수 있는 모형이 주가배수모형으로 주가배수를 이용하여 주식가치를 평가한다. 여기서 주가배수(Price Multiples)란, 현재주가를 주요 재무 지표로 나눈 값을 말하며 PER와 PBR이 대표적이다.

(1) **주가수익비율(PER; Price Earning Ratio)**: 주식가격이 주당순이익의 몇 배인가를 나타내는 지표로, 기업이 벌어들이는 주당순이익 1단위당 주주들이 얼마나 지불하고 있는가를 나타낸다.

$$PER = \frac{\text{현재주가}}{\text{기대주당순이익}} = \frac{P_0}{EPS_1}$$

PER를 통해서 어떤 주식의 주가가 과대 또는 과소평가되어 있는지 알 수 있으며, 높은 성장이 기대되는 기업은 높은 PER를 보인다.

(2) **주가장부가치비율(PBR; price book-value ratio)**: 현재의 주식가격이 주당장부가치의 몇 배인가를 나타내는 지표로, 다음과 같이 구할 수 있다.

$$PBR = \frac{\text{현재주가}}{\text{주당장부가치}} = \frac{P_0}{BV_0}$$

02 채권의 평가

1 채권의 기초

(1) **관련용어**

① **채권(Bond)**: 정부, 공공기관, 기업이 일반대중 투자자들로부터 비교적 장기의 자금을 집단적, 대량적으로 조달하기 위하여 부담하는 채무를 표시하는 유가증권

② **만기일(Maturity Date)**: 채권의 이자와 원금을 마지막에 지급하기로 한 날짜

③ **액면금액(Face Value)**: 만기일에 지급하기로 증서에 기재해 놓은 원금

④ **액면이자율(Coupon Rate)**: 만기일까지 매 기간 지급하기로 약속한 이자율

⑤ **액면이자(Coupon)**: 실제 발생기관이 지급하게 되는 금액으로 액면금액×액면이자율

(2) **채권의 가치 평가**: 채권의 소유자는 보유기간 동안 이자와 액면금액의 현금흐름을 받게 된다. 채권으로부터 발생되는 현금흐름을 현재 시점에서 평가한 가치가 바로 채권의 가치이다. 그러므로 채권의 가치는 다음 식에 의해 평가할 수 있다.

$$P_0 = \sum_{t=1}^{T} \frac{I_t}{(1+r)^t} + \frac{F}{(1+r)^T}$$

(단, P_0: 채권의 현재가격, I_t: t시점의 액면이자, F: 채권의 액면금액, T: 채권의 만기까지의 기간, r: 시장이자율 혹은 채권투자자의 요구수익률)

(3) 채권의 종류

① **할인채(Discount Bond or Zero-Coupon Bond)**: 만기까지 이자지급이 전혀 없고 만기에 가서 액면금액을 받는 채권이다.

$$P_0 = \frac{F}{(1+r)^T}$$

채권가격(P_0)은 항상 액면가(F)보다 작다. 이를 순수할인채(Pure Discount Bond)라고도 한다.

② **이표채(Coupon Rate Bond)**: 이자지급채권으로, 만기까지 매 기간 일정액의 이자를 지급받고 만기에 가서 마지막 기의 이자와 액면금액을 받는 채권이다.

$$P_0 = \sum_{t=1}^{T} \frac{I_t}{(1+r)^t} + \frac{F}{(1+r)^T}$$

이표채의 가격은 액면이자율과 시장이자율 간의 관계에 의해 좌우되는데 이들 관계를 정리하면 다음과 같다.

ㄱ 할인채(Discount Bond): 시장이자율＞액면이자율 → 채권가격＜액면가
ㄴ 액면채(Par Bond): 시장이자율＝액면이자율 → 채권가격＝액면가
ㄷ 할증채(Premium Bond): 시장이자율＜액면이자율 → 채권가격＞액면가

③ **영구채(Perpetuity Bond)**: 만기가 없이 영원히 이자만을 받는 채권이다.

$$P_0 = \sum_{t=1}^{\infty} \frac{I_t}{(1+r)^t} = \frac{I}{r}$$

2 채권가격의 특성

(1) 시장이자율과 채권가격

① 채권가격과 시장이자율은 반비례 관계이다. 즉, 시장이자율이 높을수록 채권가격은 작아진다.
② 시장이자율과 채권가격의 그래프는 원점에 대해 볼록하다. 즉, 이자율이 하락할 때 채권가격이 상승하는 폭과 같은 크기의 이자율이 상승할 때 채권가격이 하락하는 폭을 비교해보면, 채권가격이 상승하는 폭이 하락하는 폭보다 크다는 것을 의미한다.

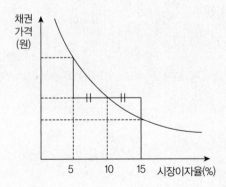

(2) 만기와 채권가격

① 채권의 만기가 길수록 일정한 이자율 변동에 대해 채권가격의 변동폭이 크다. 따라서, 만기가 긴 채권일수록 위험이 크다고 할 수 있다. 그리하여 투자자들은 만기가 긴 채권에 대하여 더 높은 이자율을 요구하는 것이 일반적이다.

② 만기 한 단위 증가에 대한 채권가격의 변동폭은 만기가 길수록 체감한다.

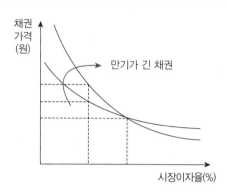

(3) 액면이자율과 채권가격: 액면이자율이 낮을수록 일정한 이자율 변동에 따른 채권가격의 변동률이 커진다.

(4) 만기수익률

① 의미

ㄱ 채권가격이 이미 증권시장에 형성되어 있을 때는 채권의 수익률을 계산한다.

ㄴ 채권의 수익률은 채권으로부터 얻을 수 있는 현금흐름의 현재가치와 채권의 시장가격을 일치시켜주는 할인율을 의미한다.

ㄷ 채권시장에서 수익률은 만기수익률(YTM ; Yield To Maturity)을 의미한다.

ㄹ 채권시장에서는 이 만기수익률로 매매되기 때문에 유통수익률이라고도 한다.

② **전제조건**: 만기수익률은 투자자가 얻을 것으로 기대되는 사전적 수익률로서, 실제 실현되는 수익률과 다를 수 있다. 따라서 다음의 가정들이 전제되어야 만기수익률과 실현수익률이 같아진다.

ㄱ 투자자는 채권을 만기까지 보유한다.

ㄴ 채무불이행의 위험은 없다. 즉, 채권 발행자는 원리금을 약속한 기일까지 정확히 지급한다.

ㄷ 투자기간 내에 지급받은 이자에 대해 채권의 만기까지 만기수익률과 동일한 투자수익률로 재투자한다.

3 채권수익률의 기간구조

(1) 현물이자율과 선도이자율

① **현물이자율(Spot Rate)**: 현재시점을 기준으로 본 일정 기간 동안의 연평균이자율이다. 현재시점을 기준으로 본 n년 동안의 현물이자율은 $_0r_n$으로 표기한다.

② **선도이자율(Forward Rate)**: 현재시점에서 결정되는 미래 일정 기간 동안의 이자율이다. 그래서 현재시점에서 결정된 2번째 기간의 선도이자율은 $_1f_2$, 3번째 기간의 선도이자율은 $_2f_3$으로 표기한다.

③ 현물이자율과 선도이자율의 관계: 선도이자율은 기간이 서로 다른 현물이자율 사이의 관계를 이해하면 쉽게 구할 수 있다.

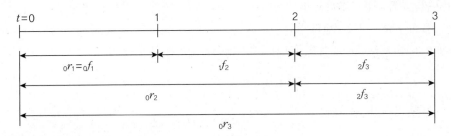

(2) 수익률곡선(Yield Curve)

① 이자율의 기간구조(Term Structure of Interest Rates): 만기의 차이에 따라 채권의 수익률이 달라지는 관계를 채권수익률의 기간구조 또는 이자율의 기간구조라고 한다. 즉, 채권의 다른 조건은 모두 같고 만기만 다를 때, 만기와 채권수익률과의 관계를 다루는 것이 이자율의 기간구조이다.

② 수익률곡선: 채권의 만기와 수익률의 관계를 나타내는 그림을 수익률곡선이라고 한다.

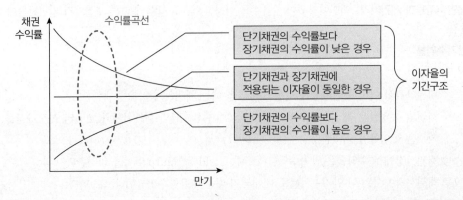

이와 같이 이자율의 기간구조는 측정 시점에 따라 수평 또는 우하향, 우상향 등 여러 가지 형태로 나타나는데, 이를 설명하고자 하는 것이 이자율의 기간구조이론이다.

(3) 이자율의 기간구조이론

① 불편기대이론(Unbiased Expectation Theory)

㉠ 의미: 수익률곡선의 형태가 미래의 단기이자율에 대한 투자자들의 기대에 의하여 결정된다.

㉡ 가정: 현재시점에서 미래 일정 기간의 예상이자율인 선도이자율이 미래에 발생할 실제이자율과 일치한다.

$$_{n-1}f_n = E(_{n-1}r_n) = _{n-1}r_n$$

㉢ 따라서 현물이자율의 결정식은 다음과 같이 표현된다.

$$(1+_0r_2)^2 = (1+_0r_1)[1+E(_1r_2)] = (1+_0r_1)(1+_1f_2)$$
$$_0r_n = [(1+_0r_1)(1+_1r_2)(1+_2r_3)\cdots(1+_{n-1}r_n)]^{\frac{1}{n}} - 1$$

ⓡ 미래기간의 이자율이 높아질 것으로 예상할 경우: 선도이자율이 점점 더 커져서 현물 이자율은 기간이 길어짐에 따라 증가하게 되므로, 수익률곡선은 우상향한다.

ⓜ 미래기간의 이자율이 낮아질 것으로 예상할 경우: 같은 원리로 수익률곡선은 우하향한다.

ⓗ 불편기대이론하에서는 장기채권과 단기채권 간에 완전 대체관계가 성립하므로 투자자들은 어떠한 만기의 채권을 매입하더라도 보유기간 동안의 연평균 투자수익률은 동일하다.

② 유동성선호이론(Liquidity Preference Theory)

ⓐ 의미: 일반적으로 투자자들은 단기채권을 선호하고 장기채권을 보유하는 데 따른 유동성 저하에 대하여 위험보상을 요구한다고 보는 이론이다.

ⓑ 유동성 프리미엄(Liquidity Premium): 장기채권일수록 더 많은 보상을 주어야 하는데 이 보상을 유동성 프리미엄이라 한다.

ⓒ 선도이자율은 기대현물이자율에 유동성 프리미엄까지 포함되어야 한다.

$$_{n-1}f_n = E(_{n-1}r_n) + L_n$$

(단, L_n: n기간에 대한 유동성 프리미엄)

ⓓ 따라서 다음과 같은 관계가 성립한다.

$$(1+_0r_2)^2 = (1+_0r_1)[1+E(_1r_2)+_1L_2] = (1+_0r_1)(1+_1f_2)$$

ⓔ 불편기대이론과 유동성선호이론의 비교

불편기대이론	유동성선호이론
채권의 만기에 관계없이 동일한 투자성과	만기가 긴 채권에 투자할수록 양호한 성과
단기채권과 장기채권 간에 완전 대체관계가 성립	유동성 프리미엄의 존재로 만기가 서로 다른 채권 간에 완전 대체가 성립하지 않음

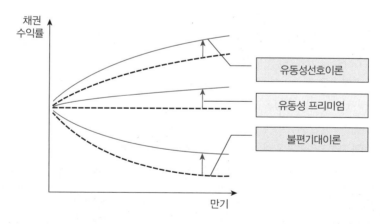

③ 시장분할이론(Market Segmentation Theory): 채권만기에 대한 선호가 다른 투자자들이 각자의 시장을 형성하여 각 시장에서의 수요와 공급에 의해 개별적인 이자율이 결정된다는 가설이다.

④ 선호영역이론(Preferred Habitat Theory): 채권시장에 대한 투자자들의 선호에 따라 채권시장은 하위시장으로 분할되어 있지만 선호영역이 다른 시장에서 채권수익률이 충분히 높다면 다른 시장으로 이동이 가능하다는 이론이다.

4 채권수익률의 위험구조

(1) **채권수익률의 위험구조(Risk Structure of Interest Rates):** 채권의 발행조건이나 발행주체가 가지고 있는 위험수준의 차이로 인해 채권의 수익률에 체계적인 차이가 나타나는 것을 말한다. 채권수익률에 영향을 미치는 위험으로는 채무불이행위험이 대표적이다.

(2) **채무불이행위험(Default Risk):** 채권의 발행자가 약속한 액면금액과 이자를 상환하지 못할 위험을 말하며, 지급불능위험이라고 부르기도 한다. 신용평가기관들은 채무불이행위험에 대한 정보를 제공하기 위해 채권등급을 정한다. 낮은 채권등급일수록 채무불이행위험이 크다는 것을 시사하므로 투자자들은 대가로 높은 채권수익률을 요구하게 된다.

(3) **수익률스프레드(Yield Spread):** 수익률스프레드란 약정수익률과 무위험이자율 간의 차이를 의미하는데, 채무불이행위험프리미엄과 미래수익률의 불확실성에 따른 위험프리미엄을 합친 것이다.
  ① 약정수익률(Promised Yield): 채권의 발행주체가 약정한대로 채무이행을 다할 경우의 수익률로 만기수익률을 나타낸다.
  ② 실현수익률(Realized Yield): 미래에 실현되리라고 예상되는 수익률을 말한다.
  ③ 기대수익률(Expected Yield): 실현수익률의 확률분포를 근거로 계산된 기댓값을 말한다.

> 수익률 스프레드＝채무불이행위험에 따른 프리미엄＋위험프리미엄
> ＝(약정수익률－기대수익률)＋(기대수익률－무위험수익률)

5 이자율위험과 듀레이션

(1) **이자율위험(Interest Rate Risk):** 이자율이 변함에 따라 채권투자에 따르는 수익이 변동하는 위험을 말하며, 이자율위험은 가격위험과 재투자위험으로 나눌 수 있다.
  ① 가격위험(Price Risk): 이자율이 변함에 따라 채권가격이 변동하는 위험을 말한다. 즉, 이자율이 상승하면 채권가격은 하락하고, 이자율이 하락하면 채권가격은 상승하게 된다.
  ② 재투자위험(Reinvestment Risk): 각 기간에 지급받는 이자를 재투자할 때 이자율이 변동함에 따라 재투자수익이 달라지는 위험을 말한다. 즉, 이자율이 상승하면 재투자수익은 상승하고 이자율이 하락하면 재투자수익은 하락하게 된다.
  ③ 가격위험과 재투자위험의 관계: 이자율 변동으로 인한 재투자수익의 변동과 채권가격의 변동은 투자자의 성과에 대하여 반대 방향으로 영향을 미치기 때문에 그 효과가 서로 상쇄된다.

구분	가격위험(①)	재투자위험(②)	이자율위험(①+②)
이자율 상승	채권가격 하락	재투자수익 증가	순효과는 알 수 없음
이자율 하락	채권가격 상승	재투자수익 감소	순효과는 알 수 없음

(2) 듀레이션(Duration)

① 의미: 이자율위험을 제거하기 위해 가격위험과 재투자위험이 정확하게 상쇄되도록 하는 수단이 바로 듀레이션으로, 채권에 투자한 금액이 회수되는 데 걸리는 평균회수기간을 말한다.

② 듀레이션 공식: 채권에 투자함으로써 실현되는 각 기간의 현금흐름의 현재가치가 채권가격에서 차지하는 비중에 따라 가중평균하여 만기를 구한다.

$$D=\frac{\sum_{t=1}^{T} PV_t \times t}{\sum_{t=1}^{T} PV_t}=\frac{\sum_{t=1}^{T} \dfrac{CF_t}{(1+y)^t} \times t}{\sum_{t=1}^{T} \dfrac{CF_t}{(1+y)^t}} \qquad \text{(단, } y : \text{만기수익률)}$$

③ 채권의 종류와 듀레이션

　　㉠ 순수할인채: 만기일에 발생하는 원금의 현재가치와 채권의 시장가치가 동일하므로 듀레이션은 만기와 같다.

　　㉡ 이표채: 이표채에서는 이자로 인한 현금흐름이 발생하므로 듀레이션이 만기보다 짧다.

　　㉢ 영구채: 채권만기가 없이 일정액의 이자만 영구히 지급되는 형태이므로 듀레이션은 기간의 경과에 관계없이 항상 $(1+y/y)$이 된다.

④ 듀레이션의 특징

　　㉠ 채권의 만기: 다른 조건이 일정하다면 만기가 길수록 듀레이션은 커진다.

　　㉡ 액면이자율: 다른 조건이 일정하다면 액면이자율이 낮을수록 듀레이션이 길어진다.

　　㉢ 만기수익률: 다른 조건이 동일할 경우 이표채의 경우 만기수익률이 낮아질수록 듀레이션은 길어진다. 즉, 이표채의 경우 만기수익률이 낮을수록 도래할 현금흐름의 현재가치가 커지므로 이에 대한 가중치가 증가하게 되어 결국 듀레이션은 길어지게 된다.

6 소극적 투자전략

(1) 채권지수펀드전략: 채권투자에 있어서 채권지수(Bond Index) 종목을 대상으로 채권포트폴리오를 구성하여 투자함으로써 위험을 줄이고자 하는 전략이다. 지수펀드 구성의 목적은 채권시장의 전반적인 움직임을 나타내는 채권지수의 성과를 복제하는 것이다.

(2) 면역전략: 많은 기관투자자들은 이자율의 변동에 따른 채권포트폴리오의 가치변동이 전혀 없는 포트폴리오를 원한다. 은행과 같은 투자자는 그들의 순자산가치를 이자율변동으로부터 보호하려 하고, 연금기금 같은 투자자는 특정 미래 시점에 지급해야 할 채무액으로 확실하게 확보하기를 원한다. 면역전략(Immunization Strategy)이란 투자자들이 이자율위험으로부터 그들의 재무상태를 보호하기 위해서 사용하는 전략을 말한다. 이는 순자산가치 면역전략과 목표시기 면역전략으로 나눌 수 있다.

① 순자산가치 면역전략(Net worth Immunization Strategy)

　　㉠ 의미: 이자율위험을 없애기 위해 순자산가치를 일정하게 유지시킬 목적으로 자산과 부채의 듀레이션을 일치시키는 것을 말한다.

　　㉡ 갭관리: 흔히 금융기관의 자산부채종합관리(ALM; Asset Liability Management)에서 다루는 갭관리(Gap Management)가 그것이다. 이는 듀레이션갭(Duration Gap)을 '0'이 되게 하는 포트폴리오를 구성함으로써 순자산가치의 면역을 가능하게 해주는 것이다.

② 목표시기 면역전략(Target Date Immunization Strategy)

　　㉠ 의미: 목표기간, 즉 부채의 듀레이션과 같은 듀레이션을 가진 채권포트폴리오에 투자함으로써 이자율위험을 줄이려는 전략이다.

　　㉡ 재투자위험과 가격위험을 정확하게 상쇄시킴으로써 채권포트폴리오의 미래가치가 이자율 변동의 위험에 노출되지 않도록 하는 것이다.

③ 현금흐름 대응전략(Cash Flow Matching & Dedication Strategy): 미래 현금지출과 같은 크기의 현금흐름이 동일한 시기에 얻어지도록 채권포트폴리오를 구성하는 것을 말한다.

7 적극적 투자전략

(1) **채권스왑전략(Bond Swap)**: 채권가격이 일시적인 불균형 상태에 있을 경우에 고평가된 채권을 저평가된 채권으로 교체하여 수익률을 높이는 전략으로, 미래 이자율 등의 예측을 통한 채권교체 매매전략이라고 할 수 있다. 대체로 단기적인 투기적 이익을 얻고자 하는 데 목적이 있다.

(2) **목표투자기간분석(Investment Horizon Analysis)**: 수익률곡선을 이용하여 투자기간 말의 미래 이자율을 예측하려는 방법이다. 특정한 목표기간을 가지고 있는 투자자는 그 목표기간 말의 수익률곡선을 예측하여 현재 시점의 수익률곡선과 비교함으로써 미래 이자율을 예측할 수 있다.

(3) **상황적응 면역전략(Contingent Immunization)**: 적극적 투자전략과 소극적 투자전략을 결합하여 수행하는 방법으로, 유리한 상황에서는 적극적 투자전략을, 불리한 상황에서는 소극적 투자전략을 이용하는 투자전략이다. 즉, 최소허용 포트폴리오 수익률 이상에서는 적극적인 투자전략을 수행하다가, 이 수준에 이르면 소극적 투자전략인 면역전략으로 전환하는 전략이다.

10 효율적 자본시장

01 시장 효율성과 효율적 시장가설

1 시장 효율성

자금의 공급자로부터 수요자에게 자금이전을 원활하게 하는 것이 자본시장의 가장 기본적인 기능이다. 이러한 기능을 수행하기 위해서는 다음 세 가지 측면의 효율성이 달성되어야 한다.

(1) **배분의 효율성(Efficiency of Allocation)**: 자본시장에서 거래되는 증권이 수요자와 공급자 사이에서 적정한 가격으로 거래가 원활히 이루어져 자금의 배분이 최적으로 이루어지는 경우를 말한다.

(2) **운영의 효율성(Efficiency of Operation)**: 증권거래에 있어서 거래비용이나 규제 등 거래를 제약하는 요인들이 적어 시장에서 증권거래가 순조롭게 이루어지는 경우를 말한다.

(3) **정보의 효율성(Efficiency of Information)**: 어떤 정보가 시장에 유입되었을 때 그 정보가 증권가격에 정확하고 신속하게 반영되는 경우를 말한다.

2 효율적 시장가설(EMH; Efficiency Market Hypothesis)

효율적 시장가설은 정보의 효율성에 대한 가설로 1970년 파마(Fama)가 발표한 논문에 근거를 두었으며, 다음의 세 가지 유형이 있다.

(1) **약형 효율적 시장(Weak form Efficient Market)**: 모든 과거의 정보가 현재의 주가에 반영되어 있는 시장을 말한다. 약형 효율적 시장가설에서 말하는 과거 정보는 대부분의 경우 과거 주식가격과 거래량의 움직임을 지칭하나, 주로 주식가격의 변화양상에 초점을 맞추고 있다.

(2) **준강형 효율적 시장(Semi-Strong form Efficient Market)**: 대중에게 공개되는 모든 정보가 신속하고 정확하게 증권가격에 반영되는 시장을 말한다. 준강형 효율적 시장가설에 따르면 현재 주식가격은 과거의 주가 움직임에 관한 정보를 완전히 반영할 뿐만 아니라, 이미 공개된 재무제표 또는 경제잡지의 새로운 기사 등도 반영하게 된다. 따라서 투자자들이 공개된 정보를 분석하여 투자결정을 하는 것은 별 의미가 없게 된다.

(3) **강형 효율적 시장(Strong form Efficient Market)**: 시장효율성의 가장 극단적인 경우로 현재의 증권가격이 공개된 정보뿐만 아니라 비공개된 내부정보까지도 완전히 반영되고 있는 시장을 말한다. 그러므로 강형 효율적 시장가설은 앞에서 설명한 약형 그리고 준강형 효율적 시장가설을 모두 포괄하고 있다.

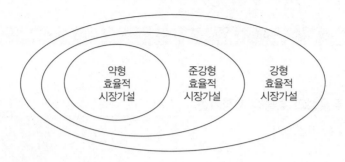

1 약형 효율적 시장가설의 실증 분석

약형 효율적 시장가설이 성립한다면 과거의 주가 움직임과 미래의 주가 움직임은 서로 독립적이어야 한다. 이와 같이 주가가 무작위적으로 변동하는가에 대한 실증 연구의 방법은 다음과 같이 크게 세 가지가 있다.

(1) **시계열독립성의 검정**: 증권가격변화의 무작위성은 연속된 두 기간의 주식가격변화가 서로 관계가 있는지 없는지를 관찰함으로써 검정할 수 있다. 두 기간의 가격변화의 관계를 자기상관이라고 할 때, 자기상관계수를 측정척도로 하여 자기상관계수가 0에 가깝다면 증권가격의 변화는 시계열독립이라고 할 수 있다. 즉, 약형 EMH가 성립한다는 말이며, 파마의 검증 결과 유의적인 차이가 없는 것으로 확인되었다. 따라서 약형 효율적 시장가설은 성립하지 않는다.

(2) **필터법 검정**: 필터법은 주가변동의 일정폭을 정하여 놓고 그 범위를 넘으면 매입하거나 매각하는 투자기법으로 주가변동의 패턴을 검증하는 방법이다. 이는 주가가 상승할 때나 하락할 때는 당분간 상승 또는 하락하는 추세를 형성한다는 가정하에 성립하는 투자전략이다. 주가에 일정한 패턴이 없다면 단순매입 혹은 보유하는 전략이 필터법 못지않은 성과를 나타낸다는 연구 결과를 볼 때, 약형 효율적 시장가설이 성립한다는 뚜렷한 증거가 없다고 볼 수 있다.

(3) **연(Run)의 검증**: 주가 상승 혹은 하락의 변동들을 뜻하는 말로, 연의 검증이란 주가의 변동과정에서 어떤 추세가 있는지 검증하는 방법이다. 주가의 변동이 무작위적이라 하면 실제 관찰된 연의 수와 무작위적인 난수로 구성된 연의 수는 통계적으로 유의적인 차이가 없을 것이다. 파마는 주가가 랜덤워크 모형에 따라 무작위적으로 변동한다는 사실을 발표한 것으로 볼 때, 약형 효율적 시장가설이 성립한다고 말하기 힘들다.

2 준강형 효율적 시장가설의 실증 분석

준강형 효율적 시장가설은 공개된 모든 정보는 정확하고 신속히 증권가격에 반영된다는 가설이다. 따라서 새로운 정보에 대하여 과잉반응을 보이거나 지연반응을 보이는 경우 투자자는 그러한 현상을 이용하여 비정상적인 수익을 얻는 투자를 할 수 있다. 이러한 비정상 수익률의 크기를 이용하여 시장효율성을 검증하는 방법으로 다음의 사건연구가 있다.

사건연구란 공개적으로 이용 가능한 정보를 하나의 사건으로 볼 때, 그 정보의 공시 시점을 전후한 주가변동을 살펴봄으로써 사건의 영향을 파악하고자 하는 기법이다. 만약 준강형 효율적 시장가설이 성립한다면 주가에 관련된 정보는 공시시점 이후에는 주가에 영향을 미쳐서는 안 된다. 이때, 주가에 관련된 특정 사건 전후의 주가변동은 비정상적인 초과수익률을 의미하는 잔차로써 측정되는데, 잔차란 실제수익률과 특정사건이 발생하지 않았다고 가정하는 경우의 균형 수익률의 차이를 말한다. 따라서 사건연구를 잔차분석이라고 하기도 한다.

3 강형 효율적 시장가설의 실증 검증

강형 효율적 시장가설은 모든 정보가 주가에 완전히 반영되는 시장을 뜻한다. 즉, 공개되지 않는 내부정보까지도 포함되는 경우를 뜻한다. 그러나 대중들이 모르는 독점적 정보를 과연 누가 가지고 있느냐를 파악하기란 거의 불가능하기 때문에 독점적 정보를 가진 투자자를 전문투자기관과 기업의 내부자 그룹으로 나누어서 실증 검증을 한다. 이에 대한 검증 결과, 전문투자기관의 투자성과는 일반 투자자와 별 차이가 없는 것으로 나타났다. 그러나 진정한 내부거래자의 투자성과에 대한 검증이 이루어지지 않아서 강형 효율적 시장가설에 대한 결론은 내릴 수 없다.

03   주식시장의 이상수익률 현상

효율적 증권시장에서는 모든 정보가 주가에 반영되므로 주식의 수익률은 위험에 상응하는 정상수익률일 뿐, 그 이상의 초과 수익을 얻을 수 없다. 그러나 실제로 증권시장의 수익률을 조사한 결과 이와 같은 논리로 설명되지 않는 비정상적인 현상이 있었다. 이와 같은 비정상적인 현상을 이례현상이라고 하며 다음과 같은 것이 있다.

1 낮은 주가수익비율 효과

주가수익비율(PER)이 낮은 주식의 수익률이 PER이 높은 주식의 수익률보다 높다는 주장으로 '저 PER 현상'이라고 한다. 모든 주식의 가격이 정보를 정확하고 신속하게 반영하여 비정상수익을 올릴 수 없다는 주장을 부인하고 있는 것이다.

2 기업의 규모효과

규모가 작은 기업에서 높은 비정상 수익률이 발생하는 효과를 규모효과(Size Effect)라고 한다. 규모가 큰 기업과 작은 기업의 주식들 간의 수익률 차이가 계속 존재함을 보여주어 시장의 비효율성을 나타내는 강력한 증거가 되고 있다.

3 장부가치 대 시장가치 비율효과

주식의 장부가치를 시장가치로 나눈 비율과 주식의 수익률이 일관되게 정비례함을 보여주어 시장의 비효율성에 관한 새로운 증거로서 역할을 하고 있다.

4 주말효과와 1월 효과

주초에는 수익률이 낮으며 주말에는 수익률이 높은 현상을 주말효과(Weekend Effect)라고 하며, 1월의 수익률은 다른 달들의 수익률의 평균치에 비해 높게 얻어지는 현상을 1월 효과(January Effect)라고 한다.

04 경제적 부가가치(EVA)와 시장부가가치(MVA)

그동안 경영자의 성과를 평가하는 기준으로 포괄손익계산서상의 순이익과 주식의 시장가격이었다. 그러나 최근 경영자의 성과를 평가하는 기준으로 바람직하지 못하다는 의견에 따라 다음의 두 가지 새로운 기준이 제시되고 있다.

1 경제적 부가가치(EVA)

(1) **도입배경**: 경영성과지표로 사용되어 왔던 회계적 이익은 타인자본에 대한 자본비용을 고려하고 있으나 다른 자본 제공자인 주주에 대한 자본사용의 대가는 고려되지 않고 있다. 따라서 포괄손익계산서상의 순이익이 0보다 크다고 해서 그 기업의 경영자가 기업경영을 잘했다고 평가할 수 없다. 이러한 문제를 극복하기 위해 도입된 개념이 경제적 부가가치 개념이다.

(2) **경제적 부가가치의 개념(EVA; Economic Value Added)**: 기업이 벌어들인 영업이익에서 기업이 사용한 총자본(=타인자본+자기자본)에 대한 자본비용과 세금을 공제한 후에 남는 이익을 말한다.

$$EVA = 세후영업이익 - 세후총자본비용$$
$$= (영업이익 - 법인세비용) - 총자본 \times 가중평균자본비용$$

EVA는 타인자본에 대한 이자비용만을 고려하는 회계적 이익과는 달리 자기자본을 포함한 총자본의 비용을 공제한 후에 남은 이익을 나타낸다. 이와 같이 평가된 EVA는 바로 기업이 그 해에 실현한 진정한 경제적 이익을 나타낸다.

2 시장부가가치

(1) 도입배경: 경영자의 성과를 평가하는 기준으로 포괄손익계산서상의 순이익 외에 주식의 시장가격이 있다. 주가를 높게 올려놓는 경영자는 우수한 경영자로 평가받아 왔다. 그러나 단순한 주식의 시장가치의 극대화는 투자원금을 고려하지 못한다는 문제가 있다. 즉, 주식의 총시장가치가 크다는 것이 주주의 부를 증가시키는 것과 반드시 일치하지 않다는 것이다.

(2) 시장부가가치의 개념(MVA; Market Value Added): 기업 총자본의 시장가치에서 장부가치를 뺀 값으로 측정되며, 이는 기업이 필요한 자금을 주주와 채권자들로부터 조달하여 경영활동에 투자한 결과 얼마만큼의 가치를 증가시켰는지를 나타낸다. 만약 부채의 시장가치와 장부가치가 동일하다고 보면 MVA는 자기자본의 시장가치에서 장부가치를 빼준 값으로도 계산될 수 있다.

$$MVA = 총자본의\ 시장가치 - 총자본의\ 장부가치$$
$$= 자기자본의\ 시장가치 - 자기자본의\ 장부가치$$
$$= 주식수 \times 주식가격 - 자기자본의\ 장부가치$$

(3) EVA와 MVA와의 관계

기업가치 또는 주주의 부의 증가는 기업이 투자를 통해 벌어들이는 이익이 자본비용보다 커야 발생한다. 다시 말해 기업가치의 증가분 또는 주주 부의 증가분인 MVA는 기업이 투자활동에서 벌어들이는 이익에서 자본비용을 공제한 후의 초과이익 EVA에 의해서 좌우되며, 미래 EVA의 현재가치의 합으로 계산할 수 있다.

$$MVA = 미래\ EVA의\ 현재가치의\ 합$$

05 레버리지 분석

1 개념 설명

(1) 레버리지(Leverage): 기업마다 각각 부담하는 고정비의 정도를 말한다.

(2) 레버리지 효과(Leverage Effect): 고정비의 존재로 인하여 매출액의 변화에 대하여 손익이 확대되어 나타나는 현상을 레버리지 효과라고 한다.

(3) 레버리지 분석(Leverage Analysis): 기업이 의사결정을 할 때에는 미래의 매출액 예측도 중요하지만, 매출액의 변화에 따른 이익의 변화양상을 분석하는 일도 중요하다. 이러한 분석을 레버리지 분석이라고 한다.

2 영업레버리지 분석

(1) **영업레버리지(Operating Leverage)**: 고정자산을 보유함으로써 고정영업 비용을 부담하는 것을 말한다. 매출액의 증감과 관계없이 일정하게 발생하는 고정영업비용이 매출액의 변화에 따른 영업이익의 변동에 어떤 영향을 미치는지 분석하는 것이 영업레버리지 분석의 핵심이다.

(2) **영업레버리지 효과(Operating Leverage Effect)**: 고정비가 지렛대(lever) 역할을 하여 매출액의 증감에 따라 영업이익의 증감폭이 확대되어 나타나는 현상을 말한다. 고정비를 부담하지 않는 기업에서는 영업레버리지 효과가 나타나지 않는다.

(3) **영업레버리지 분석(Operating Leverage Analysis)**: 매출액, 고정영업비용 그리고 영업이익의 변화 사이에 나타나는 영향의 관계를 분석하는 것이다.

3 재무레버리지 분석

(1) **재무레버리지(Financial Leverage)**: 타인자본을 이용함으로써 고정재무비용(이자비용)을 부담하는 것을 말한다.

(2) **재무레버리지 분석(Financial Leverage Analysis)**: 영업이익이 변화함에 따라 고정 재무비가 주당순이익에 미치는 영향을 분석하는 것이다.

(3) **재무레버리지 효과(Financial Leverage Effect)**: 타인자본 사용에 따라 발생하는 고정적인 이자비용이 지렛대(lever) 역할을 하여 주주에게 돌아가는 세후 순이익의 변화율은 영업이익변화율에 비하여 확대되어 나타나는 것을 말한다. 타인자본 의존도가 크면 클수록 재무레버리지 효과는 더욱 커진다.

4 결합레버리지 분석

(1) **결합레버리지(Combined Leverage)**: 영업레버리지와 재무레버리지를 결합한 것으로 고정자산과 타인자본의 사용으로 인해 고정비용을 부담하는 것을 말한다.

(2) **결합레버리지 분석(Combined Leverage Analysis)**: 매출액 → 영업이익 → 순이익의 관계를 동시에 고려한 것으로서, 영업레버리지의 효과와 재무레버리지의 효과를 결합하여 분석하는 것을 말한다.

(3) 결합레버리지 효과(Combined Leverage Effect): 결합레버리지에 의하여 매출액의 변화율보다 주당순이익의 변화율이 커지는 현상을 말한다.

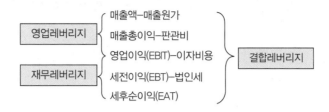

레버리지 분석을 통하여 주주가 부담하는 위험을 분석할 수 있다. 이때 주주가 부담하는 위험은 크게 영업위험과 재무위험으로 구분된다.

1 영업위험(고정비 Risk)

영업위험(Operating Risk)이란 미래 영업이익(EBIT)의 변동가능성을 뜻하는 말로 경영위험이라고도 한다. 영업이익은 이자비용을 공제하기 전의 이익이므로 자본조달결정과는 무관하고 투자결정에 의하여 그 변동가능성이 달라지므로 영업위험은 투자결정과 관련되어 있음을 알 수 있다.

2 재무위험(이자 Risk)

재무위험(Financial Risk)이란 자본조달과 관련된 위험으로 부채의 사용에 따른 미래 주당순이익의 변동가능성을 의미한다. 주당순이익은 이자비용을 공제한 후의 이익이므로 주당순이익의 변동성은 부채의 사용정도에 따라 그 변동성이 달라지게 된다. 즉, 부채로 조달하는 금액이 많아질수록 주당순이익의 변동가능성은 증가할 것이다.

11 자본비용과 자본구조이론

01 자본비용

1 자본비용의 개념

자본비용(Cost of Capital)이란 자본의 사용에 따른 비용을 뜻한다. 기업의 자본비용은 기업이 자본을 사용하는 대가로 자본제공자에게 지급하는 비용이라 정의할 수 있다. 자본비용은 용도에 따라 기대수익률, 요구수익률, 할인율, 자본환원율 등으로 불린다.

2 가중평균자본비용: WACC

가중평균자본비용은 각 원천별 자본이 차지하는 비율로 가중평균한 값이므로, 기업가치의 평가를 위한 할인율이다. 따라서 앞에서 구한 각 원천별 자본비용을 이용해서 구할 수 있다. 총자본(V)이 타인자본(B)과 자기자본(S)으로만 구성되어 있다면 가중평균자본비용(k_0)은 다음과 같다.

$$k_0 = k_d(1-T) \times \frac{B}{V} + k_e \times \frac{S}{V}$$

(단, $k_d(1-T)$: 세후 타인자본비용, $V = B + S$)

02 자본구조이론의 현실

현실적으로 자본시장은 불완전하다. 시장을 불완전하게 만드는 요인으로는 법인세, 파산비용, 대리문제, 정보의 비대칭, 그리고 개인소득세 등이 대표적이다. 법인세와 관련한 자본구조이론은 앞장에서 법인세를 고려할 경우의 MM이론으로 이미 설명하였다. 따라서 파산비용, 대리문제, 정보의 비대칭, 그리고 개인소득세와 관련하여 자본구조이론을 살펴보자.

1 파산비용이론

(1) **파산비용(Bankruptcy Cost)**: 부채를 과다하게 사용하는 기업이 부채의 원리금을 갚지 못하거나 기업의 자산가치가 부채보다 작아 부채의 상환능력을 상실한 상태를 파산(Bankruptcy)이라고 하며, 이러한 과정에서 발생하는 비용을 파산비용(Bankruptcy Cost)이라고 한다.

(2) 파산비용의 분류

① **직접파산비용**: 파산처리과정에서 직접적으로 발생하는 비용으로 변호사, 공인회계사에게 돌아가는 비용뿐만 아니라, 고정자산의 처분손실 또한 포함된다.

② **간접파산비용**: 파산선고를 받은 이후, 파산절차를 밟는 과정에서 판매가 감소하고 영업활동이 위축되어 손해를 보게 된다. 또한, 새로운 자본조달도 어렵게 되며, 자본조달이 가능하더라도 높은 자본비용을 지불하게 되는데, 이러한 모든 비용을 파산의 간접비용이라 한다. 이는 측정하기는 어려우나 규모가 직접파산비용에 비해 훨씬 크다.

(3) 파산비용과 자본구조

부채의 이용은 한편으로는 부채에 대한 이자가 비용으로 처리됨으로써 얻게 되는 법인세의 감세효과를 가져다 주지만, 다른 한편으로는 부채의 이용 때문에 기대파산비용이 증가하는 효과를 가져 온다. 따라서 부채사용에 따라 발생하는 법인세 감세효과라는 이득과 기대파산비용의 증가라는 손실 사이에 기업 가치를 극대화할 수 있는 최적자본구조의 존재를 논의할 수 있다.

$$V_L = V_U + T \times B - 기대파산비용의 현가$$

파산비용을 고려하게 되면 부채사용의 증가에 따라 기대파산비용의 현가가 증가하게 되어 기업 가치는 감소한다. 따라서 기업 가치가 최대로 되는 부채수준은 부채 1단위의 증가에 따른 법인세 감세효과의 증분과 기대파산비용의 증분이 같아지는 점이 최적 자본구조를 가지게 된다.

2 대리이론

(1) 대리비용(Agency Cost)

기업을 둘러싸고 있는 이해관계자들이 자신들의 이익을 극대화하기 위해 노력하는 과정에서 나타나는 이해다툼으로 인해 발생하는 비용을 뜻한다. 젠센과 맥클링(Jensen and Meckling)은 대리관계를 '1인 이상의 사람이 다른 사람(대리인)에게 자신을 대신하여 의사결정을 할 수 있도록 의사결정권한을 위임하는 계약관계'라고 정의하고 있다. 즉, 이해관계 당사자들의 갈등상황으로 넓게 해석된다. 젠센과 맥클링은 서로 간의 이해다툼으로 말미암아 발생하는 대리비용을 대리문제의 방지수단에 따라 다음과 같이 세 가지로 구분하고 있다.

① **감시비용(Monitoring Cost)**: 대리인의 행위가 본인의 이익으로부터 이탈하는 것을 감시하는 데 드는 비용을 말한다. 감시활동, 통제시스템의 수립, 이사회를 운영하는 데 드는 비용 등이 그 예이다.

② **확증비용(Bonding Cost)**: 대리인이 본인에게 해가되는 행위를 하고 있지 않음을 보증하는 과정에서 발생하는 비용으로 대리인이 부담하는 비용이다.

③ **잔여손실(Residual Loss)**: 경영자와 주주에 의해 확증활동과 감시활동이 최적으로 이루어진다 하더라도 차이가 날 수 있으며 이러한 차이로 인한 손실을 잔여손실이라고 한다.

(2) **대리비용의 유형 – 자기 자본의 대리비용**: 경영자가 기업의 소유지분을 100% 소유한다면 주주와 경영자 간의 대리관계는 발생하지 않는다. 그러나 경영자가 기업을 완전히 소유하고 있지 않다면 경영자와 다른 주주들 간에 대리관계가 발생하고 경영자와 다른 주주들이 각기 자신의 이익을 추구하는 과정에서 대리비용이 발생한다. 따라서 경영자가 특권적 소비나 비금전적 효익을 통하여 자기 자신의 효용을 추구함으로써 발생하는 주주의 부의 감소를 자기자본의 대리비용이라 한다. 자기자본의 대리비용은 경영자의 지분율이 낮아질수록 크게 나타난다.

(3) **대리비용과 자본구조**: 자기자본의 대리비용은 외부주주의 지분율이 높을수록 증가하며, 부채의 대리비용은 기업의 부채비율이 높을수록 증가한다. 따라서 자기자본대리비용과 부채의 대리비용의 합이 최소가 되는 외부주식과 부채의 최적배합이 존재하며, 이것이 자본의 최적구조이다. 즉, 법인세나 파산비용을 고려하지 않고 대리비용만을 고려하지 않더라도 최적자본구조가 존재함을 나타낸다. 법인세나 파산비용이 있는 경우에는 다음과 같이 기업 가치를 나타낼 수 있다.

$$V_L = V_U + T \times B - 파산비용의\ 현가 - 대리비용의\ 현가$$

즉, 부채의존도가 높아질수록 법인세 감세효과와 자기자본의 대리비용의 감소로 기업가치는 상승한다. 그러나 파산비용과 부채의 대리비용이 증가하여 기업가치가 감소한다. 따라서 이들에 대한 한계이익과 한계비용이 일치하는 수준에서 최적자본구조가 결정될 것이다.

3 정보비대칭과 신호효과

(1) **신호효과**: 경영자와 일반투자자들이 서로 다른 수준의 정보를 갖게 되는 상황을 정보비대칭이 있는 상황이라 한다. 정보비대칭이 있는 경우 기업내용에 대해 우월한 정보를 갖고 있는 기업의 경영자는 자신이 알고 있는 정보를 일반투자자에게 전달해주는 수단으로 자본조달정책이나 배당정책을 이용할 수 있는데, 이러한 정보전달효과를 신호효과(Signaling Effect) 혹은 정보효과(Information Effect)라고 한다.

(2) **신호이론**: 자본시장에 있는 투자자들은 부채비율이 높은 기업의 경우 기업의 미래현금흐름에 대한 좋은 정보로 인식하여 기업 가치를 높게 평가하고, 반대로 부채비율이 낮은 기업은 미래현금흐름에 대한 나쁜 정보로 인식하여 기업 가치를 낮게 평가한다. 이처럼 자본조달 방법이 기업 가치에 영향을 미치는 과정에서 최적자본구조를 도출하는 것이 신호이론이다.

CHAPTER 12 재무비율분석

01 주요 재무비율

1 유동성 비율

유동성(Liquidity)은 보통 기업이 단기부채를 상환할 수 있는 능력으로 정의된다. 즉, 유동성이란 기업이 현금을 동원할 수 있는 능력이라 할 수 있다. 이러한 유동성을 보여주는 비율들을 유동성 비율이라 하며, 짧은 기간 내에 갚아야 하는 채무를 지급할 수 있는 기업의 능력을 측정해준다.

(1) 유동비율(Current Ratio): 1년 내에 현금화가 가능한 유동자산을 1년 이내에 만기가 도래하는 유동부채로 나눈 비율이다. 유동비율이 높으면 단기 채무에 대한 지급능력이 우수하다고 볼 수 있다.

$$유동비율 = \frac{유동자산}{유동부채}$$

(2) 당좌비율(Quick Ratio): 유동자산 중에서 재고자산을 뺀 부분을 유동부채로 나눈 것이다. 재고자산은 유동성이 가장 낮은 항목일 뿐만 아니라 처분할 때에도 손실을 입을 위험이 크다. 따라서 기업이 재고자산을 처분하지 않고도 단기 부채를 갚을 수 있는 가를 나타내는 지표이다. 유동비율은 높은데 당좌비율이 낮다는 것은 재고자산이 많다는 의미이다.

$$당좌비율 = \frac{유동자산 - 재고자산}{유동부채} = \frac{당좌자산}{유동부채}$$

2 레버리지 비율(Leverage Ratio)

레버리지 비율은 부채성 비율이라고도 하며, 기업이 타인자본에 의존하고 있는 정도를 나타내는 비율이다. 특히 장기부채의 상환능력을 측정하는 것이다.

(1) 부채비율(Debt to Equity Ratio): 부채비율은 총자본을 구성하고 있는 자기자본과 타인자본의 비율을 말하는 것이다.

$$부채비율 = \frac{타인자본}{자기자본}$$

(2) **이자보상비율(Interest Coverage Ratio)**: 타인자본의 사용으로 발생하는 금융비용, 즉 이자가 기업에 어느 정도의 압박을 가져오는가를 보기 위한 것이다. 산업평균보다 이자보상비율이 낮다는 것은 영업이익에 비하여 금융비용의 압박이 크다는 것을 뜻한다.

$$이자보상비율 = \frac{영업이익}{이자비용}$$

3 활동성 비율

활동성 비율이란 기업이 소유하고 있는 자산들을 얼마나 효과적으로 이용하고 있는가를 측정하는 비율이다. 이와 같은 비율들은 매출액에 대한 각 중요 자산의 회전율로 표시되는 것이 보통이다. 여기서 회전율이란 자산의 물리적 효율성을 말하는 것이다.

(1) **재고자산회전율(Inventory Turnover)**: 재고자산회전율은 매출액을 재고자산으로 나눈 값으로, 재고자산이 한 회계연도 즉, 1년 동안에 몇 번이나 당좌자산으로 전환되었는가를 측정하는 것이다. 재고자산회전율이 낮다는 것은 매출액에 비하여 과다한 재고를 소유하고 있다는 것이며, 높다는 것은 적은 재고자산으로 생산과 판매 활동을 효율적으로 수행하고 있다는 뜻이다.

$$재고자산회전율 = \frac{매출액}{재고자산}$$

(2) **매출채권회전율(Receivables Turnover)**: 매출채권회전율은 매출액을 매출채권으로 나눈 값이다. 같은 매출액에 비하여 매출채권이 적을수록 매출채권관리를 잘하고 있다고 볼 수 있으므로, 매출채권회전율은 클수록 좋다.

$$매출채권회전율 = \frac{매출액}{매출채권}$$

또한, 매출채권의 평균회수기간은 매출채권회전율의 역수에 365일을 곱한 수치이다. 즉, 매출채권을 1일 평균매출액으로 나눈 수치이다.

$$평균회수기간(일) = \frac{1}{매출채권회전율} \times 365일 = \frac{매출채권}{1일\ 평균매출액}$$

(3) **총자산회전율(Total Assets Turnover):** 총자산회전율은 매출액을 총자산으로 나눈 것이다. 총자본은 자기자본과 타인자본을 합한 것으로 총자산과 같은 크기를 가지므로 총자산회전율은 총자본회전율이라고도 한다. 이 비율은 기업의 총자본이 1년에 몇 번이나 회전하였는가를 나타내므로 기업이 사용한 총자산의 효율적인 이용도를 종합적으로 표시하는 것이다. 이 회전율이 낮으면 과잉투자와 같은 비효율적인 투자를 하고 있다는 것을 의미한다.

$$총자산회전율 = \frac{매출액}{총자산(총자본)}$$

4 수익성 비율

기업의 수익성은 기업의 여러 가지 정책과 의사결정의 종합적 결과로서 나타나는 것이다. 앞에서 설명한 비율들은 기업이 어떻게 운영되고 있는가를 부분적으로 고려하고 있는 데 반하여, 수익성 비율은 기업의 모든 활동이 종합적으로 어떤 결과를 나타내는가를 측정한다.

(1) **총자본순이익률(Net Profit to Total Assets):** 총자본순이익률은 순이익과 총자본의 관계를 나타내는 것으로 기업의 수익성을 대표하는 비율이다. 투자수익률이라고도 하며 ROI로도 쓰인다.

$$총자본순이익률 = \frac{세전순이익}{총자본(총자산)}$$

(2) **매출액순이익률(Net Profit to Sales):** 매출액순이익율은 순이익을 매출액으로 나눈 것으로 매출액 1원에 대한 순이익이 얼마인가를 나타낸다. 보통 매출마진이라는 용어를 많이 쓴다. 이 비율은 기업의 영업활동의 성과를 총괄적으로 파악하는 비율이라 할 수 있으며, 경쟁기업의 매출액순이익률과 비교 분석함으로써 그 기업의 경영이 얼마나 합리적인가를 나타낸다.

$$매출액순이익률 = \frac{순이익}{매출액}$$

(3) **자기자본순이익률(Net Profit to Net Worth):** 자기자본순이익률은 순이익을 자기자본으로 나눈 것으로, 1원의 자기자본으로 순이익을 얼마만큼 발생시켰는가를 나타낸다. 산업평균보다 낮다는 것은 비능률적으로 운영하고 있거나, 타인자본을 적절히 사용하지 못하고 있음을 나타낸다.

$$자기자본순이익률 = \frac{순이익}{자기자본}$$

5 시장가치비율

주식가격과 관련된 여러 가지 비율도 기업을 분석하는 데 있어 매우 중요하다. 시장가치비율은 투자자가 기업의 과거 성과와 미래 전망에 대해 어떻게 평가하고 있는지를 알 수 있게 하는 지표이다.

(1) **주가수익비율(PER; Price Earning Ratio)**: 주가수익비율은 주가를 주당순이익으로 나눈 것으로 P/E비율 또는 PER라고 하며, 그 단위는 배가 된다. 이것은 주당순이익의 몇 배가 주식가격으로 형성되는가를 보여준다. 높은 성장이 기대되는 기업은 이 비율이 높게 나타나며, 성장이 낮을 것이라고 생각되는 기업은 이 비율이 낮다.

$$주가수익비율 = \frac{주가}{주당순이익}$$

그런데, 여기서 주당순이익(EPS; Earning Per Share)은 주식을 평가할 때 가장 기본이 되는 자료로서, 발행주식 1주당 순이익이 얼마인가를 보여주는 수치이다. EPS가 클수록 그 기업의 주식가격이 높은 것이 보통이다.

$$주당순이익 = \frac{순이익}{발행주식수}$$

(2) **주가 대 장부가치비율(PBR; Price Book－value Ratio)**: 주가 대 장부가치비율은 주식가격을 주당 장부가치로 나눈 값이다. 주식가격은 시장에서 평가된 가치이므로 주가 대 장부가치비율은 시장가치 대 장부가치비율이라고도 한다. 높은 수익률을 내는 기업은 장부가격보다 비싼 가격으로 주가가 형성되기 때문에, 이 비율에 의해 기업의 수익성을 평가할 수 있다.

$$주가 대 장부가치비율 = \frac{주가}{주당 장부가치}$$

여기서 주당 장부가치는 재무상태표에서 자본금과 유보이익의 합을 발행주식수로 나누어 구할 수 있다. 보통 높은 성장이 기대되는 회사는 주식의 장부가치보다 높게 시장가치가 형성되며, 성장이 크지 않은 기업들에 있어서는 이 비율이 아주 낮을 수도 있다.

$$주당 장부가치 = \frac{자본금+유보이익}{발행주식수}$$

02 　비율분석의 유용성과 문제점

1 유용성

(1) 간단하며 이해가 쉬워 경영학이나 재무관리를 공부하지 않은 사람도 쉽게 이용할 수 있다.

(2) 의사결정을 위한 자료수집이 거의 필요 없다.

(3) 구체적이고 복잡한 기업분석을 하기 이전의 예비분석으로서 가치가 있다.

2 문제점

(1) 재무분석의 근본목적은 기업이 앞으로의 의사결정을 하는 데 도움을 받기 위한 것인데, 비율분석은 과거 회계정보에 의존하고 있다는 한계가 있다.

(2) 비율분석은 재무제표를 중심으로 계산되어 평가되는데, 재무제표는 회계기간을 기준으로 작성되므로 변화의 연속성을 반영하지 못한다.

(3) 회계처리방법에 따라 비율이 달라질 수 있다.

(4) 표준비율을 설정하는 데 어려움이 있다. 어떤 기업이 비율을 정확하게 계산한다 할지라도 비교 대상이 불명확하다.

03 종합적 비율분석

1 ROI 분석

DuPont사에서 개발되어 1930년대부터 사용하기 시작한 ROI기법은 기업의 목표를 투자수익률로 하여 이를 결정하는 재무요인을 체계적으로 관찰해서 문제가 발생되는 재무요인을 중점적으로 통제하는 방법이다. 총자본순이익률(ROI)은 투자수익률로 불리며 다음과 같이 수익성을 나타내는 매출액순이익률과 활동성을 표시하는 총자산회전율의 곱으로 표시된다.

$$ROI(총자본순이익률) = \frac{순이익}{총자산} = \frac{순이익}{매출액} \times \frac{매출액}{총자산} = 매출액순이익률 \times 총자산회전율$$

2 ROI 분석의 유용성과 한계점

(1) 유용성

① 활동성 비율인 총자산회전율과 수익성 비율인 매출액순이익률을 결합한 것으로 기업활동의 양 측면을 동시에 분석할 수 있다.

② ROI는 기업의 총투자액에 대한 성과를 나타내는 비율로 기업의 경영자나 종업원의 업적평가 및 통제를 하는 데 있어서 다른 의미로 정의한 수익률의 개념보다 타당성이 있다.

③ 각 부서에 종사하는 경영자나 종업원들에게 그들 부서의 업무와 ROI 극대화라는 기업 목표와의 관계를 명확하게 인식시킴으로써 각 부문활동이 기업의 목표와 직결되도록 한다.

④ 투자수익률과 이에 관계된 모든 재무요인을 하나의 그림으로 표현해 주므로 재무제표에 대한 지식이 없는 사람도 한 눈에 쉽게 이해할 수 있다.

(2) 한계점

① 투자수익률의 증대가 기업의 유일한 목표일 수 없다.

② ROI는 회계처리방법에 영향을 받는다.

③ 시장가치가 아니라 장부가치로 계산되므로 오래된 설비를 많이 보유하고 있을수록 ROI가 크게 평가된다.

④ 타인자본의 사용으로 인한 레버리지의 증가로 인해 투자수익률이 증대되었을 때, ROI 기법은 타인자본과 자기자본의 합계인 총자본만을 고려하므로 ROI 기법으로는 레버리지의 증가에 따른 위험의 증가를 파악할 수 없다.

3 ROE 분석

자기자본순이익률(ROE; Return On Equity)은 순이익을 자기자본으로 나눈 값으로 ROI에 총자본 대비 자기자본 비율을 곱한 값이다.

$$ROE(\text{자기자본순이익률}) = \frac{\text{순이익}}{\text{자기자본}} = \frac{\text{순이익}}{\text{매출액}} \times \frac{\text{매출액}}{\text{총자본}} \times \frac{\text{총자본}}{\text{자기자본}}$$

$$= \text{매출액순이익률} \times \text{총자산회전율} \times \text{레버리지승수}$$

$$= ROI \times \text{레버리지승수}$$

ROE는 기업의 실질적인 소유주인 주주들이 투자한 자본이 벌어들이는 수익성을 나타내 주는 지표로서 주주들의 입장에서 볼 때 가장 중요한 재무비율이다. ROE가 계속해서 높게 평가된다는 것은 기업이 수익성이 좋은 새로운 투자기회들을 계속 확보한다는 의미이며, ROE가 떨어진다는 것은 좋은 투자기회를 가지고 있지 못함을 나타낸다.

CHAPTER

13 옵션

01 옵션의 기초

1 기초개념

(1) 파생 상품(Derivation)

주식이나 채권, 또는 외환과 같은 기존 상품을 기초자산으로 하는 오션, 선물, 스왑 등의 새로운 금융상품을 말한다.

(2) 옵션: 주식이나 채권 등의 증권을 기초자산으로 하여 만들어진 하나의 유가증권으로, 미리 정해진 기간(만기일)내에 미리 정한 값(행사가격)으로 특정자산(기초자산)을 매입하거나 매도할 수 있는 권리가 부여된 증권이다.

① 만기일(Expiration Date): 옵션을 행사할 수 있는 기간을 옵션의 잔여만기(Maturity)라고 하며, 최종 행사일을 만기일이라고 한다.

② 행사가격(Exercise Price): 옵션 거래에서는 기초자산을 사거나 파는 가격이 미리 정해져 있는데 이를 행사가격이라고 한다.

③ 기초자산(Underlying Asset): 옵션을 행사함으로써 얻게 되는 자산은 옵션의 가치를 결정하는 기초가 되므로 이를 기초자산이라 한다.

2 옵션의 종류

(1) 권리에 따른 분류

① 콜옵션(Call Option): 미리 약속한 증권을 정해진 기간에 정해진 가격으로 살 수 있는 권리가 부여된 증권

② 풋옵션(Put Option): 미리 약속한 증권을 정해진 기간에 정해진 가격으로 팔 수 있는 권리가 부여된 증권

(2) 만기일에 따른 분류

① 미국식 옵션(American Option): 미리 정해진 기간 내에는 언제라도 권리를 행사할 수 있는 옵션

② 유럽식 옵션(European Option): 미리 정해진 만기일 단 하루에만 권리를 행사할 수 있는 옵션

3 옵션의 특징

(1) 옵션거래는 기초자산 발생기업과 무관하므로, 기초자산을 발행한 기업가치에 직접적인 영향을 미치지 않는다.

(2) 옵션 거래시, 만기와 행사가격이 미리 정해져 있기 때문에 기초자산의 가격에 따라 그 가치가 변한다.

(3) 옵션의 소유자는 자신에게 유리한 경우에만 권리를 행사할 수 있다. 그러나 옵션매도자는 옵션 매입자가 권리를 행사할 경우 반드시 응해야 한다.

(4) 옵션 매도자는 옵션을 매입하는 사람에게 유리한 경우에 팔 수 있는 권리를 부여하므로, 그 권리에 대한 일정한 대가인 옵션 프리미엄(Option Premium)을 지불해야 한다.

4 옵션의 기능

(1) **위험 헤지 기능**: 기초자산의 가격변화에 따른 위험을 옵션을 통해 분산시킬 수 있다. 보험회사가 보험료를 받고 보험가입자의 위험을 떠맡듯이, 옵션 매도자는 옵션프리미엄을 받고 옵션 매입자의 위험을 떠맡는다. 즉, 일종의 위험이전 거래라고 할 수 있다.

(2) **레버리지 기능**: 주식이나 채권투자에 비하여 적은 금액을 투자하여 큰 효과를 볼 수 있다.

(3) **새로운 금융상품 창조 기능**: 옵션은 다른 옵션 및 증권들과의 다양한 결합으로 투자자가 원하는 새로운 금융상품을 만들 수 있다. 즉, 다른 증권과의 다양한 결합으로 원하는 수익형태를 가져다주는 새로운 상품을 만들 수 있다.

(4) **효율적 포트폴리오 관리**: 주가지수옵션거래는 낮은 비용으로 신속하게 포트폴리오 위험을 조정할 수 있으므로 포트폴리오의 유용성을 증가시킨다.

[예제1] 콜옵션과 풋옵션

주식 A를 기초자산으로 하고, 만기일이 3개월 후이며, 행사가격이 10,000인 콜옵션과 풋옵션이 현재 거래되고 있다.

(1) 콜옵션 매입자: 3개월 후의 기초자산 주식 A의 주가가 10,000 보다 크다면 콜옵션 권리를 행사해서 차액만큼의 이익을 얻을 수 있다. 만약, 기초자산 주식 A의 주가가 10,000 보다 작다면 콜옵션 권리를 포기하고, 옵션 거래시 지불한 옵션 프리미엄만큼만 손해를 보면 된다.

(2) 콜옵션 매도자: 옵션거래로 옵션 프리미엄을 얻을 수 있지만, 기초자산 주식 A의 주가가 10,000 보다 클 경우, 차액만큼 매도자에게 보상을 해야 한다.

(3) 풋옵션 매입자: 3개월 후의 기초자산 주식 A의 주가가 10,000 보다 작다면 옵션 권리를 행사해서 차액만큼의 이익을 얻을 수 있다. 만약, 기초자산 주식 A의 주가가 10,000 보다 크다면 콜옵션 권리를 포기하고, 옵션 거래시 지불한 옵션 프리미엄만큼만 손해를 보면 된다.

(4) 풋옵션 매도자: 옵션거래로 옵션 프리미엄을 얻을 수 있지만, 기초자산 주식 A의 주가가 10,000 보다 작을 경우, 차액만큼 매도자에게 보상을 해야 한다.

위의 각 경우에 대해 표로 정리를 해보면 다음과 같은 결과를 얻을 수 있다.

구분		$S_T>X+OP$	$S_T>X$	$S_T=X$	$S_T<X$	$S_T<X+OP$
콜옵션	매입자	$S_T>X-OP$	$(S_T>X)-OP$	$-OP$	OP	$-OP$
		이익	알 수 없음	손해	손해	손해
	매도자	$-(S_T>X)+OP$	$-(S_T>X)-OP$	OP	OP	OP
		손해	알 수 없음	이익	이익	이익
풋옵션	매입자	$-OP$	$-OP$	$-OP$	$(X-S_T)-OP$	$(X-S_T)-OP$
		손해	손해	손해	알 수 없음	이익
	매도자	OP	OP	OP	$-(X-S_T)-OP$	$-(X-S_T)-OP$
		이익	이익	이익	알 수 없음	손해

(단, S_T: 만기일의 주가, X: 행사가격, OP: 옵션 프리미엄)

예제1 레버리지 기능

주식 A를 기초자산으로 하고, 만기일이 3개월 후이며, 행사가격이 10,000인 콜옵션이 500원에 거래되고 있다. 만약 3개월 후에 기초자산 A의 주가가 9,000인 경우와 11,000인 경우, 콜옵션을 매입했을 때와 주식매입 했을 때의 수익률을 비교하라.

해답

3개월 후의 기초자산의 주가에 따라 콜옵션을 매입한 경우와 주식 매입한 경우를 비교하면 다음과 같다. 아래 표에서 알 수 있듯이, 주식에 직접 투자하는 것보다 콜옵션 매입의 경우 적은 투자액으로 높은 투자수익을 얻을 수 있음을 알 수 있다. 즉, 레버리지 기능을 확인할 수 있다.

구분	$S_T=9,000$	$S_T=11,000$
콜옵션 매입	수익률 $= \dfrac{-500}{500} = -100\%$	수익률 $= \dfrac{(11,000-10,000)-500}{500} = -100\%$
주식매입	수익률 $= \dfrac{9,000-10,000}{500} = -100\%$	수익률 $= \dfrac{11,000-10,000}{500} = 10\%$

1 의의

옵션 가격(Option Price)은 옵션 매도자가 옵션 매입자의 위험을 이전받는 대가로 받는 금액이다. 즉, 옵션 프리미엄과 옵션 가격은 같은 말이다.

2 옵션의 기본 포지션

(1) 의의: 하나의 주식이나 옵션만을 매입 또는 매도하는 전략

① 주식의 매입(Long Stock): 만기일의 주가(S_T)가 현재주가(S_0)보다 크면 차액만큼 이익을 얻고, 현재주가보다 낮으면 차액만큼 손실을 본다.

② 주식의 공매(Short stock): 만기일의 주가가 현재주가보다 크면, 차액만큼 손실을 보고, 현재주가보다 낮으면 차액만큼 이익을 얻는다.

(2) 콜옵션의 매입과 매도(C: 콜옵션 가격): 기초자산의 가격이 상승할 것으로 예상할 때에 콜옵션을 매입하는 반면, 기초자산의 가격이 하락할 것으로 예상할 때에는 콜옵션을 매도하게 된다.

(3) 풋옵션의 매입과 매도(P: 풋옵션 가격): 기초자산의 가격의 하락할 것으로 예상할 때 풋옵션을 매입하는 반면, 기초자산의 가격이 상승할 것으로 예상할 때에는 풋옵션을 매도한다.

3 옵션가격의 결정 범위

(1) 콜옵션

① Sg 0: 옵션은 유리한 경우에 행사할 수 있는 권리를 거래하는 것이므로 콜옵션가격은 '0'보다 커야 한다.

② Cf S_0: 차익거래이익 발생때문에, 콜옵션의 가격은 기초자산의 현재가격보다 클 수 없다.

③ Cg $S_0 - PV(X)$: 콜옵션의 가격은 기초자산의 현재 주가와 행사가격의 현재 가치의 차이보다는 커야 거래의 동기가 발생한다.

(2) 풋옵션

① Pg 0: 옵션은 유리한 경우에 행사할 수 있는 권리를 거래하는 것이므로 풋옵션가격은 '0'보다 커야 한다.

② Pg X: 미국형 풋옵션가격은 행사가격보다 작아야 한다.

Pf PV(X): 유럽형 풋옵션가격은 행사가격의 현재가치보다 작아야 한다.

③ Pg $X - S_0$: 미국형 풋옵션의 가격은 행사가격에서 현재주가를 차감한 값보다 커야 한다.

Pg $PV(X) - S_0$: 유럽형 풋옵션가격은 행사가격의 현재가치에서 현재주가를 차감한 값보다 커야한다.

4 옵션가격의 구성요소

(1) **내재가치(Intrinsic Value)**: 옵션은 기초주식의 현재가격과 행사가격간의 관계에 따라 다음과 같이 내재가치가 달라질 수 있다.

① **내가격상태(ITM; In The Money)**: 옵션을 행사하는 것이 매입자에게 유리하여 내재가치가 (+)인 상태를 내가격상태에 있다고 한다.

② **등가격상태(ATM; At The Money)**: 행사가격과 시장가격이 동일하거나 비슷하여 옵션을 행사하더라도 손익이 발생하지 않아서 내재가치가 '0'인 상태를 등가격 상태라고 한다.

③ **외가격상태(OTM; Out The Money)**: 옵션을 행사하는 것이 매입자에게 경제적으로 불리하게 작용하는 상태로 내재가치가 (−)인 상태를 외가격상태라고 한다.

구분	$S_0 > X$		$S_0 = X$		$S_0 < X$	
옵션 종류	콜옵션	풋옵션	콜옵션	풋옵션	콜옵션	풋옵션
옵션의 상태	ITM	ITM	ATM	ATM	OTM	ITM
내재 가치	+	−	0	0	−	+

(2) **시간가치(Time Value)**: 옵션이 만료일에 이익을 얻을 확률에 대한 기대가치로, 외재가치(Extrinsic Value)라고도 한다. 장래에 이익을 얻을 가능성이 클수록 시간가치는 높아지기 때문에 권리행사가격에서 멀어질수록 체감되지만 0 이나 (−)의 값을 가지지는 않는다.

① 등가격상태(ATM)일 때 시간가치는 가장 크다.

② 등가격상태(ATM)에서 멀어질수록 시간가치는 체감한다.

CHAPTER

14 선물

선물의 기초

---

1 선물계약의 의의

(1) **선물계약(Futures Contracts) 또는 선도계약(Foward Contracts)**: 특정한 자산을 미리 정해진 시기에 미리 정해진 값으로 현재 시점에 사거나 팔기로 약정한 계약을 말한다.

(2) **선물계약과 선도계약의 차이**

구분	선도계약	선물계약
1	거래당사자의 합의에 의해 계약조건이 결정되고, 거래장소에 구애 받지 않으며 대상 상품이 표준화 되어 있지 않다.	계약조건, 거래조건 등이 표준화되어 있으며, 정해진 장소에서만 거래된다.
2	만기일에만 결제가 이루어지기 때문에 만기일 이내에 반대매매를 할 수 없다	만기일 이내에 언제라도 반대매매를 통하여 거래를 청산시킬 수 있다
3	거래당사자의 신용에 따라 결제가 이루어지지 않을 수 있다	결제회사가 결제를 보증하고 일일정산제를 통하여 매일의 시세에 따라 손익을 미리 계산한다.

2 선물계약의 기초개념

(1) **기초자산(Underlying Asset)**: 선물거래의 대상이 되는 상품을 말한다.

(2) **현물가격(S; Spot Price)**: 현재 시장에서 형성되고 있는 기초자산의 가격을 말한다.

(3) **만기일(T; Maturity)**: 거래하기로 약속한 미래의 특정 시점. 즉, 기초자산을 사거나 파는 시점을 말하며 인도일이라고도 한다.

(4) **선물가격(F; Futures Price)**: 만기일에 기초자산을 거래하는 경우에 미리 정한 가격이다.

3 선물거래

(1) **선물계약의 매입(Long Position)**: 만기일에 기초자산을 선물가격으로 매입할 것을 계약한 것이다. 기초자산의 가격이 오를수록 이익을 본다.

(2) **선물계약의 매도(Short Position)**: 만기일에 기초자산을 선물가격으로 매도할 것을 계약한 것이다. 기초자산의 가격이 떨어질수록 이익을 보게 된다.

$$\text{선물매입거래의 손익} = S_T - F_0$$
$$\text{선물매도거래의 손익} = F_{0r} - S_T$$
$$\text{(단, } S_T\text{: 만기일의 현물가격, } F_0\text{: 선물계약 당시의 선물 가격)}$$

4 선물계약의 특성

(1) 선물과 옵션의 차이

구분	선물	옵션
매입자	선물의 매입자와 매도자 모두 만기일의 현물가격에 관계없이 거래를 반드시 완성시킬 의무가 있다.	옵션의 소유자는 기초자산의 가격에 따라 옵션의 행사여부를 결정할 수 있는 권리를 갖는다.
매도자		옵션의 발행자는 옵션 소유자가 옵션을 행사할 경우에만 거래를 완성 시킬 의무를 갖는다.

(2) 선물 계약의 가치

구분	선물	옵션
프리미엄 (계약의 가치)	선물거래에서 기대되는 만기일의 손익은 '0'이므로, 최초 거래 시점에서 선물거래의 가치는 '0'이다. 따라서 선물매입이나 매도에는 비용이나 수익이 발생하지 않는다.	만기일에 0보다 큰 이득을 기대할 수 있으므로, 거래 시점에서의 옵션 가격은 '0'보다 큰 값을 갖는다. 따라서 옵션 매입자는 옵션가격을 비용으로 지불한다.

(3) 선물 계약의 청산: 선물 거래는 만기일에 기초자산의 인수 또는 인도 대신에 만기일의 현물가격과 약정된 선물가격의 차액만을 현금결제하여 거래를 청산하거나, 거래의 만기일 이전에 원래의 거래와 반대되는 거래를 행하여 그 차액을 결제함으로써 거래를 청산한다.

5 베이시스와 선물가격의 수렴

(1) 베이시스(Basis): 선물계약 시점에서 선물가격과 현물가격은 일반적으로 같지 않다. 미래 경제상황의 변동을 반영하여 선물가격과 현물가격이 형성되므로 선물가격과 현물가격은 계속 변동하게 된다. 이 때, 선물가격과 현물가격의 차이를 베이시스라고 한다.

(2) 선물가격의 수렴현상(Convergence Property): 시간이 경과하여 만기일이 가까워지면 베이시스는 점점 작아지고 만기일에는 선물가격과 현물가격이 같게 된다. 이러한 경우를 선물가격의 수렴현상이라 한다. 베이시스가 '0'이 아닌 경우 차익거래가 가능한데, 효율적인 시장에서는 이러한 차익 기회가 존재하지 않으므로 수렴현상이 성립한다.

1 선물계약의 유형

(1) 상품선물(Commodity Futures): 옥수수, 밀, 콩 등의 주요 농산물과 구리, 금 등의 금속 등이 기초자산일 경우, 상품선물이라 한다. 기초상품의 생산자와 소비자가 상품의 가격변동에 따라 발생하는 위험을 관리하는 수단으로 유용하게 이용된다. 1948년에 개설된 시카고 상품거래소가 근대화된 최초의 선물시장이며 이곳에서 곡물선물 중심으로 거래가 되기 시작했다.

(2) 금융선물(Financial Futures)

① **통화선물(Currency Futures):** 1972년 시카고 상업거래소 내에 국제통화시장이 개설되면서 파운드화, 달러화, 마르크화 등 7개국의 통화를 대상으로 거래되기 시작했다.

② **금리선물거래(Interest Rate Futures):** 1973년 오일쇼크를 계기로 이자율이 급격히 변동하게 되자, 이자율의 변동위험을 회피하기 위한 수단으로 금리선물거래의 필요성이 대두되었다. 현재는 금융선물의 주류를 이루고 있으며, 다양한 만기를 제공하는 다양한 상품으로 헤지를 가능하게 해준다.

③ **주가지수선물거래:** 1980년대 이후에 주가지수를 기초자산으로 하는 주가지수선물거래가 활발히 이루어지고 있다.

2 선물시장의 거래구조

(1) 선물시장의 구조

① **선물거래소(Futures Exchange):** 정형화된 거래규칙과 표준화된 선물상품을 개발하여 조직화된 거래를 할 수 있도록 거래장소를 제공하는 역할을 담당한다. 거래소에서는 회원권을 가진 회원들만이 거래소 시장에서의 거래자격을 지니므로, 자신의 주문에 의하여 선물거래를 체결시킬 수 있다.

② **선물중개회사(Futures Commission Merchant):** 투자자와 거래소 회원들 사이에서 브로커 역할을 담당한다. 투자자의 대리인으로서 거래주문을 내고 증거금계좌를 관리하며, 이에 대한 대가로 일정수수료를 받는다. 주식시장에서의 증권회사 같은 역할이다.

③ **청산소(Clearing House):** 모든 선물거래는 청산소를 통하여 정산된다. 두 거래 당사자가 선물 계약을 체결하면 청산소는 즉시 개입하여 매입포지션 보유자에 대해 매도 포지션을 취하고, 매도포지션 보유자에 대해서는 매입포지션을 취함으로써 두 거래당사자 간의 직접적인 계약관계를 분리시킨다. 청산소는 모든 선물거래자들이 거래 상대방을 직접 알아야 하는 수고를 피하게 해주며, 시장성이 높아지고 선물가격의 수요와 공급이 일치하는 균형 수준에서 보다 쉽게 결정되도록 돕는다.

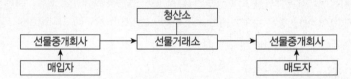

(2) 증거금과 일일정산

① **일일정산**: 매일 매일의 가격변동에 따라 선물거래자에게 손익이 발생하는데, 이러한 손익을 매일 정산하는 것을 일일정산이라 한다. 선물거래로 인한 이익과 손실을 매일 거래계좌에 반영되도록 함으로써 계약 불이행의 위험을 없애려는 것이다.

② **증거금**: 계약불이행의 위험을 없애기 위한 또 하나의 제도로서, 선물계약의 의무를 이행할 수 있도록 미리 예치하는 일종의 담보 성격을 갖는 것을 말한다. 선물 거래 당사자 모두에게 증거금이 요구된다.

ㄱ **개시증거금**: 선물거래의 시작을 위해 납부해야하는 증거금이다.

ㄴ **유지증거금**: 계속적인 거래를 위해 반드시 유지해야하는 증거금이다.

ㄷ **변동증거금**: 증거금 잔고가 유지증거금 수준 이하로 빠지는 경우를 마진콜(magin call)이라 하며, 이때 다시 개시증거금 수준으로 올려놓기 위해 추가로 입금되는 금액을 변동증거금이라 한다.

03 선물거래전략

1 헤지거래

원하는 상품을 확정된 가격으로 예정된 시기에 매입 또는 매도함으로써 가격변동위험의 전부 또는 일부를 제거하는 것이다. 선물거래는 미래 시점의 거래가격을 현재 시점에서 고정시키는 계약이므로, 기초자산의 가격변동위험을 제거하는 헤징수단으로 유용하게 이용된다.

(1) 매도헤징: 현물시장에서 매입포지션을 갖고 있는 투자자가 보유상품 또는 보유증권의 가격이 하락할 것을 염려하여 선물시장에서 매도표지션을 취하는 것이다. 만기 시점의 현물가격에 상관없이 현물시장에서의포지션을 보유함에 따라 발생하는 이익 또는 손실이 선물시장에서의 매도포지션에서의 손실 또는 이익으로 상쇄될 수 있다.

(2) 매입헤징: 장래의 실수요자인 투자자가 대상자산의 가격이 상승할 것을 우려하여 선물시장에서 매입포지션을 취하여 헤징하는 것을 말한다.

2 투기거래

현물시장 에서의 기초자산과는 상관없이 선물거래를 이용하여 선물 가격변동에 따른 자본이득을 얻고자 하는 거래이다. 가격변동에 따른 시세차익의 획득을 목적으로 위험을 감수하고 이익을 추구하는 거래를 말한다. 이러한 투기거래는 선물시장의 가격형성을 원활히 하고 유동성을 높이는 역할을 함으로써 선물시장의 본연의 기능인 위험회피 목적의 헤지거래가 이루어지게 한다.

(1) 선물가격이 오를 것으로 예상: 투기자들은 선물계약을 매입함으로써 이익을 보려고 할 것이다.

(2) 선물이 하락할 것으로 예상: 선물계약을 매도함으로써 이익을 보려고 할 것이다.

1 선물가격과 재고유지비용

(1) 선물가격과 현물가격의 차이를 설명하는 변수로 재고유지비용을 들 수 있다.

(2) 선물가격은 계약 시점으로부터 인도시점까지 해당 현물을 보관하는 데 드는 비용인 재고유지비용만큼 현물가격과 차이가 발생한다.

(3) 재고유지비용은 창고비용과 보험료 등과 같은 보관비용과 현물구입자금에 대한 기회비용인 이자비용으로 구성된다.

(4) 선물은 최초 시점에는 계약만 하고 상품의 인도와 대금의 지불은 만기에 이루어지므로 상품의 재고부담과 현금지급의 기회비용만큼 유리하다.

(5) 따라서 선물가격은 같은 조건의 현물가격보다 높은 것이 보통이다. 그러나, 금융선물의 경우 선물가격이 현물 가격보다 낮게 형상되는 경우도 있다.

(6) 금융상품의 경우 보관비용이 거의 발생하지 않으며, 이자 혹은 배당 등으로 재고유지비용이 (−)가 되기 때문에 선물가격이 현물가격보다 낮게 형성된다.

2 현물−선물 패리티

선물가격과 현물가격 간의 관계를 알아보기 위해 다음과 같은 차익거래 포트폴리오를 생각해보자. 기초자산은 금이라 하고 무위험이자율에 대출과 차입이 자유롭다고 가정하자.

> − 금 1단위를 현물가격 S_0에 매입하여 T기간 동안 보유한다.
> − 금 매입대금 S_0만큼을 무위험이자율로 차입한다.
> − 금선물을 선물가격 F_0에 매도한다.

위의 기본 가정을 바탕으로 차익거래 포트폴리오의 현금흐름을 표로 나타내면 아래와 같다.

거래내용	현재의 현금흐름	1시점의 현금흐름
금1단위 매입	$-S_0$	S_T
S_0만큼을 무위험이자율로 차입	S_0	$-S_{0r}(1+R_F)^T$
선물계약매도	0	F_0-S_T
차익거래포트폴리오	0	$F_0-S_{0r}(1+R_F)^T$

위의 포트폴리오는 순투자금액이 0이며, T시점의 금 현물가격에 상관없이 고정된 $F_0-S_{0r}(1+R_F)^T$의 현금흐름을 갖는다. 따라서, 차익거래의 기회가 존재하지 않는 시장에서는 이 차익거래 포트폴리오의 T 시점의 투자성과는 0이 되어야 한다.

$$F_0 \ S_{0r}(1+R_F)^T=0 \rightarrow F_0=S_{0r}(1+R_F)^T$$

위의 식을 현물−선물 패리티정리(Spot−Futures Parity Theorem)라고 한다.

3 선물가격과 기대현물가격의 관계

현재 선물을 매입한다는 것은 미래의 인도 시점에 현물을 매입하는 것과 동일하므로 현재 시점에서 형성되는 선물가격은 인도 시점의 현물가격에 대한 기대값에 대한 예상을 반영하여 결정된다. 그러나 실제의 선물가격은 여러 가지 이유 때문에 인도 시점의 기대현물가격과 차이를 나타내는 경우가 많다. 선물가격과 기대현물가격과의 관계를 나타내면 다음 그림과 같다.

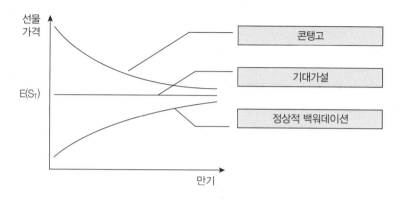

(1) 기대가설(Expectations Hypothesis): 선물계약은 인도 시기에 현물을 인수·인도할 것을 계약한 것이므로, 현재의 선물가격 F_0는 인도 시점의 기대현물가격 $E(S_{Tr})$와 동일하여야 한다.

$$F_0 = E(S_{Tr})$$

위의 식은 미래에 불확실성이 없다고 가정하고 있다. 투자자들은 다양한 자산에 분산투자를 하여 잘 분산투자된 포트폴리오를 구성하고 있으므로, 특정 자산에 분산투자를 하여 잘 분산투자된 포트폴리오를 구성하고 있으므로, 특정자산에 대한 선물거래가 포트폴리오의 위험에 미치는 영향은 무시할 수 있고, 따라서 투자자들은 선물거래에서 어떤 위험프리미엄을 요구하지 않는다는 것이다.

(2) 정상적 백워데이션(Normal Backwardation) 가설: 선물가격이 미래의 기대현물가격보다 낮게 형성되었다가 만기일에 다가서면서 양자가 접근해 간다고 보는 것으로 다음과 같이 표현될 수 있다.

$$F_0 = E(S_{Tr}) - \pi \text{ (단, } \pi: \text{위험프리미엄)}$$

위의 주장의 근거로 선물거래의 위험보상 성격을 들 수 있다. 즉 현물시장이 기초자산에 대해 매입포지션을 취하고 있는 투자자들로 구성되어 있을 때, 현물시장에서의 투자위험을 헤징하기 원하는 헤저들은 선물계약을 매도하게 된다. 선물거래를 매도하는 헤저들은 자신들의 위험헤징에 대한 대가지금으로 선물가격이 기대현물가격보다 낮은 것을 받아들일 것이므로 $F_0 < E(S_{Tr})$의 관계가 성립하는 것이다.

(3) 콘탱고(Contango) 가설: 선물가격이 기대현물가격보다 크다는 주장이다. 선물시장에서는 매입헤저와 매도 헤저가 모두 참여하는데 어느 쪽의 비중이 큰가에 따라서 F_0와 $E(S_{Tr})$의 크기 관계가 결정된다. 콘탱고가설에 의하면 정상적 백워데이션과는 달리 매입헤저가 위험헤징에 대한 보상을 더 지급하려고 하기 때문에, 선물가격 F_0가 미래현물의 기대가격 $E(S_{Tr})$보다 높게 형성된다는 것이다.

$$F_0 = E(S_{Tr}) + \pi \text{ (단, } \pi: \text{위험프리미엄)}$$

01

효율적 시장가설에서 역사적 정보, 과거 정보가 현재 주가에 반영되는 시장은?

① 약형 효율적 시장
② 배분형 효율적 시장
③ 강형 효율적 시장
④ 준강형 효율적 시장

02

약형 효율적 시장가설에서 실증 분석이 아닌 것은?

① 시계열 독립성 검증
② 사건연구 잔차분석
③ 필터법 검증
④ 연의 검증

03

주식시장의 이상수익률 현상인 이례현상이 아닌 것은?

① 주말효과와 1월효과
② 기업의 규모효과
③ 낮은 주가 수익 비율효과
④ 예외성효과

04

기업이 고정영업비용을 부담하고 있을 때 고정영업비용이 지렛대 역할을 하여 매출액의 변화율보다 영업이익의 변화율이 더 커지는 효과를 무엇이라 하는가?

① 영업레버리지 효과
② 재무레버리지 효과
③ 결합레버리지 효과
④ 투자레버리지 효과

05

재무레버리지에 대한 설명 중 틀린 것은?

① 재무레버리지는 기업이 이자비용이나 우선주 배당금 등 고정재무비용을 부담하고 있는 정도를 의미한다.
② 재무레버리지 효과란 고정재무비용이 지렛대의 역할을 하여 영업이익의 변화율보다 EPS의 변화율이 크게 나타나는 현상을 말한다.
③ 고정재무비용이 0이면 재무레버리지도는 1이 되어 재무레버리지는 효과가 없다.
④ 고정재무비용이 증가할수록 재무레버리지도는 감소한다.

06

다음 중 재무레버리지와 관계있는 것은?

① 공헌이익
② 영업이익
③ 고정비
④ 이자비용

01
정답 ①

효율적 시장가설(EMH; Efficiency Market Hypothe-sis)에서 약형 효율적 시장(Weak Form Efficient Market)은 모든 과거의 정보가 현재의 주가에 반영되어 있는 시장을 말한다. 이때의 과거 정보는 대부분 과거 주식가격과 거래량의 움직임을 지칭하나, 주로 주식가격의 변화양상에 초점을 맞추고 있다.

02
정답 ②

사건연구 잔차분석은 준강형 효율적 시장가설의 실증 분석이다. 준강형 효율적 시장가설의 실증 분석에서 사건연구는 공개적으로 이용 가능한 정보를 하나의 사건으로 볼 때, 그 정보의 공시 시점을 전후한 주가변동을 살펴봄으로써 사건의 영향을 파악하고자 하는 기법이다.

03
정답 ④

효율적 증권시장에서는 모든 정보가 주가에 반영되므로 주식의 수익률은 위험에 상응하는 정상수익률일 뿐, 그 이상의 초과 수익을 얻을 수 없다. 그러나 실제로 증권시장의 수익률을 조사한 결과 이 같은 논리로 설명되지 않는 비정상적인 현상이 있었다. 이와 같은 비정상적인 현상을 이례현상이라고 한다.

04
정답 ①

영업레버리지 효과는 고정자산을 보유함으로써 고정영업 비용을 부담하는 것을 말한다. 매출액의 증감과 관계없이 일정하게 발생하는 고정영업비용이 매출액의 변화에 따른 영업이익의 변동에 어떤 영향을 미치는지 분석하는 것이다.

05
정답 ④

재무레버리지는 타인자본사용에 따라 발생하는 고정적인 이자비용이 지렛대 역할을 하여, 주주에게 돌아가는 세후 순이익의 변화율이 영업이익변화율에 비하여 확대되어 나타나는 것을 말한다. 타인자본 의존도가 크면 클수록 재무레버리지 효과는 더욱 커진다.

06
정답 ④

타인자본사용에 따라 발생하는 고정적인 이자비용이 지렛대(Lever) 역할을 하여, 주주에게 돌아가는 세후 순이익의 변화율이 영업이익변화율에 비하여 확대되어 나타나는 것을 말한다. 타인자본 의존도가 크면 클수록 재무레버리지 효과는 더욱 커진다.

안심Touch

07

재무비율 분석에 관한 다음의 설명 중 틀린 것은?

① 유동비율과 당좌비율은 유동성비율이다.
② 재고자산이 0이면 유동비율과 당좌비율은 동일하다.
③ 부채비율은 타인자본을 자기자본으로 나누어서 구한다.
④ 부채비율, 자기자본비율, 이자보상비율, 고정금융비용보상비용은 안정성비율이다.

08

두 사례에 공통으로 적용될 수 있는 경제 회계 개념은?

> • 사법시험을 5년째 준비하는 A씨는 지난해부터 이를 포기하고 취업 준비를 시작했다.
> • 3개월치 골프 레슨비를 미리 낸 B씨는 허리 통증으로 남은 레슨을 포기하고 병원 치료를 시작했다.

① 희소성
② 매몰비용
③ 외부효과
④ 한계효용

09

선도거래에서 생기는 계약불이행을 방지하고 문제점을 개선한 계약을 선물거래라고 한다. 다음 중 선물거래의 특징에 해당하지 않는 것은?

① 일일 정산제도
② 계약조건의 표준화
③ 증거금(마진율)제도
④ 계약 당사자 간 신용에 의한 직접 거래

10

유동자산 20억 원, 유동부채 10억 원, 재고자산 5억 원인 경우 당좌비율은?

① 50%
② 80%
③ 100%
④ 150%

11

A씨는 건물을 지어 분양하려고 한다. 이 건물을 짓는 데 7,000만 원이 소요되지만 1년 후에 7,865만 원의 현금을 받고 매각할 수 있다. 시장이자율이 연 10%라고 할 때 이 투자안의 현재가치는?

① 7,100만 원
② 7,150만 원
③ 7,200만 원
④ 7,250만 원

07　　　　　　　　　　　　　　정답 ④

부채비율과 이자보상비율은 레버리지 비율이다. 레버리지 비율은 부채성비율이라고도 하며, 기업이 타인자본에 의존하고 있는 정도를 나타내는 비율이다. 특히 장기부채의 상환능력을 측정하는 것이다. 부채비율은 총자본을 구성하고 있는 자기자본과 타인자본의 비율을 말하는 것이다. 이자보상비율은 타인자본의 사용으로 발생하는 금융·비용, 즉 이자가 기업에 어느 정도의 압박을 가져오는지를 보기 위한 것이다.

08　　　　　　　　　　　　　　정답 ②

매몰비용은 이미 매몰되어 버려서 다시 되돌릴 수 없는 비용, 즉 의사결정을 하고 실행한 이후에 발생하는 비용 중 회수할 수 없는 비용을 말하며, 함몰비용이라고도 한다.

09　　　　　　　　　　　　　　정답 ④

선물은 신용거래가 아닌 철저한 증거금에 의한 일일 정산 제도로 운영한다.

10　　　　　　　　　　　　　　정답 ④

당좌비율＝(유동자산－재고자산)/유동부채
∴ (20억－5억)/10억＝1.5(150%)

11　　　　　　　　　　　　　　정답 ②

7,865만 원÷(1+0.1)1＝7,150만 원이다.

[12~13] 다음 표는 (주)○○의 ×1년도 말 요약 재무제표이다. 이를 보고 물음에 답하시오.

〈표1〉 ○○재무상태표

(단위: 백만 원)

계정과목	금액	계정과목	금액
현금	200	매입채무	200
매출채권	400	장기차입금	400
유형자산	800	기타부채	200
기타비유동자산	200	자기자본	800
자산총계	1,600	부채 및 자본 총계	1,600

〈표2〉 ○○재무상태표

(단위: 백만 원)

계정과목	금 액
매출액	2,000
매출총이익	1,000
판매관리비	700
법인세차감 전 순이익	200
당기순이익	150

13

(주)○○이 2억 원 규모의 유상증자를 시행할 경우 부채비율은 몇 %로 변동되는가?

① 44%
② 60%
③ 80%
④ 100%

12

(주)○○의 유동비율은?

① 75%
② 100%
③ 150%
④ 300%

14

다음 중 자산의 효율적 활용도를 알 수 있는 것은?

① 수익성 비율
② 유동성 비율
③ 활동성 비율
④ 안전성 비율

15

주식 A와 B의 기대수익률은 각각 10%, 20%이다. 총투자자금 중 40%를 주식 A에, 60%를 주식 B에 투자하여 구성한 포트폴리오 P의 기대수익률은?

① 15%

② 16%

③ 17%

④ 18%

16

증권시장선(SML)과 자본시장선(CML)에 관한 설명으로 옳지 않은 것은?

① 증권시장선의 기울기는 표준편차로 측정된 위험 1단위에 대한 균형가격을 의미한다.

② 증권시장선 아래에 위치한 자산은 과대평가된 자산이다.

③ 자본시장선은 효율적 자산의 기대수익률과 표준편차의 선형관계를 나타낸다.

④ 자본시장선에 위치한 위험자산은 무위험자산과 시장포트폴리오의 결합으로 구성된 자산이다.

17

선물거래에 관한 설명으로 옳지 않은 것은?

① 다수의 불특정 참가자가 자유롭게 시장에 참여한다.

② 거래대상, 거래단위 등의 거래조건이 표준화되어 있다.

③ 계약의 이행을 보증하려는 제도적 장치로 일일정산, 증거금 등이 있다.

④ 반대매매를 통한 중도청산이 어려워 만기일에 실물의 인수·인도가 이루어진다.

| 정답 및 해설

12
정답 ④

계정과목 중 유동자산은 현금과 매출채권, 유동부채는 매입채무이다.

$$유동비율 = \frac{유동자산}{유동부채} = \frac{600}{200} \times 100 = 300\%$$

13
정답 ③

부채비율은 자기자본에 대비한 타인의 부채의존도를 표시하는 비율로 타인자본/자기자본으로 표시한다. 자기자본의 기초자본 8억+유상증자 2억=10억이고, 부채의 합은 매입채무 2억+장기차입금 4억+기타부채 2억=8억이므로 부채비율은 8억/10억=80%이다.

14
정답 ③

효율적 활용도란 기업에서는 얼마나 활발하게 장사를 하는가는 매출액이 핵심 키워드로 매출액/자산으로 총자산회전율을 나타낸다.
수익성은 순이익을 분자로 하는 이익률들, 유동성은 유동부채를 분모로 하며 안전성, 건전성, 구조 분석이라 합니다.
유동성비율은 유동비율, 당좌비율이 있다.

15
정답 ②

(각 자산의 구성비율×각 자산의 기대수익률) = $(0.4 \times 0.1) + (0.6 \times 0.2) = 0.16 = 16\%$

16
정답 ①

자본시장선은 새로운 투자기회를 창출하기 위해 위험자산뿐만 아니라, 무위험자산까지 고려하여 투자할 경우의 효율적 투자기회선으로, 자본시장선에 위치한 위험자산은 무위험자산과 시장포트폴리오의 결합으로 구성된다.

17
정답 ④

지문은 선도거래에 관한 설명이다. 선도거래는 계약이 체결되는 시점은 현재지만, 결제는 장래 일정 시점에 이루어지고, 가격변동에 따른 위험을 회피하기 위한 거래방식임은 선물거래와 동일하나, 거래의 장소, 시간, 방법 및 규칙 등이 자유롭고, 만기이행이 원칙이기에 중도청산이 어려우며, 현물로 인수·인도된다 는 점에서 차이가 있다.

좋은 책을 만드는 길
독자님과 함께하겠습니다.

도서나 동영상에 궁금한 점, 아쉬운 점, 만족스러운 점이
있으시다면 어떤 의견이라도 말씀해 주세요.
시대고시기획은 독자님의 의견을 모아 더 좋은 책으로 보답하겠습니다.

www.sidaegosi.com

2022 군도(軍道) 군무원 경영학

개정2판1쇄 발행	2022년 01월 10일 (인쇄 2021년 12월 09일)
초 판 발 행	2020년 01월 10일 (인쇄 2019년 11월 15일)
발 행 인	박영일
책 임 편 집	이해욱
저 자	김성만
편 집 진 행	강상희 · 이민정
표지디자인	이미애
편집디자인	이주연 · 장성복
발 행 처	(주)시대고시기획
출 판 등 록	제 10-1521호
주 소	서울시 마포구 큰우물로 75 [도화동 538 성지 B/D] 9F
전 화	1600-3600
팩 스	02-701-8823
홈 페 이 지	www.sidaegosi.com
I S B N	979-11-383-1117-5
정 가	34,000원